Andreas Kemmerling · Ideen des Ichs

Andreas Kemmerling

Ideen des Ichs

Studien zu Descartes' Philosophie

KlostermannSeminar

Dank an die Studenten, die in Los Angeles, München und Potsdam meine Seminare zur Cartesischen Philosophie durchlitten haben. Dank für Kritik und Aufmunterung auch an Ansgar Beckermann, Christoph Erlenkamp, Paul Grice, Dieter Henrich, R.-P. Horstmann, Peter Lanz, Paolo Leonardi, Brian Loar, Katia Saporiti, Eike von Savigny, Stephen Schiffer und Margaret D. Wilson – ganz besonders aber an Dominik Perler, H.-P. Schütt und Rainer Specht.

Bibliographische Information Der Deutschen Bibliothek

Die Deutsche Bibliothek verzeichnet diese Publikation in der Deutschen Nationalbibliographie; detaillierte bibliographische Daten sind im Internet über *http://dnb.ddb.de* abrufbar.

2. Auflage 2005

1. Auflage 1996, Suhrkamp Verlag, Frankfurt am Main

Gedruckt auf alterungsbeständigem Papier. ∞ ISO 9706
Druck und Bindung: Hubert & Co., Göttingen
Printed in Germany
ISSN 1612-4545
ISBN 3-465-03412-0

Inhalt

Vorwort zur zweiten Auflage

Dieser zweiten Auflage meines kleinen Buchs zu Descartes' Philosophie habe ich eine Bibliographie hinzugefügt, die eine Auswahl einschlägiger Arbeiten enthält, die in der Zwischenzeit (d.h. seit 1996) erschienen sind. Außerdem habe ich einige Druckfehler und Anachronismen verschiedener Art korrigiert.

Am Text der ersten Auflage habe ich darüber hinaus nichts verändert. Nicht, weil ich ihn für unverbesserbar halte, sondern weil er das ist, was ich nun einmal geschrieben hatte, und ich beim Durchlesen, nach fast zehn Jahren, nichts inhaltlich falsch daran fand. Heute würde ich über diese Dinge anders schreiben, aber nichts Anderes.

Für Hilfe bei der Vorbereitung der Druckvorlage danke ich Béatrice Lienemann, Tim Schöne, Miriam Wildenauer und ganz besonders Claudia Nissle.

Heidelberg, im November 2004

Einleitung

Repräsentation und Subjektivität gelten noch heute – Wittgenstein hin oder her – als die entscheidenden Merkmale des Geistigen. Kaum ein einzelner wird sich finden lassen, der für diese Art der Kennzeichnung des Geistigen einflußreicher war als Descartes. Seine Lehren zu diesen Dingen werden von fast niemandem geglaubt und von noch wenigeren verstanden. Doch wie er diese Dinge philosophisch angeht, das wird bis heute von vielen bewußtlos imitiert.

Descartes ist zu ehren als ein tiefer, scharfsinniger und einflußreicher Denker – jedenfalls in der Philosophie. Die war ihm etwas thematisch viel Reicheres als uns heute. Heutzutage übliche Rubriken für philosophische Arbeitsgebiete – »Metaphysik«, »Erkenntnistheorie«, »Philosophie des Geistes« und dergleichen – eignen sich nicht gut dazu, um das einzuordnen, was ihm letztlich das Wichtigste oder überhaupt nur wirklich wichtig war. Selbst daß ihm überhaupt etwas von dem, was wir heute »Philosophie« nennen, ganz ernst war, wird manchmal in Zweifel gezogen. Anders gesagt, seine philosophische Redlichkeit ist bei manchen umstritten. Derlei Verdacht halte ich übrigens für an den Haaren herbeigezogen. Doch spielt das keine Rolle für meine Untersuchungen. Denn sogar angenommen, er hätte manchmal gar nicht gemeint, was er gesagt hat; er hätte z. B. gar nicht an Gott und erst recht nicht an seine eigenen Beweise von dessen Existenz geglaubt – für uns Philosophen heute sollte das keinen Unterschied machen.

Biedersinn ist ein Gegenteil von Philosophie. (Eines der vielen Gegenteile.) Ein scharfsinniger Täuscher müßte in der Philosophie immer mehr gelten als jeder Aufrichtige, dessen Gedanken sei's auch nur um ein Geringes flacher geraten sind. Was zählt in der Philosophie, ist die Kraft der Argumentation. Sie zählt mehr als »die Lehre«, mehr als die hochtrabenden Ismen, mit denen Doktrinen etikettiert werden, mehr als die verheißungsvollen Programme, mehr als die grandiosen Thesen, mehr als die belanglosen Vormeinungen, mehr als die sogenannten Intuitionen, mehr als all die schicken neuen Begriffe und Sichtweisen. In einem Wort: Eine reizvolle Argumentation zählt mehr als alles andere, das an Philosophie zu faszinieren vermag.

Was aber ist es eigentlich an einer philosophischen Argumentation, das ihren Reiz ausmacht? Das ist schwer zu sagen und sicher nicht weniger umstritten als manche dieser Argumentationen selbst. Und wozu sollen philosophische Argumentationen denn eigentlich gut sein? Der Wahrheitsgehalt jedenfalls ist nicht das Entscheidende. Es gibt Gedankengänge, deren philosophischer Rang und Wert durch die ersichtliche Falschheit ihrer Prämissen und Konklusionen nicht beeinträchtigt wird. Berkeley liefert dafür besonders schöne Beispiele. Aber die Kette reicht gewiß von Sokrates und Platon bis zu Wittgenstein und Quine. Man läse die großen Philosophen falsch, wenn man es täte, um aus ihren Texten unmittelbar die Wahrheit zu entnehmen. Man liest Philosophie ja überhaupt nicht zu diesem Zweck. Für mich selbst zumindest darf ich gestehen, philosophische Texte zwar manchmal in der Hoffnung gelesen zu haben, einsichtiger zu werden, niemals jedoch, um mehr darüber zu erfahren, wie die Welt wirklich ist.

Beiläufig gesagt, halte ich Descartes' Philosophie gerade in dem, was sie zu den beiden Themen »Ich« und »Idee« – oder: Subjektivität und Repräsentation – beiträgt, für grundlegend, ja für abgrundtief falsch. Ich lese Descartes also nicht mit verborgener Verbeugung vor einem, der es – zumindest im Ansatz – immer schon richtig gesehen hätte. Auch glaube ich nicht, er habe eines dieser Themen entdeckt oder erfunden. Er ist also, in meinen Augen zumindest, bei keinem dieser Themen der Beste oder auch nur der Erste.

Aber er war es, soweit ich sehe, der diese beiden thematischen Stränge – ob nun zum Guten oder nicht, das sei dahingestellt – aufs innigste zusammengebracht hat. Er hat sie auf eine besondere Weise ineinander verdreht und damit unsere Vorstellung davon, was menschlicher Geist ist, nachhaltiger geprägt als irgend jemand nach ihm. Es ist ihm gelungen, seine Konzeption von Geist auf die philosophische Tagesordnung der Moderne zu setzen. Oder besser: Ohne jene gäbe es diese nicht einmal. Was unsern (theoretischen) Begriff von Geist angeht, sind wir – oder: fast alle unter uns – geborene Cartesianer.[1] Bestreitet heute irgendein Doctor subtilis oder ein intellektueller Rowdy die Existenz des Geistes, des Bewußtseins, des Ichs, dann wird fast immer etwas attackiert, für das sich ohne die Cartesische Philosophie nicht einmal ein passender Pappkamerad aufstellen ließe.

Pappkamerad ist ein Wort, das leider auf Descartes selbst paßt. Lange war er in der Philosophie zu so etwas verkommen. An die Stelle seiner Thesen und Argumente waren deren Clichés und Verballhornungen getreten. Ihn gnadenlos oberflächlich zu lesen, war über Jahrhunderte hin allgemeine Übung. (Arnauld, Spinoza und Reid sind Ausnahmen.) Gerade auch in der deutschsprachigen Philosophie von Kant bis Schopenhauer und von Nietzsche bis Heidegger galt Descartes als jemand, den man im einzelnen gar nicht ernst zu nehmen hat. Die ihn womöglich gründlich und mitdenkend gelesen haben, waren vielleicht zu sehr mit sich selbst und ihrer eigenen Philosophie beschäftigt, um ihre Leser auf die oftmals bemerkenswerten Einzelheiten der Cartesischen Argumentationsgänge aufmerksam zu machen. – Ingesamt läßt sich, wenn milde Vergröberung gestattet ist, über die Rezeption der Philosophie Descartes'

[1] Ich will das kurz erläutern. Unser theoretischer Begriff von Geist – d. h. die Klasse der Begriffsmerkmale, die wir auf die Frage »Was ist (ein) Geist?« als Antwort anzubieten geneigt sind – paßt deswegen schlecht dazu, wie wir mit dem Vokabularium für geistige Ereignisse und Zustände tatsächlich umgehen. Beim Reden über »den Geist« verfallen wir wie von selbst in Cartesianismen; beim gewöhnlichen Reden über Menschen und ihre psychischen Eigenschaften hingegen nicht.

bis tief in unser Jahrhundert hinein sagen: All das Feine in ihr wurde einfach übergangen. Wie sich das bei einem Pappkameraden eben ziemt.

So sprang man mit Descartes bis vor kurzem gerne auch innerhalb der Strömung der zeitgenössischen Philosophie um, die man als »analytische« bezeichnet.[2] Ich gebe zwei Beispiele. Gilbert Ryle zog 1949 in seinem Klassiker *The Concept of Mind*[3] unter anderm auch gegen eine Konzeption des Geistigen zu Felde, die er als »den Cartesischen Mythos« etikettierte; sein Schüler Daniel Dennett hat erst kürzlich[4] für eine gewisse Vorstellung davon, wie sich bewußtes Erleben im Hirn abspielt, die Bezeichnung »das Cartesische Theater« eingeführt. Jede dieser beiden Benennungen hat mit der Cartesischen Lehre so viel zu tun wie eine Schlagzeile der Bildzeitung mit dem Ereignis, auf das sich zu beziehen sie vorgibt. Zwei bedeutende Philosophen der letzten fünfzig Jahre benutzen das Adjektiv »Cartesisch« wie einen frei verfügbaren Stempel, den sie ihrem Lieblingspappkameraden ohne große Umstände aufdrücken.

Diese beiden Beispiele sind deshalb so besonders aufschlußreich, weil sowohl Ryle als auch Dennett – wie aus vielen ihrer Arbeiten deutlich hervorgeht – genau lesen und scharfsinnig denken können. Was Descartes angeht, so haben sie beide, mit verblüffender Selbstverständlichkeit, von diesen Fähigkeiten keinen Gebrauch gemacht. Wenn das schon in der Philosophie so gehalten wird, dann ist es kein Wunder, daß es um sich greift – bis hinein in die Psychologie und die Neurowissenschaften.

Ryle und Dennett sind Philosophen von der Art, wie Descartes selber einer war: solche, die vornehmlich »syste-

[2] Doch nur gelegentlich. Es gibt innerhalb der sog. analytischen Philosophie eine Reihe erstklassiger Werke zur Philosophie Descartes'. Anthony Kenny, Margaret Dauler Wilson und Bernard Williams z. B. haben hervorragende Monographien verfaßt.

[3] G. Ryle, *The Concept of Mind*, London 1949.

[4] D. Dennett, *Consciousness Explained*, Harmondsworth 1991.

matisch« arbeiten, nicht »historisch«. In der Philosophie ist der Unterschied zwischen dem sog. Systematischen und dem sog. Historischen wichtig und ihre Trennung unmöglich. Der Unterschied ist wichtig, weil ohne das Bemühen um eine Abgrenzung – die Abgrenzung zwischen der Interpretation einer vorgefundenen Philosophie einerseits und dem eigenen Beitrag zur Sache andererseits – auf keinem der beiden Gebiete etwas Lohnendes entstehen könnte. Wir hätten sonst, ohne das Bemühen um diese Abgrenzung, nur jenes unsäglich langweilige Ineinanderschwappen von Selbstphilosophieren und Textauslegung, das niemals Philosophie war und auf Dauer jeden philosophischen Antrieb ersticken würde. Doxographie der Philosophie, auch wenn sie kritisch betrieben wird, ist eben Doxographie. Sie handelt nur von Philosophie, ist aber selbst keine. (Auch wenn es oft philosophischer Qualitäten bedarf, um auf diesem Gebiet etwas zu leisten.) Deshalb ist der Unterschied zwischen »dem Systematischen« und »dem Historischen« wichtig. Unmöglich ist die Trennung, weil das Systematische in der Philosophie ohne das Historische nicht einmal denkbar ist.

Zurück zu Descartes. Neuerdings gibt es eine schillernde Vokabel, die gut auf ihn paßt: »Kognitionswissenschaftler«. Dieses Etikett soll, falls ich es richtig verstehe, zweierlei signalisieren. Erstens eine am Computermodell des Geistes orientierte Forschungsmethode. (In dieser Hinsicht paßt es natürlich nicht auf Descartes.) Zweitens verheißt es die Überwindung akademischer Aufteilungen in Fächer und Studiengänge. Einer ist Kognitionswissenschaftler, sofern er sich (gleichgültig ob in der Informatik, Psychologie, Biologie, Sprachwissenschaft oder Philosophie) vornehmlich mit Fragen beschäftigt, die das Wesen und die Funktionsweisen dessen betreffen, was wir Geist nennen. Wenn wir uns auf diese zweite Bedeutungskomponente von »Kognitionswissenschaftler« beschränken, so paßt dieses seltsame Epitheton ornans auf Descartes wie auf sonst kaum einen. Dann war er ein Kognitionswissenschaftler par excellence: Formalwissenschaftler, empirischer Forscher und spekulativer Denker zum Thema *Der Mensch in seiner Welt und sein Wissen von allem dreien.* Ihm ging es um Kognition aller Art: mathematische, physiologische, theologische, psychologische, moralische, physikalische, metaphysische, botanische, medizinische und epistemologische. Ihm war jede verfügbare Quelle recht; er las die Schriften des Aquinaten und sezierte – wie ich mir denke: mit etwa gleicher Gemütsverfassung – die frisch vom Metzger besorgten Teile toter Tiere. Auf einigen der genannten Fachgebiete war er ein Champion seiner Zeit.

Descartes wird oft dargestellt als einer, der eine offizielle Lehre hat (die mechanistische Naturkonzeption; die klaren&deutlichen Ideen; den Körper/Geist-Dualismus; die Unmöglichkeit des Vakuums; und so weiter, usw.) und der sie mit allen – wenn's sein muß auch mit für verfehlt gehaltenen – Mitteln durchpauken möchte. Als einer, der vornehmlich – und vornehmlich doktrinär – antwortet. Natürlich hat er Doktrinen zuhauf, er setzt immer gerne ein Dekkelchen auf ein Töpfchen. Das tut jeder, der Spaß am Denken und Zutrauen zur eigenen Intelligenz hat. Aus ihm ist jedoch, philosophisch, mehr zu gewinnen, wenn er gelesen wird, als jemand, der ernsthaft fragt – jedenfalls überhaupt erst einmal fragt, bevor er antwortet. Eine besondere Peinlichkeit in der Philosophie sind ja die vielen ganz präzisen Antworten auf eine fehlende klare Frage – all die Lehren, die ins Leere zielen. Oftmals machen Philosophen sich daran, Lücken zu füllen, bevor sie überhaupt nachgeschaut haben, worin diese eigentlich bestehen, wie tief sie wohl reichen, wie weit sie überhaupt klaffen. Nicht so Descartes.

Ich schicke diese Bemerkungen meinen nachfolgenden Studien zur Cartesischen Philosophie voraus, um die Haltung, in der ich ihr begegne, deutlicher zu machen, als sie aus jeder einzelnen von ihnen selbst zu entnehmen sein mag. Diese Arbeiten gehören in die Abteilung »Historisches«. Es geht mir zunächst einmal darum, Descartes' Lehre zu verstehen. Meinen Widerspruch, was die Sache angeht, habe ich immer zu bändigen versucht. Manchmal schimmert er dennoch durch – so sei es.

Was mich bei allem inhaltlichen Widerspruch dazu brachte, diese Arbeiten zu verfassen, war vornehmlich meine Hochachtung vor dem Niveau seiner Argumentationen. Daran entzündete sich mein Wunsch, ein paar Kleinigkeiten richtigzustellen. Wenn Descartes' Philosophie mit den heutigen Waffen attackiert wird (wozu, wie ich finde, guter Grund besteht), dann aber tunlichst auf einem Niveau, das ihr aus den verfügbaren Texten ersichtlich zusteht. Dabei kommt es mir nicht nur auf philosophisches *fair play* an, sondern auch auf inhaltliche Einsicht: wie nahe Descartes uns steht, was die Problemstellungen und das intellektuelle Niveau angeht (wir haben wenig Anlaß zu viel philosophischem Überlegenheitsgefühl), und wie fern er uns gerade auch in dem ist, wo wir allzu leicht inhaltliche Berührungspunkte wähnen. Um dergleichen geht es in den nachfolgenden Arbeiten.

Kapitel 1 handelt vom Cartesischen Begriff der mentalen Repräsentation. Alle wichtigen Diskussionen der vergangenen dreihundert Jahre zu diesem Thema wurden von Descartes' Begriff der »*idea*« mitgestaltet. Doch immer noch wird nicht recht verstanden, was Ideen à la Descartes eigentlich sein sollen. Und das ist kein Zufall. Descartes hatte zwar keine törichte Lehre der »geistigen Bildchen«, wie sie ihm manchmal zugeschrieben wird; nichts dergleichen hätte er im Rahmen seines Leib/Seele-Dualismus überhaupt vertreten können. Aber seine Ideenlehre ist bei genauerem Hinsehen dennoch zutiefst irritierend und meines Erachtens letztlich unverständlich. In ihr wird ein Typ von Entität postuliert, der sowohl im Geiste als auch in der Körperwelt vorkommt – wenn auch in unterschiedlichen Seinsweisen. (Dieses Postulat ist in dem Maße unverständlich, in dem das Reden von »Seinsweisen« unerläutert bleibt – also völlig.)

Wodurch fühlt sich Descartes zu diesem Postulat getrieben? Vielleicht dadurch, daß mit Hilfe des Ideenbegriffs allzu vieles allzu direkt unter einen theoretisch präsentablen Hut gezwängt werden soll. Mit diesem Begriff versucht Descartes ja, wenigstens viererlei in einem anzugehen: (i) eine subjektive Psychologie des Denkens, (ii) eine Semantik des Denkens, (iii) eine Ontologie der Denkvehikel und (iv) eine Ontologie der gedachten Sachen. Diese große einheitliche Theorie gelingt Descartes nicht. Der Ideenbegriff bleibt letztlich disparat und unverständlich.

Kapitel 2 handelt vom »*Cogito ergo sum*«. Wie schließt Descartes denn wirklich vom Denken auf die Existenz? Ich beschränke mich auf den Text der *Meditationen*. Der dort vorgeführte Schluß vom Denken aufs Sein findet unter epistemischen Extrembedingungen statt; der Denker befindet sich im Großen Zweifel, und mit jenem Schluß soll dieser Zweifel aufs schlagendste überwunden werden. Der entscheidende Punkt dabei ist nicht, wie so oft unterstellt wird, daß dem Denker sein eigener Geist durch das Vermögen der »Introspektion« (das es bei Descartes, soweit ich weiß, gar nicht gibt) unmittelbar und unfehlbar bewußt ist. Der entscheidende Punkt liegt gar nicht in einem erkenntnistheoretischen Postulat, sondern in einer besonderen logisch-semantischen Eigenheit des Gedankens oder Satzes »Ich existiere«. Descartes ist aufgefallen, daß dieser Gedanke unbestreitbar ist – und zwar in einem Maße, das keine Steigerung mehr zuläßt: Jeder Versuch der Leugnung müßte scheitern, weil er auf einen Selbstwiderspruch hinauslaufen müßte. Und damit hat Descartes gewiß recht. Meine leitende Frage in diesem Kapitel ist jedoch, was genau der im Großen Zweifel befindliche Denker eigentlich denken *kann*, wenn er denkt, daß *er* denkt und existiert. Mein Ergebnis ist, daß die extremen Auflagen, unter die er sich im Großen Zweifel gestellt hat, einen Sinn des Wortes »ich« nach sich ziehen, der eher logisch dubios als philosophisch verheißungsvoll ist. Der Tenor meiner Kritik ist keineswegs neu, wohl aber meine Rekonstruktion des Sinns, den Descartes dem Wort »ich« an dieser wichtigen Stelle seines Argumentationsgangs beilegen muß. Zumindest historisch gesehen ist der genaue Sinn des Wortes »ich« an just dieser Stelle von Interesse. Denn hier tritt zum ersten Mal das großgeschriebene Ich der philosophischen Moderne auf – ein denkendes Ding, das von sich erst einmal nur weiß, daß es denkend existiert, nicht aber, wer oder was es ist.

In Kapitel 3 wird das Thema der Selbstkenntnis bei Descartes weiterverfolgt. Die leitende Frage ist, ob ein Ich von der Art, wie Descartes es konzipiert, überhaupt eine Idee von sich selbst haben kann, die seiner eigenen Individualität gerecht wird. Zu diesem Zweck resümiere ich möglichst kurz, was sich bei Descartes über das Ich findet, und versuche zu zeigen, daß die Antwort auf die genannte Frage verneinend sein muß. Ein Ich à la Descartes mag sein, was es will (z. B. »ein vereinheitlichter Ort der Subjektivität«,[5] was auch immer genau das heißen mag), es vermag jedoch nicht zu denken, daß es etwas wesentlich Einziges ist. In dieser wichtigen Hinsicht ist Descartes' philosophischer Ich-Begriff sehr weit entfernt vom gewöhnlichen Sinn des Wortes »ich«. Descartes' Begriff tut sich gerade schwer mit dem, was wir heute gerne für das Wichtigste am Ich halten: eine ganz eigene Perspektive und unverdoppelbare Individualität.

Kapitel 4 handelt davon, ob Descartes für seinen Denker nicht doch einen Zweifel am anscheinend Unbezweifelbarsten zugelassen hat: Zweifel an der eigenen Existenz. Der erste Teil des Kapitels ist dem Versuch gewidmet nachzuweisen, daß Descartes seinen Denker in den *Meditationen* in der Tat einen solchen Zweifel hegen lassen möchte. Später behandele ich einige damit zusammenhängende Fragen, die das Wesen des Zweifels und zwei unterschiedliche Formen der metaphysischen Gewißheit betreffen. Unter anderm

[5] *»A unified locus of subjectivity«*, wie Gaukroger (*Descartes – An Intellectual Biography*, Oxford 1995, S. 346) sich erst vor kurzem ausdrückte.

wird es darum gehen, ob der Glaube an einen guten Gott laut Descartes eine Voraussetzung für wirkliches Wissen ist (und die Antwort wird sein: Nein, auch der Atheist kann nach Descartes über wirkliches Wissen verfügen). Ein Nebenergebnis dieses Kapitels ist, daß Descartes in seiner Argumentation für die Zuverlässigkeit der klaren&deutlichen Ideen keinen Zirkel begeht, wie ihm das sehr oft vorgehalten wurde.

Kapitel 5 ist gegen eine weitverbreitete Fehldeutung Descartes' als Bewußtseinsphilosoph (oder Wegbereiter der sog. Bewußtseinsphilosophie) gerichtet. Descartes hat mit Bewußtsein nichts am Hut. Jedenfalls nichts philosophisch Besonderes, das über das Denken hinausginge. In elf Punkten wird einiges von dem dargelegt, was Descartes' Lehre über das Bewußtsein, wenn es sie gäbe, besagen müßte. Auf einen darunter möchte ich hier im Vorhinein aufmerksam machen; und zwar auf den dritten. Manch gebildeter Tierfreund hegt allein schon deshalb eine Abneigung gegen Descartes, weil er meint, der habe gelehrt, Tiere hätten keine Gefühle, insbesondere also auch keine Schmerzen, sie seien bloße Automaten, die Mitleid genausowenig verdienen wie die hydraulischen Kunstfiguren in den Parks des siebzehnten Jahrhunderts. Das ist nicht Descartes' Lehre. Wir dürfen ihn uns als einen Menschen ohne jede theoriebasierte Kälte gegenüber Tieren vorstellen. Nichts in seiner Philosophie spricht dagegen. Und manches von dem wenigen, das wir über sein privates Leben wissen, spricht dafür, daß sein Umgang mit Tieren eher freundlich war. Immerhin hatte er einen Hund, dessen Name überliefert ist. (Welcher andere bedeutende Philosoph kann das von sich sagen?)[6] Und übri-

[6] Beim Nachdenken fällt mir nur ein aufdringlicher Pudel namens Phisto ein. – Was war eigentlich mit den Hunden von Sokrates, Kant oder Wittgenstein? Selbst von Schopenhauers berühmtem Pudel ist der Name offenbar nicht überliefert – wohl aber, daß er von seinem Herrn in der Öffentlichkeit als »Du Mensch« beschimpft wurde. Dankenswerterweise hielt uns David Lewis über die Namen seiner Kater auf dem laufenden.

gens ernährte er sich vorzugsweise von Obst und Gemüse. – Ganz am Ende des Kapitels versuche ich, eine Erklärung dafür zu geben, warum »das Bewußtsein« Descartes nicht wichtig genug war, um eine Theorie darüber zu haben.

Dieses Buch ist keine Einführung in die Cartesische Philosophie. Die nachfolgenden Kapitel bieten nichts, was einem Überblick über diese Philosophie auch nur nahe käme. Im Gegenteil, es geht darin ausschließlich um einige wenige Fragen, die mich faszinieren und die Descartes selbst wohl eher als abgelegene Detailprobleme betrachtet hätte. Wenn wir das heute anders sehen, dann ist das vielleicht – eine schnippische Wendung aufgreifend, die derzeit en vogue ist – *nicht Descartes' Fehler*. (Auch so hätte das Buch heißen können.)

Einen ausgezeichneten Überblick über den ganzen Descartes (nicht nur über den Metaphysiker und Erkenntnistheoretiker) und seine intellektuelle Entwicklung geben:

Rainer Specht: *Descartes*, Hamburg 1966
Stephen Gaukroger: *Descartes*, Oxford 1995

Was diese beiden Monographien so besonders lohnend macht, ist, daß Descartes' Denken in ihnen vor dem Hintergrund der historischen (insbesondere der wissenschaftlichen) Gegebenheiten des 17. Jahrhunderts dargestellt wird.

Zur Zitierweise: Die Schriften Descartes' werden nach der Ausgabe von Charles Adam und Paul Tannery (*Œuvres de Descartes*, Neuauflage Paris 1973) zitiert; die Angabe »AT VII 25« verweist also auf S. 25 des siebten Bands dieser Ausgabe.

Publikationsnachweise: Von geringfügigen Veränderungen abgesehen sind die ersten vier Kapitel dieses Buches bereits an anderer Stelle erschienen:

Kapitel 1, unter dem Titel »Cartesische Ideen«, in dem *Archiv für Begriffsgeschichte*, Band 36 (1993), S. 43–94.

Kapitel 2, unter dem Titel »Eine reflexive Deutung des *Cogito*«, in der Festschrift zum 60. Geburtstag von Dieter Henrich: *Theorie der Subjektivität*, hrsg. von Konrad Cramer, Hans Friedrich Fulda, Rolf-Peter Horstmann und Ulrich Pothast, Frankfurt a. M. 1987, S. 141–166.

Kapitel 3, unter dem Titel »Die Denkbarkeit des ganz eigenen Ichs«, in dem *Archiv für Geschichte der Philosophie*, Band 75 (1993), S. 299–318.

Kapitel 4, unter dem Titel »Die Bezweifelbarkeit der eigenen Existenz«, in: *Descartes nachgedacht*, hrsg. von Andreas Kemmerling und Hans-Peter Schütt, Frankfurt a. M. 1996, S. 80–127.

1. Ideen

I love ideas.

Andy Warhol

Der Begriff der Idee in der reifen Cartesischen Philosophie gehört nicht zu den klaren und deutlichen. Schon die ersten Leser der *Meditationen* hatten Schwierigkeiten zu begreifen, was Descartes unter einer Idee verstanden wissen wollte. Auch der heutige Leser tut sich, wenn auch aus andern Gründen, schwer mit diesem Begriff. Im folgenden werde ich versuchen, die Cartesische Lehre hinsichtlich dreier Punkte zu verdeutlichen:

- was Ideen sind (Sind sie Objekte geistiger Aktivitäten? Sind sie Vehikel solcher Aktivitäten? Oder sind sie nichts anderes als diese Aktivitäten selbst? Sind sie geistige Bilder von Sachen? Oder etwas anderes als Bilder, etwa geistige Wörter oder Sätze? Oder etwas ganz Einzigartiges und Unvergleichliches? Gibt es materielle Ideen?);
- was Ideen repräsentieren (Repräsentieren sie außergeistige Entitäten? Oder wiederum nur Ideen? Repräsentieren alle Ideen?);
- wie Ideen repräsentieren (Dank Kausalverknüpfung? Dank Ähnlichkeit? Dank göttlicher Einrichtung? Oder gehört es einfach zu ihrem Wesen, und sie tun es letztlich einfach kraft Definition?).

In diesem Kapitel möchte ich, so gut das geht, alle jene zusätzlich hinzukommenden Probleme mit dem Cartesischen Ideenbegriff erst einmal beiseite lassen, die durch den speziellen Charakter der betreffenden Idee entstehen mögen – wie dies etwa bei der Idee des Unendlichen, der Idee Gottes, der Idee meiner selbst, bei Ideen von Nicht-Entitäten (Dunkelheit als bloße Abwesenheit von Licht), Ideen von nicht-existierenden Entitäten (Chimären), höherstufigen Ideen und noch anderm mehr der Fall sein mag. Insbesondere möchte ich die Schwierigkeiten mit der Cartesischen

Lehre von den angeborenen Ideen hier einfach ausklammern; dasselbe gilt für die sog. klaren&deutlichen Ideen.

Es soll also um Ideen in dem für Descartes unproblematischsten Sinn gehen – Ideen möglichst gewöhnlicher Art: Ideen ohne besonderen Makel oder Glanz. Ein Beispiel ist etwa die Idee der Sonne, die ein Denker hat, wenn er gerade die Sonne wahrnimmt oder über sie nachdenkt. Solch eine Idee ist etwas, das in die ontologische Rubrik »Vorkommnis« fällt, nicht in die namens »Typ« ; eine gewöhnliche Idee ist ein Konkretum, das seinen Auftritt in einem prinzipiell datierbaren Akt der sinnlichen Wahrnehmung bzw. des Intellekts hat.[1]

I. Ein paar Dinge, die wir über Cartesische Ideen wissen

Es ist vielleicht hilfreich, den folgenden Betrachtungen eine kleine Sammlung von Cartesischen Feststellungen zum Ideenbegriff vorauszuschicken. Sie sind samt und sonders der reifen Cartesischen Philosophie zuzurechnen, womit ich die *Meditationen* und das Spätere meine. Einige von ihnen werden im Folgenden noch eingehender erörtert werden.[2]

⟨1⟩ Ideen werden perzipiert.

⟨2⟩ Die Perzeption einer Idee ist nichts anderes als die Idee. (AT III 295)

[1] Es ist nicht leicht, dies am Text zu belegen. Doch erfreulicherweise scheint in diesem Punkt keine Uneinigkeit unter den Interpreten zu bestehen.

[2] Auch wo es mehrere Textbelege gibt, habe ich – um nicht den Eindruck zu erwecken, ich erhöbe Anspruch auf Vollständigkeit – hier zumeist nur einen Beleg angeführt. Eine kleine Bemerkung zur Terminologie: *»percipere«*, *»perceptio«* usw. habe ich mit »perzipieren«, »Perzeption« usw. übersetzt, um den Aspekt des Fachterminologischen, den dieser Ausdruck bei Descartes hat, nicht durch die Verwendung gewöhnlicheren Vokabulars zu verwischen.

⟨3⟩ Ideen sind niemals außerhalb des Intellekts. (AT VII 102)

⟨4⟩ Die Perzeption einer Idee ist unmittelbar. (AT VII 181)

⟨5⟩ Ideen sind Gedanken. (AT VII 36)

⟨6⟩ Ideen sind Formen von Gedanken. (AT VII 160)

⟨7⟩ In einer Idee ist etwas (AT VII 369). In ihr kommt etwas vor. (AT VII 40 ff.)

⟨8⟩ Daraus, daß x in der Idee ist, folgt nicht, daß x in Wirklichkeit [*in rerum natura*] existiert. (AT VII 369)

⟨9⟩ Insofern x in der Idee ist, hat x objektive Realität. Wenn der objektiven Realität der Idee von x die Eigenschaft E zukommt, so ist E objektiv in dieser Idee. (AT VII 161)

⟨10⟩ Wenn zwei Ideen verschiedene Dinge repräsentieren, dann sind sie verschiedene Ideen. (AT VII 40)

⟨11⟩ Eine Idee zeigt [*exhibet*] mir etwas. (AT VII 40)

⟨12⟩ Manche Ideen zeigen mir Substanzen. (AT VII 40)

⟨13⟩ Manche Ideen repräsentieren nur Modi. (AT VII 40)

⟨14⟩ Ideen im eigentlichen und strengen Sinn sind Ideen von Sachen. (AT VII 44, AT V 153)

⟨15⟩ Ideen von Allgemeinen Prinzipien sind Ideen in einem weiteren Sinn. (AT V 153)

⟨16⟩ Ideen können unterschiedlich viel objektive Realität in sich haben. (AT VII 40 ff.)

⟨17⟩ Wenn Ideen in sich selbst betrachtet werden, werden sie nicht auf etwas anderes bezogen. (AT VII 37)

⟨18⟩ Die Idee von x = das im Intellekt existierende x. (AT VII 102)

⟨19⟩ Das im Intellekt existierende x = das in objektiver Seinsweise existierende x. (AT VII 41, 102)

⟨20⟩ Die objektive Seinsweise kommt der Idee aus ihrer Natur zu. (AT VII 42)

⟨21⟩ Die Natur der Idee ist es, ein Modus des Geistes – oder Denkens – zu sein. (AT III 565, VII 40)

⟨22⟩ Die Sinneswahrnehmung ist das passive Vermögen, Ideen der Sinnesdinge zu empfangen und zu erkennen. (AT VII 79)

⟨23⟩ Wenn jemand ein Wort verwendet, das sich auf *x* bezieht, und er versteht, was er sagt, dann ist in ihm eine Idee von *x*. (AT III 391, VII 160)

⟨24⟩ Die Idee von *x* repräsentiert das Wesen von *x*. (AT VII 371)

⟨25⟩ Wird einer Idee, die *x* repräsentiert, etwas hinzugefügt oder weggenommen, repräsentiert sie eine andere Sache als *x*. (AT VII 371)

Diese Liste wirft eine unübersehbare Reihe von Fragen auf. Bei einigen Thesen ist ihre schiere Verständlichkeit ein Problem, z. B. ⟨2⟩, ⟨6⟩ und ⟨9⟩. Häufig stellt sich aber auch die Frage, wie sich gewisse Thesen dieser Liste untereinander – oder mit andern Cartesischen Auffassungen – überhaupt vereinbaren lassen. Wie sollen ⟨5⟩ und ⟨6⟩ zusammenpassen? Aus ⟨18⟩ und ⟨19⟩ folgt, daß die Idee einer Sache identisch ist mit der Sache in einer bestimmten Seinsweise; wie soll das zugehen, wenn doch – gemäß ⟨21⟩ – Ideen Modi des Geistes sind, während die Sachen, von denen Ideen welche sind, oft auch körperliche Gegenstände sind? Wie kann, zumal für Descartes, ein Modus des Geistes ein körperlicher Gegenstand in einer bestimmten Seinsweise sein? Oder betrachten wir ⟨25⟩; wie ist diese Behauptung Descartes' mit seiner Auffassung verträglich, daß wir inhaltlich verschiedene Ideen von der Sonne haben?[3]

[3] Dominik Perler hat mich darauf hingewiesen, daß ⟨25⟩ womöglich eine falsche Wiedergabe dessen ist, was Descartes an jener Stelle in den *Fünften Erwiderungen* (AT VII 371) meint. Descartes drückt sich dort so aus:

Um solche Fragen wird es im Folgenden gehen. Ich werde zunächst einige Überlegungen zur einzigen Definition anstellen, die Descartes für seinen Ideenbegriff anbietet. In der zweiten Hälfte der Arbeit wird die Cartesische Unterscheidung zwischen verschiedenen Betrachtungsweisen von Ideen im Vordergrund der Erörterungen stehen. Diese Unterscheidung ist meines Erachtens zentral für ein Verständnis oder – falls Verständnis unmöglich ist – für eine angemessene Einschätzung des Cartesischen Ideenbegriffs.

II. Die offizielle Definition

Es gibt bei Descartes eine Vielzahl von Erläuterungen dazu, was Ideen sind. Eine unter ihnen sticht hervor, weil sie an einer exponierten Stelle seines Werks zu finden ist und dem Leser nicht nur einen Wink, sondern eine Definition geben

Idea enim repraesentat rei essentiam, cui si quid addatur, aut detrahatur, protinus sit alterius rei idea.

Perler schlägt folgende Übersetzung vor: »Die Idee repräsentiert nämlich das Wesen der Sache. Wenn dem Wesen der Sache etwas hinzugefügt oder abgezogen wird, ist sie sofort die Idee einer anderen Sache«. Perlers Vorschlag steht damit im Einklang, wie John Cottingham diese Stelle in seiner neuen Übersetzung der *Meditationen* ins Englische wiedergibt (vgl. dazu: *The Philosophical Writings of Descartes*, translated by John Cottingham, Robert Stoothoff, Dugald Murdoch, Vol. II, Cambridge 1984, S. 256). – Dennoch bleibe ich aus sachlichen und sprachlichen Gründen bei meiner Übersetzung. Hier möchte ich nur auf zweierlei hinweisen. Erstens geht es Descartes an dieser Stelle offenkundig darum, die Auffassung anzugreifen, daß sich an der Idee etwas ändere, wenn man sie klarer und deutlicher begreift; beim deutlicheren Begreifen wird der Idee gar nichts hinzugefügt oder weggenommen; *wenn man ihr jedoch tatsächlich etwas hinzufügte oder wegnähme, dann wäre sie sofort die Idee von einer andern Sache*; genau das will Descartes dort sagen (und sagt es auch, wie ich meine). Zweitens vermag ich keinerlei mit der Cartesischen Philosophie vereinbaren Sinn damit zu verbinden, daß dem Wesen einer Sache etwas hinzugefügt oder weggenommen wird; wohl aber leidlich klaren Sinn damit, daß solches einer Idee widerfährt.

soll. Im Anhang an die *Zweiten Erwiderungen* schreibt Descartes:

> Unter einer Idee verstehe ich diejenige Form [*forma*] jedes beliebigen Gedankens, durch deren unmittelbare Perzeption ich mir dieses Gedankens selbst bewußt bin. (AT VII 160)

Eine Idee ist also etwas, das unmittelbar perzipiert wird, und diese unmittelbare Perzeption macht (oder macht aus), daß der Denker sich des Gedankens, zu dem diese unmittelbar perzipierte ›Form‹ gehört, bewußt ist. Was ein Gedanke ist und was »unmittelbar bewußt« besagen soll, hat Descartes wenige Zeilen zuvor in seiner ersten Definition erläutert. Doch was heißt hier »Form«, was ist eine *forma cogitationis*?

»*Forma*« ist ein Wort, das Descartes leicht von der Feder geht. Es kann vieles heißen. Auf fünf Verwendungsweisen dieses Worts im Cartesischen Sprachgebrauch möchte ich hinweisen.[4]

(a) Zumeist bezeichnet es natürlich, in Übereinstimmung mit dem scholastischen Sprachgebrauch, das *Wesen* einer Sache: »...*natura, sive essentia, sive forma*...« heißt es z. B. in der *Fünften Meditation* (im Hinblick auf die Dreiecksfigur, die vielleicht nur im Denken existiert).

(b) In den *Vierten Erwiderungen* (AT VII 222 f.) wird »*forma*« wiederholt gleichbedeutend mit »*attributum*« verwendet; letzterer Ausdruck wird dabei im weiten Sinn von »etwas, woraus man auf das Vorhandensein einer Substanz schliessen kann« verwendet. Descartes schreibt: »Wie das Ausgedehntsein, das Teilbarsein, das Figurhaben usw. *formae* oder Attribute sind, durch die ich die Substanz namens Körper erkenne, so sind auch das Begreifen, das Wollen, das Zweifeln usw. *formae*, durch die ich die Substanz namens *Geist*

[4] Es gibt mehr als diese fünf; z. B. findet sich die Redeweise »*forma loquendi*« und dergleichen. Ich habe mich auf Verwendungsweisen beschränkt, die zur Deutung der Definition des Ideenbegriffs in Frage kommen könnten.

erkenne« (AT VII 223). In diesem Sinn verwendet Descartes auch in den *Prinzipien* gelegentlich das Wort »*forma*«.[5] Und auch wenn er in der *Zweiten Meditation* von den »*externis formis*« des Wachses spricht, so läßt sich das ebenfalls zu dieser zweiten Verwendungsweise rechnen.

(c) In den *Notae in Programma* (AT VIII-B 363) spricht Descartes davon, daß die *forma iudicii* zwar eine Perzeption voraussetze, aber außerdem durch die Willensaktivität des Bejahens bzw. Verneinens konstituiert sei. Der Urteilsakt selbst, der ausschließlich im Bejahen bzw. im Verneinen bestehe, werde von ihm daher dem Willen und nicht dem Intellekt zugerechnet. Hier kontrastiert Descartes die *forma iudicii* mit dem *actus iudicandi*; letzterer ist nichts als Willensaktivität, erstere umfaßt eine Tätigkeit des Intellekts. Zwar kann man »*forma*« hier wieder einfach als »Wesen (des Urteils)« lesen, aber es ergibt auch – gerade wegen des erwähnten Kontrasts – einen vertretbaren Sinn, wenn man übersetzt: *Struktur* (im heute üblichen Sinne dieses Wortes, in dem man sagen kann: »Die Struktur des Urteils ist laut Descartes dyadisch: eine Zusammensetzung aus Assension und Perzeption.«) – Eine ähnliche Verwendung des Begriffs »*forma*« findet sich in den *Fünften Erwiderungen*, wenn Descartes Gassendi mit herablassender Ironie darüber belehrt, daß vom Geist gemachte Ideen sehr wohl aus Bestandteilen erworbener Ideen sich zusammensetzen können. Descartes schreibt dort (AT VII 362):

> Gewiß besteht weder die *forma* der Chimäre aus Löwen- und Ziegen-Teilen, noch die *forma* Deiner Einwände aus den einzelnen Wörtern, die Du verwendet hast, sondern vielmehr aus der besonderen Zusammenstellung [*in sola compositione*].

(d) Es gibt auch in der reifen Cartesischen Philosophie die Verwendung von »*forma*« im Sinne von *Bildchen*; so schreibt er beispielsweise in seinem Brief an Mersenne vom

[5] Siehe z. B. Teil IV, § 198 (AT IX 322).

21. April 1641: »Die körperlichen *formae sive species*, die es im Hirn geben muß, damit wir uns etwas bildlich vorstellen, sind keine Gedanken; ein Gedanke ist vielmehr eine Tätigkeit des sich etwas bildlich vorstellenden – d. h. des sich diesen *species* zuwendenden – Geistes« (AT III 361). Oder in den *Fünften Erwiderungen*: »Beim begrifflichen Denken [*in intellectione*] macht der Geist nur von sich selbst Gebrauch, beim bildlichen Vorstellen hingegen betrachtet er eine körperliche *forma*« (AT VII 385). Wenige Zeilen später spricht er von solch einer körperlichen *forma* mit dem Ausdruck »körperliche Idee« und auf der übernächsten Seite heißt es dann wieder »*species corporea*«. – Als er Burman gegenüber seine Lehre von der Sinneswahrnehmung zusammenfaßt, spricht er bezeichnenderweise davon, daß äußere Gegenstände in den Sinnen »eine Idee – oder besser: eine Figur – ihrer selbst malen« (AT V 162).[6] Bei den Ideen der Sinneswahrnehmung gibt es also für Descartes einen engen terminologischen Zusammenhang von »*idea*«, »*species*«, »*forma*« und »*figura*«.

(e) In den *Sechsten Erwiderungen* schreibt Descartes: »Bei einer Betrachtung *sub forma* des Knochens perzipieren wir von einer Sache nicht dasselbe wie das, was wir von einer Sache bei einer Betrachtung *sub forma* des Fleisches perzipieren; und deshalb können wir diese [ergänze: »unterschiedlich perzipierten Sachen«] nicht kraft einer Wesenseinheit für ein und dieselbe Sache nehmen, sondern nur kraft einer Kompositionseinheit: insofern es nämlich ein und dasselbe Lebewesen ist, das Knochen und Fleisch hat« (AT VII 423). – »*Forma*« besagt hier etwa soviel wie: *begrifflicher (oder inhaltlicher) Aspekt*.

[6] Dabei ist zu beachten, daß der Begriff »Figur« bei Descartes keine echte Ähnlichkeit impliziert, sondern nur eine strukturelle Entsprechung; im Hirn werden auch ›Figuren‹ der Farben, Gerüche, Klänge usw. ›gemalt‹. Vgl. AT XI 176.

Von diesen fünf Verwendungsweisen des Wortes »*forma*« bei Descartes ist jedenfalls die erste nicht gut zur Erläuterung der genannten Cartesischen Definition geeignet. Denn Descartes definiert die Idee ja als »*diejenige* Form eines beliebigen Gedankens, ...« [*cuiuslibet cogitationis formam* ***illam***...]; gemäß (a) müßten wir also lesen: »Die Idee ist dasjenige Wesen eines beliebigen Gedankens, ...«, und das ist keine plausible Lesart, weil mit ihr die abwegige Auffassung nahegelegt wird, jeder Gedanke habe mehrere Wesen. Hätte Descartes derlei Extravaganzen im Sinne gehabt, hätte er sie gewiß deutlicher ausgeführt.

III. Weitere Stellen mit »*idea*« und »*forma*«

Die gerade erwähnte Definition ist nicht die einzige exponierte Stelle im Cartesischen Werk, an der Descartes auf den Formbegriff zur Erläuterung dessen, was eine Idee ist, zurückgreift. Er tut dies auch in der *Dritten Meditation*, in einigen Erwiderungen und in den *Notae in Programma.*

(1) Einige von ihnen [d. h. von meinen Gedanken] sind gleichsam Bilder von Dingen und ihnen allein kommt eigentlich die Bezeichnung Idee zu, wie wenn ich an einen Menschen, an eine Chimäre, an einen Engel oder an Gott denke. Andere [Gedanken] haben aber außerdem noch irgendwelche andern Formen, wie wenn ich etwas will, fürchte, bejahe, verneine; dann erfasse ich immer irgendeine Sache als Subjekt meines Gedankens, aber ich begreife durch den Gedanken auch noch weiteres als eine Ähnlichkeit mit diesem Gegenstand; und von diesen [Gedanken] werden die einen Wünsche oder Affekte, die andern aber Urteile genannt. (*Dritte Meditation*, AT VII 37)

(2) Ideen sind irgendwelche Formen und aus keinerlei Materie zusammengesetzt ... (*Vierte Erwiderungen*, AT VII 232)

(3) ... daß ich unter einer Idee all das verstehe, was die Form einer beliebigen Perzeption ist. Denn wer perzipierte nicht, daß er etwas begreift [*intelligere*]? Und wer hätte daher nicht diese Form – oder auch Idee – des Begreifens [*formam, sive ideam intellectionis*], die ... (*Dritte Erwiderungen*, AT VII 188)

(4) … angeboren habe ich die Ideen … genannt, welche die Formen dieser Gedanken [die aus meinem Denkvermögen allein stammen] sind … (*Notae in Programma*, AT VIII-B 358)

Es fällt auf, daß Descartes an all diesen Stellen den Formbegriff mit größter Beiläufigkeit verwendet. Offenbar setzt er voraus, daß es hier keiner weiteren Erläuterung bedarf. Doch leider sind diese weiteren Stellen von keinem besonderen Nutzen bei einer Entscheidung zugunsten einer der verbliebenen Lesarten des Formbegriffs. Das erste Zitat macht zwar sehr deutlich, daß Descartes die Auffassung vertreten hat, daß manche Gedanken aus mehreren ›Formen‹ bestehen: aus der eigentlichen Idee-Komponente (die eine Sache darstellt oder darzustellen scheint) und einer Komponente, die man heutzutage in manchen Kreisen als psychische Modalität bezeichnet.[7] Insofern könnte man (1) als eine Unterstützung für die Lesarten (d) und vielleicht auch (c) werten. In Zitat (2) geht es ausschließlich um den nicht-materiellen Charakter von Ideen; es geht daraus nicht hervor, was die sog. Formen sind, sondern nur, daß sie nichts Materielles sind. In (3) und (4) finden wir einfach die Erläuterung von »*idea*« als »*forma cogitationis/perceptionis*« noch einmal wiederholt.

An einer Stelle in den *Dritten Erwiderungen* begründet Descartes, warum er den Ausdruck »*idea*« gewählt hat:

(5) Ich habe diese Bezeichnung benutzt, weil sie unter Philosophen schon als Bezeichnung von *Formen der Perzeptionen des göttlichen Geistes* geläufig war, obgleich wir in Gott kein körperliches Vorstellungsvermögen [*phan-*

[7] Auffällig ist dabei, daß die von Descartes in (1) genannten psychischen Modalitäten – im Lichte der Einteilung, die sich in den *Principia* § 32 findet – allesamt Tätigkeiten des Willens sind. Wenn in (1) eine Analyse von Gedanken anklingt, nach der Gedanken aus zwei Komponenten bestehen, so ist sie offenbar nicht für die Perzeptionen gedacht. Während jeder Wunsch nach einem Hasen ein Komplex aus zweierlei ›Formen‹ ist, ist der Akt des Sich-einen-Hasen-Vorstellens für Descartes kein derartiger Komplex.

tasia] anerkennen – und weil ich keine passendere Bezeichnung hatte. (AT VII 181)

Descartes bezieht sich hier auf den Sinn des Wortes »*idea*«, der sich bei Augustinus findet, wonach Ideen »gewisse grundlegende Formen« [*formae principales*] sind, die als »stabil«, »unveränderlich«, »selbst ungeformt« beschrieben werden und von denen gesagt wird, sie seien »in der göttlichen Intelligenz« enthalten.[8] Selbst bei Abälard z. B. finden wir dann die Auffassung, daß schon vor der Erschaffung der Gegenstände selbst gewisse »Muster-Formen« [*formae exemplares*] im Geist Gottes enthalten gewesen seien; eine Lehre, die er ausdrücklich auf Platon zurückführt, obwohl er mit Hinweis auf Priscian göttliche Begriffe [*conceptus*] nicht nur von Universalien, sondern auch von Einzeldingen annimmt: es gibt im Geist Gottes »*generales et speciales formas rerum*«.[9]

Dieser Hinweis Descartes' wirft natürlich eine Reihe von Fragen auf, insbesondere: Was genau darf oder soll man diesem Vergleich zwischen Platonischen Ideen – sei's auch in Abälardscher Spezialform – im Geiste Gottes und Cartesischen Ideen im Geiste des Menschen entnehmen? Die einzige Vergleichshinsicht, auf die Descartes an dieser Stelle sei's auch nur indirekt hinweist, ist die Immaterialität der »Formen«. Gott ist in seinen Geistestätigkeiten nicht auf Materielles angewiesen.

In (5) wird also wiederum, wie in (2), die Nicht-Materialität dessen, was Descartes als »Form« bezeichnet, hervorgehoben.

[8] Augustinus, *De diversis quaestionibus* LXXXIII, qu. 46.

[9] Petrus Abaelardus, *Theologia christiana* IV.

IV. Was bietet die Sekundärliteratur zum Sinn des Wortes »*forma*« in der Cartesischen Definition?

Die Cartesische Definition des Ideenbegriffs erfreut sich häufiger Zitierung, doch nur sehr gelegentlicher Erläuterungsversuche. Schon Arnauld zitiert die Definition (übrigens erst einmal auf Latein, mit dem Bemerken, daß diese Fassung deutlicher sei als die französische) und beruft sich auf sie, wenn er sich gegen die Existenz repräsentationaler Entitäten wendet.[10] Kein Wort dabei über den Sinn des Wortes »*forma*«. Gleiches gilt für Spinoza, der die Cartesische Definition in seinem Descartes-Kommentar ebenfalls kommentarlos übernimmt.[11] Gleiches gilt auch für viele Kommentatoren unserer Tage, selbst für sorgfältige und gedankenreiche.[12] Ich schildere kurz, was ich gefunden habe.

A. Kenny schreibt zu unserer Frage:[13] »Das Wort ›Form‹ ist ein Stück scholastischen Jargons, es scheint aber keine scholastische Theorie im Spiel zu sein. Damit, daß er Ideen ›Formen‹ nennt, scheint Descartes einfach zu meinen, daß sie nichtmaterielle Repräsentationen von Dingen sind.« – Im Anschluß an diese Bemerkung verweist Kenny ohne weiteren Kommentar auf Zitat (2).

[10] Antoine Arnauld, *Des Vraies et des Fausses Idées*, in: *Œuvres de Messire Antoine Arnauld*, Bd. 33 (Köln 1753), S. 205.

[11] Baruch Spinoza, *Renati Des Cartes Principiorum Philosophiae Pars I et II More Geometrico Demonstratae*, Teil I, Def. 2.

[12] Wie z. B. Norman Kemp Smith, *New Studies in the Philosophy of Descartes*, London 1952; Martial Gueroult, *Descartes selon l'ordre des raisons*, Paris ²1968; Robert McRae, »*Idea*« as a Philosophical Term in the Seventeenth Century, in: *Journal of the History of Ideas 26* (1965), S. 175–190, Bernard Williams, *Descartes – The Project of Pure Enquiry*, Harmondsworth 1978; John W. Yolton, *Perceptual Acquaintance from Descartes to Reid*, Oxford 1984.

[13] Anthony Kenny, *Descartes: A Study of his Philosophy*, New York 1968, S. 110 f.

Der weitere Zusammenhang macht deutlich, daß Kenny eine Spielart von Deutung (d) vertritt; er möchte »*forma*« offenbar glossieren als *nichtmaterielles Bild*.

T. Lennon schreibt als Erläuterung zur offiziellen Cartesischen Definition:[14]

Betrachten wir Jones, der gerade an einen Würfel denkt. ... Wessen Jones sich bewußt ist, das ist sein Geisteszustand ..., aber er ist sich dessen *via des Gedankens an den Würfel* bewußt. Wessen Jones sich bewußt ist, das ist die Form des Würfels als in seinem Geisteszustand existierend, und dies ist nach meiner Ansicht die Cartesische *Idee*, und sie ist als solche die Form von Jones' Gedanken. Descartes ... ist der Auffassung, daß das, wessen Jones sich bewußt ist, ... die Form des Würfels als in der Form von Jones' Gedanken existierend ist, welcher vom Geist exemplifiziert wird. [Hervorhebungen im Original]

Aus den weiteren Ausführungen Lennons ergibt sich, daß er hinter der Cartesischen Rede von »Form« einen engen Zusammenhang mit der scholastischen Lehre vermutet, derzufolge der Geist sich dadurch auf ein Objekt bezieht, daß er dessen Form annimmt.

M. D. Wilson schreibt:[15] »Wenn Descartes sagt, eine Idee sei die ›Form eines Gedankens‹, so scheint er gerade die bestimmte Natur [*determinate nature*] dieses besonderen Gedankens zu meinen, z. B. Einen-Löwen-fürchten«. In der Anmerkung zu dieser Feststellung schreibt sie:

Allerdings scheint er ... zu denken, daß ein Geisteszustand wie Einen-Löwen-Fürchten sich in *zwei* Formen analysieren läßt – in die des Gedankens an den Löwen und die der Furcht: vgl. *Dritte Meditation* (AT VII 34...): ›Andere Gedanken haben *außerdem noch* gewisse *andere Formen* ...‹ Es ist übrigens eine interessante Frage, ob Descartes der Auffassung wäre, daß Einen-Löwen-*Sehen* sich von An-einen-Löwen-*Denken* dadurch unterscheidet, daß es eine zusätzliche, zur Repräsentation des Löwen

[14] Thomas M. Lennon, The Inherence Pattern and Descartes' »*Ideas*«, in: *Journal of the History of Philosophy 12* (1974), S. 47.

[15] Margaret D. Wilson, Descartes, London 1978, S. 156, 230 und auch 102.

noch hinzukommende ›Form‹ besitzt. (Vielleicht die ›Form‹ der passiven oder unwillentlichen Rezeption?)

Wilson beruft sich in diesem Zusammenhang auf die beiden folgenden Bemerkungen von Descartes:[16]

… ich verwende die Bezeichnung Idee für alles, was unmittelbar vom Geiste perzipiert wird. Wenn ich demnach etwas will oder fürchte, dann nehme ich zugleich wahr, daß ich will bzw. fürchte; und deshalb wird das Wollen selbst bzw. die Furcht selbst von mir zu den Ideen gerechnet. (*Dritte Erwiderungen*, AT VII 181)

Ich behaupte, daß wir Ideen nicht nur von allem haben, das in unserm Intellekt ist, sondern auch von allem, was im Willen ist. Denn wir können nichts wollen, ohne zu wissen, daß wir es wollen; und wir könnten das ohne eine Idee nicht wissen; ich behaupte aber nicht, daß die Idee etwas anderes ist als die Handlung selbst. (Brief an Mersenne vom 28. Januar 1641, AT III 295)

M. J. Costa wendet sich insbesondere gegen jede Bildchen-Deutung des Ideenbegriffs und schreibt im Hinblick auf die Cartesische Definition mit Hilfe des Begriffs »*forma*«:[17]

Angenommen, ich denke jetzt an Wien. Was ist die »Form« meines Gedankens? … Wir sind [sc. »auf Grund des Wortlauts der Definition«] nur zu dem Schluß berechtigt, daß die »Form« meines Gedankens das ist, was ihn zu einem An-Wien-Denken und zu keinem andern Gedanken macht; sie [die »Form«] ist einfach dasjenige, was allen Gedanken *dieses Typs* gemeinsam ist. … Wenn Descartes von einer Idee als von einer »Form« oder von einem »Modus« des Denkens spricht, dann spricht er meines Erachtens über Gedanken-*Typen* oder – falls dies vorgezogen wird – über geistige Eigenschaften. Wie *Rundsein* eine »Form« oder ein »Modus« der

[16] Daß Descartes an der Identifizierung von Ideen-Perzeption und komplexem geistigen Akt (inklusive psychischer Modalität) festgehalten hat, belegt folgende Stelle aus den *Passions*: »…es ist gewiß, daß wir nicht irgend etwas wollen können, von dem wir nicht auch dadurch, daß wir es wollen, begreifen [*apercevions*], daß wir es wollen. … Da jedoch diese Perzeption und dieser Willensakt im Grunde dieselbe Sache sind, …« (*Passions de l'Ame*, § 19, AT XI 343).

[17] M. J. Costa, What Cartesian Ideas are not. In: *Journal of the History of Philosophy 21* (1983), S. 542.

ausgedehnten Substanz ist, so ist *An-Wien-Denken* eine »Form« oder ein »Modus« der geistigen Substanz bzw. des Denkens. ... Aber nichts von dem, was wir bislang betrachtet haben, weist darauf hin, daß die Form eines Gedankens die eines Bilds ... ist.

Dies ist eine Parteinahme für Deutung (b) und gegen (d).

J. Bennett schreibt im Hinblick auf Spinozas Formulierung, die Idee der Idee sei nichts anderes als die Form der Idee:[18]

... »Form« ist manchmal ein Ausdruck, der nicht für die Psychologie einschlägig ist, sondern für etwas wie Freges drittes Reich.[19] Und für diesen Gebrauch des Ausdrucks »Idee« gibt es einen Vorläufer: Descartes hat den Ausdruck manchmal in dieser Weise verwandt; er hat gesagt, daß »Ideen selbst nichts als Formen sind« [Bennett verweist in einer Anmerkung auf Zitat (2)]. Das Wort »Idee« wurde der Philosophie von Platon geschenkt, für den Ideen nichts Geistiges waren, sondern objektive, geistunabhängige Entitäten des dritten Reichs.

Bennett schlägt hier offenbar vor, den uns hier interessierenden Cartesischen Formbegriff mit dem Platonischen Ideenbegriff und dem Fregeschen Gedankenbegriff gleichzusetzen. Eine »*forma cogitationis*« wäre also ein abstrakter, außergeistiger Gegenstand. Dies ist eine ausgefallene Variante der Deutung (e) – ausgefallen deshalb, weil sie mit einer Grundbehauptung Descartes' unverträglich scheint: daß Ideen im Geiste sind.

A. Baier schreibt:[20] »Vermutlich ist die Form eines beliebigen Gedankens das, was auch immer diesen Gedanken zu

[18] Jonathan Bennett, *A Study of Spinoza's Ethics*, Cambridge 1984, S. 53 f. (Vgl. Spinoza, *Ethica,* Pars II, Propositio XX, Scholium.)

[19] Frege spricht in der Arbeit »Der Gedanke« davon, daß neben den Dingen der Außenwelt und den Vorstellungen der Innenwelt »ein drittes Reich ... anerkannt werden« müsse: ein Reich dessen, was er Gedanken nennt. Vgl. Gottlob Frege, *Kleine Schriften*, hg. von I. Angelelli, Darmstadt 1967, S. 353.

[20] Annette Baier, The Idea of the True God in Descartes, in: *Essays on Descartes' »Meditations«*, hg. von Amelie Rorty, Berkeley/Los Angeles 1986, S. 367.

dem Gedanken macht, der er ist, was ihn zu einer Zustimmung oder einer Verneinung macht, was ihn gleichsam zu einem Bild von was auch immer macht, wovon er gleichsam ein Bild ist.« Sie fährt fort, daß der Bereich von Dingen, die solcherlei Form haben können, viel größer sei, als gemeinhin angenommen; ihr Ziel ist es, plausibel zu machen, daß der sich seiner selbst bewußte Denker auch solch eine Form hat und mithin selbst eine Idee ist. – Wenn ich diese Deutung richtig verstehe, dann liegt hier eine Mischung aus den oben zusammengestellten Deutungsmöglichkeiten vor, die wenigstens Anteile aus (a), (c), (d) und (e) umfaßt.

N. Jolley meint: »Ideen werden ›Formen des Denkens‹ genannt, weil es zum Wesen eines Gedankens gehört, daß er ein Modus eines Geistes ist«.[21] Auch dies wiederum ist ein Vorschlag, der »*forma*« im Kontext der offiziellen Definition im Sinne von (a) deutet.

E. Scheerer[22] verweist zur Erläuterung von »*forma cogitationis*« auf Francisco Suárez, der schreibt:[23] »*ipse actus est forma, quae informando intellectum intentionaliter seu intelligibiliter illi refert objectum, et hoc est formaliter repraesentare illud*« (der Vor-

[21] Nicholas Jolley, *The Light of the Soul*, Oxford 1990, S. 16 f. Er ist der Auffassung, Descartes gerate »in ein terminologisches Dickicht, weil er [mit dem Wort »*forma*«] in zweierlei sehr unterschiedlichem Zusammenhang über Essenzen sprechen möchte« und erläutert dies folgendermassen: »Aber Formen – d. h. Essenzen – sind auch das, was von einer Idee … repräsentiert wird. Diese Doppelverwendung von ›Form‹ können wir mit einem Beispiel illustrieren. Wenn ich eine Idee … eines Dreiecks habe, dann ist eine gewisse Form oder Essenz (und zwar ein Dreieck) das Objekt oder der Inhalt meiner Idee; aber meine Idee … ist formal oder essentiell ein Modus meines Geistes. Wir könnten der Cartesischen Position auch dadurch Gerechtigkeit widerfahren lassen, daß wir sagen: Eine Idee ist intrinsischerweise ein Geistesmodus.«

[22] Eckart Scheerer, Mental Representation: Its History and Present Status – II A.: Descartes, his Followers and his Opponents, in: *Preprint 43 der »Mind and Brain«-Forschungsgruppe des ZiF der Universität Bielefeld* (1990), S.4.

[23] Francisco Suárez, *Disputationes Metaphysicae*, Disp. 30, Sect. 11, para. 33, in: *Opera*, Vol. 25 (Paris 1856), S. 152.

gang selbst ist die Form, die dem Intellekt das Objekt übermittelt, indem sie ihn auf intentionale bzw. intelligible Weise informiert; und das heißt: das Objekt wird formaliter repräsentiert). Descartes' Definition wäre demnach wohl folgendermaßen zu verstehen:

Eine Idee ist derjenige Akt, der beim Gedankenhaben stattfindet, so daß gilt: durch die unmittelbare Perzeption dieses Akts ist man sich des Gedankens als eines bewußt, der ein gewisses Objekt repräsentiert.

Dies ist ein Vorschlag, der aus dem Rahmen der oben aufgeführten Deutungsmöglichkeiten fällt. Ideen wären demnach – vereinfachend gesprochen – Vorgänge, die Denkakte zu bewußten Gedanken machen und zugleich deren »repräsentationale Aufladung« besorgen.

V. Die offizielle Definition – Zweiter Teil

Der Sinn der offiziellen Definition ist nicht eindeutig; vielleicht sollte er es auch gar nicht sein. Vielleicht kam Descartes an dieser Stelle ein schwammiger Terminus gelegen, der durch ausschweifenden Gebrauch in der scholastischen Tradition längst zu einer Worthülse verkommen war.[24] Über dergleichen liest sich leicht hinweg, und vielerlei läßt sich hineinlesen; unser Streifzug durch die Sekundärliteratur hat dies bestätigt. Den Verdacht, daß Descartes womöglich das Schillern des Begriffs sehr gerne in Kauf nahm, werde ich im folgenden zu erhärten versuchen. Denn das, was definiert werden soll, schillert selbst. Der Ideen-Begriff ist, wie sich zeigen wird, darauf angelegt, etwas zu erfassen, das zugleich Akt und Objekt, zugleich Modus und Sache, zu-

[24] Ludwig Schütz, *Thomas-Lexikon* (Paderborn [2]1895) führt über zehn Dutzend erläuterungswürdige Wortverbindungen mit »*forma*« auf, die sich im Werk des Aquinaten finden.

gleich Repräsentierendes und Repräsentiertes ist – etwas, das häufig[25] zugleich eine materielle und eine geistige Seite hat.

Die offizielle Cartesische Definition gibt weiteren Anlaß zur Überlegung. Zunächst einmal sei sie nun samt den sie begleitenden Erläuterungen angegeben:

> Unter einer Idee verstehe ich diejenige *Form* eines beliebigen Gedankens, durch deren unmittelbare Wahrnehmung ich mir des Gedankens bewußt bin. Daher kann ich – vorausgesetzt, ich verstehe, was ich sage – nichts mit Worten ausdrücken, ohne daß ipso facto gewiß ist, daß in mir eine Idee der durch diese Worte bezeichneten Sache ist. Und so nenne ich nicht allein die im Einbildungsvermögen [*phantasia*] abgebildeten Bilder Ideen; vielmehr nenne ich sie hier keineswegs Ideen, insofern sie im körperlichen Vorstellungsvermögen – d. h. in irgendeinem Teil des Hirns – abgebildet sind, sondern nur insofern sie den Geist, der sich diesem Teil des Hirns zuwendet, *informieren* [*informant*]. (AT VII 160/161, meine Hervorhebungen)

Meine Hervorhebungen sollen verdeutlichen, daß der Formbegriff an dieser Stelle ein zweites Mal auftritt. Doch seine Verständlichkeit wird dadurch nicht erhöht. Eher im Gegenteil; denn daß Descartes hier das Wort »*informare*« verwendet, ist wirklich dazu angetan, irreführende Assoziationen zu erwecken. Denn in den vorcartesischen Theorien der Gesichtswahrnehmung hat »*informare*« einen Sinn, der zu dem klassischen aristotelischen Vergleich passen muß: Wie das Wachs das Zeichen des Siegelrings aufnimmt, ohne das Eisen oder das Gold des Rings aufzunehmen, so wird in der Wahrnehmung die Form des Gegenstands aufgenommen, ohne daß dabei Materie aufgenommen wird.[26] »Informieren« heißt hier: einen formgleichen (figurgleichen) Abdruck hervorrufen; in traditionellen ›Informationstheorien‹ der Gesichtswahrnehmung wird nicht bloß eine Kausalbeziehung

[25] Damit meine ich die Ideen der Sinneswahrnehmung und der bildlichen Vorstellungskraft.

[26] Aristoteles, *De anima*, B 12, 424 b.

zwischen Wahrnehmungsobjekt und Wahrnehmungseindruck angenommen, sondern auch eine echte Ähnlichkeit gefordert. Augustinus, wenn er von »*illa ... informatio sensus, quae visio dicitur*« handelt, setzt in diesem Zusammenhang ganz selbstverständlich »*forma*« und »*similitudo*« gleich.[27] Eine einschneidende Neuerung der Cartesischen Lehren zur Sineswahrnehmung liegt jedoch gerade in diesem Punkt: Keine echte Ähnlichkeit zwischen den Ideen der Sinneswahrnehmung und ihren Ursachen.[28] Es ist bezeichnend, wie kraß sich die Cartesische Metaphorik zu diesem Punkt von der »informationstheoretischen« unterscheidet: Descartes' Vergleich für die Kausalbeziehung zwischen Wahrnehmungsobjekt und Wahrnehmungsidee ist die Beziehung zwischen den Händen des Organisten und dem durch sie erzeugten Ton.[29]

Nun ist allerdings folgendes zu beachten. Gemäß der aristotelisch-scholastischen Theorie ist es der äußere Gegenstand, der ›informiert‹; bei Descartes hingegen ist es der innere Hirnzustand (das spezielle Aufprallmuster von Lebensgeistern auf die Zirbeldrüse).[30] Stellt sich Descartes

[27] Augustinus, *De trinitate* XI, c.II.n.3.

[28] In einem sehr blassen und abgelegenen Sinn hängt auch Descartes einer Ähnlichkeitstheorie an, denn jedes Kausalverhältnis bringt eine Ähnlichkeitsbeziehung mit sich. Er bezeichnet es als ein allgemeines und wahres Axiom, daß die Wirkung der Ursache ähnlich ist (AT V 156). Doch abgesehen davon, daß es ein sehr abstrakter Sinn von Ähnlichkeit ist, in dem der Schmerz dem Tritt gleicht, der ihn hervorbrachte, bezieht Descartes dies Prinzip allein auf die sog. totale Ursache.

[29] Vgl. AT XI 165/166.

[30] An anderer Stelle spricht Descartes übrigens auch davon, daß die Seele den gesamten Körper ›informiere‹ (*Principia Philosophiae* IV, § 189, AT VIII 315). Diese Redeweise betrifft das Verhältnis von Leib und Seele insgesamt. In der Erläuterung zur offiziellen Definition geht es aber um etwas Spezifischeres, zudem in umgekehrter Richtung: Körper ›informiert‹ Geist. Beide Verwendungsweisen von »*informare*« zeigen, wie wenig zimperlich Descartes war, wenn es darum ging, terminologische Anleihen bei einer für letztlich falsch gehaltenen Lehre zu machen. – Zu Descartes' gelegentlicher Übernahme des hylemorphistischen Jargons vgl. H.-P.

vielleicht vor, daß dieser Hirnzustand seine ›*forma*‹ auf den von ihm hervorgerufenen Geisteszustand überträgt, so daß zwischen *diesen beiden* – wenn auch nicht zwischen Gegenstand und Gedanke – eine echte Ähnlichkeit besteht? Dann hätte Descartes in der Tat eine neue Variante der ›Informationstheorie‹, gewissermaßen die Lehre von der Hirn-Geist-Information (im Gegensatz zur klassischen Lehre von der Gegenstand-Geist-Information).

Diese Möglichkeit wirft die Frage nach der Beziehung zwischen Hirnzustand und dem von ihm ausgelösten Geisteszustand auf. Sind diese beiden einander ähnlich? Descartes' Antwort ist deutlich verneinend. Die körperliche Bewegung an (bzw. Figur auf) der Zirbeldrüse hat keine Ähnlichkeit mit der Idee, die sie veranlaßt,[31] und selbst wenn es eine derartige Ähnlichkeit gäbe, so käme ihr keinerlei Erklärungswert z. B. innerhalb der Cartesischen Lehren über die Gesichtswahrnehmung zu.[32]

VI. Weitere Erläuterungen Descartes' zum Begriff der Idee

In der offiziellen Definition wird erstens gesagt, daß eine Idee unmittelbar perzipiert wird, und zweitens, daß der Denker sich durch diese Perzeption eines Gedankens bewußt ist. An vielen Stellen ist Descartes weniger umständlich:

(6) Mit dem Wort Idee bezeichne ich alles, was in unserm Denken sein kann. (Brief an Mersenne vom 16. Juni 1641, AT III 383)

Schütt, *Substanzen, Subjekte und Personen* (Heidelberg 1989), Kap. 5 und insb. S. 316 ff.

[31] Vgl. z. B. AT VIII-B 359.

[32] Siehe dazu insbesondere AT VI 131 ff.

(7) … mit dem Ausdruck Idee bezeichne ich ganz allgemein alles, was in unserm Geist ist, wenn wir etwas erfassen [*nous concevons une chose*], gleichgültig wie wir es erfassen. (Brief an Mersenne vom Juli 1641, AT III 392/393)

(8) Ich bin nicht der Ansicht, daß diese Idee [sc. Gottes] von derselben Natur ist wie die im Vorstellungsvermögen gemalten Bilder körperlicher Dinge; vielmehr ist sie meines Erachtens nur das, was wir perzipieren, wenn der Intellekt begreift [*apprehendente*], urteilt oder schlußfolgert … (*Zweite Erwiderungen*, AT VII 139)

(9) … ich verwende die Bezeichnung Idee für alles, was unmittelbar vom Geist perzipiert wird. (*Dritte Erwiderungen*, AT VII 181)

(10) … bezeichne ich als Idee alles, was mithilfe vernünftigen Denkens erwiesen wird, und auch alles andere, was auf irgendeine beliebige Weise perzipiert wird. (*Dritte Erwiderungen*, AT VII 185)

(11) … während Du [sc. Gassendi] die Bezeichnung *Idee* einzig auf die in der Einbildung gemalten Bilder beschränkst, dehne ich sie auf alles, was gedacht wird [*omne quod cogitatur*], aus. (*Fünfte Erwiderungen*, AT VII 366)

Aus diesen Erläuterungen ergibt sich, daß auch die reife Cartesische Ideenlehre die Existenz körperlicher Ideen zuläßt. Descartes sagt in (11), daß er die Konzeption von der Idee als eines materiellen Vorstellungsbildes erweitert [*extendo*], und nicht, daß er sie verwirft. Auch aus der offiziellen Definition geht ja hervor, daß diese Hirn-Bilder Ideen sind – vorausgesetzt, sie ›informieren‹ den Geist. Alle Ideen setzen der Cartesischen Lehre zufolge zwar einen geistigen Akt der Perzeption voraus, aber nicht alle Ideen sind geistige Entitäten.

Dies Ergebnis wird durch jene Textstellen in den *Passions* und den *Principia* belegt, an denen Descartes ganz unmißverständlich davon spricht, daß jene körperlichen Bilder oder Figuren, die er auf der Oberfläche der Zirbeldrüse vermutet, »der Seele die *Objekte darstellen*« (AT XI 338) und *»unmittelbar* auf die Seele einwirken« (AT XI 356). An dieser Stelle des Hirns hat die Seele ihren Sitz, »an dem allein sie mit dem Intellekt, der Vorstellung und auch mit der Sinneswahrnehmung tätig ist« (AT IX 315), und dort geschieht es auch, daß Körperbewegungen *unmittelbar perzipiert* werden (AT IX 316). Was vom Geist unmittelbar perzipiert wird, ist gemäß (8)–(11) ipso facto eine Idee; die Darstellung von Objekten für den Geist ist zudem die typische Leistung von Ideen – kurzum: Jene körperlichen Bilder (die Hirngeschehnisse an der Zirbeldrüse) *sind* Ideen, auch gemäß der reifen Cartesischen Lehre. (Allerdings nur, wohlgemerkt, wenn sie eine gewisse funktionale Rolle spielen: sie müssen nämlich einen Geist affizieren. Ein physisch gleichartiges Hirnbild in einem geistunbesetzten Hirn wäre keine Idee.)

Am Ende des vorigen Abschnitts hatten wir gesehen, daß ›informierendes‹ Hirnbild und ›informierter‹ Gedanke gemäß der Cartesischen Lehre keine Ähnlichkeit besitzen (und daß Descartes mithin keine Variante der ›Informationstheorie‹ der Sinneswahrnehmung zuschreibbar ist). Doch wie kann das sein, wenn perzipiertes Hirnbild und Idee identisch sind? Folgende Argumentation scheint sich anzubieten: Das den Geist unmittelbar affizierende Hirnbild ist – wie wir gerade gesehen haben – selbst die Idee, die der Geist perzipiert. Nun ist eine Idee, für Descartes, identisch mit dem Gedanken, der darin besteht, daß sie perzipiert wird.[33] Mithin wäre das Hirnbild (als perzipiertes) *identisch* mit dem Gedanken und könnte ihm also nicht gleichen. Allemal ›informiert‹ nichts sich selbst [*nihil informatur seipso*].[34] Der hier ins Auge gefaßte Grund des Fehlens von Ähnlichkeit wäre bemerkenswert: Nicht etwa wären Hirnbild und Gedanke zu verschieden, um einander ähnlich zu sein; im Ge-

[33] Wir werden später (im Abschnitt XII) sehen, daß dies nicht für alles gilt, was Descartes als »Idee« bezeichnet, und gerade auch nicht für die körperlichen Ideen.

[34] Thomas von Aquin, *Summa Theologicae*, I.5.1.obiectio 2. – Es mag in diesem Zusammenhang von sei's auch bescheidenem Interesse sein, daß Descartes während der Abfassung der *Meditationen* Schriften des Aquinaten studiert hat; vgl. seinen Brief an Mersenne vom 25. 12. 1639 (AT II 360).

genteil, sie wären sozusagen zu gleich. – Doch so argumentiert Descartes nicht. Und ich denke, er hielte diese Argumentation auch für fehlerhaft, denn kein Hirnbild – auch nicht »als perzipiertes« – kann mit einem Gedanken identisch sein. Dazu mehr in Abschnitt XII.

Ideen gibt es also auf beiden Seiten der Trennlinie zwischen Körper und Geist. Es gibt die materiellen Ideen der sinnlichen Wahrnehmung, der körperlichen Erinnerung und der bildlichen Vorstellungskraft, und es gibt die geistigen Ideen des reinen Intellekts (und der intellektuellen Erinnerung und Vorstellungskraft). Zwar stehen in den *Meditationen* aus mehreren Gründen die geistigen Ideen im Vordergrund der Argumentationsgänge, aber selbst dort finden wir Hinweise auf materielle Ideen.[35]

VII. Was ist von den genannten Deutungsversuchen zu halten?

Zu Kenny. – Daß Descartes in seiner offiziellen Definition des Ideenbegriffs nicht die materielle Seite der Ideenwelt außer acht gelassen hat, wird durch den Wortlaut der an diese Definition sich anschließenden Erläuterung deutlich: er nennt materielle Hirnbilder – sofern sie eine gewisse funktionale Rolle innehaben – ja ganz ausdrücklich Ideen. Deshalb ist Kennys Deutung des Sinnes von »*forma*« in dieser Definition nicht akzeptabel; es kann hier nicht nur um *nichtmaterielle* Repräsentationen von Dingen gehen.

Zu Lennon. – Diese Erläuterung ist mir entschieden weniger verständlich als das, zu dessen Erhellung sie beitragen soll. Letztlich sagt Lennon gar nicht, was »*forma cogitationis*« seines Erachtens beinhaltet, sondern verwendet diesen Terminus selbst wiederum. Hinzu kommt, daß er beständig

[35] So spricht Descartes in der *Sechsten Meditation* von »demjenigen Teil des Hirns, der den Geist unmittelbar affiziert« (AT VII 87).

(und gleichfalls unerläutert) von der Form der durch die Idee repräsentierten Sache spricht. Dafür fehlt in der Cartesischen Definition jedwede Textgrundlage.

Zu Wilson. – Wilsons Deutung ist nicht ganz klar, aber klar genug, um erkennbar inakzeptabel zu sein. Nicht ganz klar ist, was sie mit »die bestimmte Natur dieses besonderen Gedankens« meint. Ihre oben zitierte Anmerkung dazu läßt vermuten, daß ihres Erachtens die Natur eines Gedankens aus zweierlei besteht: aus einer psychischen Modalität *P* und einem repräsentationalen Gehalt *R*. Mit »besonderer Gedanke« ist sicherlich ein Gedankenvorkommnis, also eine datierbare Geistestätigkeit als Einzelding gemeint. Demnach wäre unter der ›bestimmten Natur eines besonderen Gedankens‹ diejenige Ausfüllung des ⟨*P*,*R*⟩-Schemas zu verstehen, die zur Kennzeichnung des betreffenden Gedankens angemessen ist. »⟨Fürchten, ein Löwe⟩« wäre demnach eine Beschreibung der Form des Gedankenvorkommnisses, das Harvey gestern abend hatte, als er sich vor einem Löwen fürchtete; »⟨Sehen, ein Löwe⟩« wäre entsprechend eine Beschreibung der Form des Gedankenvorkommnisses, das er kurz zuvor hatte, als er einen Löwen erblickte.[36] Und »⟨ø, ein Löwe⟩« wäre eine Beschreibung der Form des Gedankenvorkommnisses, das Harvey später hatte, als er an einen Löwen dachte. – Dieser Deutungsvorschlag ist vornehmlich auf die Bedürfnisse der Auslegung der Textstelle (1) aus der *Dritten Meditation* zugeschnitten. Er besagt etwas über die Struktur von Gedanken, aber nichts über das Wesen von Ideen. Denn es bleibt die Frage: was bezeichnet der Ausdruck »ein Löwe« in all den gerade aufgeführten Beschreibungen? Sicherlich keinen leibhaftigen Löwen, denn er bezeichnet ja eine der beiden *formae* von Harveys Gedanken.

[36] Gemäß dem, was ich oben in Anm. 4 gesagt habe, ist dies genau genommen falsch, weil das ⟨*P*,*R*⟩-Schema nur für Gedanken vorgesehen ist, die in den Bereich der Willenstätigkeiten fallen.

Wilson bietet: den Gedanken an einen Löwen.[37] Aber dann droht ein Zirkel oder ein infiniter Regreß. Ein Gedankenvorkommnis, dessen Form durch »⟨*x*, ein Löwe⟩« beschreibbar ist, müßte demnach von einem Gedanken an einen Löwen handeln. Jeder Gedanke an einen Löwen enthielte als einen seiner Teile einen Gedanken an einen Löwen. – Diese Konsequenz macht den Vorschlag von Wilson inakzeptabel.

Zu Costa. – Der Vorschlag, unter »*forma*« einfach die geistige Eigenschaft eines Gedankens zu verstehen, die sein Wesen ausmacht, verträgt sich nicht mit unserem Ergebnis, daß manche Ideen materielle Entitäten sind. Ein Bildchen im Hirn ist keine geistige Eigenschaft – auch dann nicht, wenn es den Geist unmittelbar affiziert und mithin eine Idee (und also eine ›*forma*‹) ist.

Zu Bennett. – Nach Bennetts Vorschlag ist die ›Form‹ eines Gedankens etwas vom Geist Unabhängiges. Diese Deutung ist nicht haltbar. Denn Ideen – die ›Formen‹ von Gedanken – sind gewiß vom Geist abhängig, wie bei Descartes ja jeder Modus von der Substanz abhängt, an der er anzutreffen ist.

Zu Baier. – Ein Vorzug dieser Deutung – »*forma cogitationis*« bezeichnet was auch immer einen Gedanken zu dem Gedanken macht, der er ist – ist, daß sie allgemein genug ist, um begrifflichen Raum für materielle Ideen zu lassen, und daß sie zugleich einen inhaltlichen Zusammenhang zur Hauptbedeutung des Wortes »*forma*« im Cartesischen Gebrauch aufweist. Doch auch dieser Vorschlag ist nicht völlig befriedigend, weil Frau Baier unterstellt,[38] daß ein Gedanke genau eine Form hat, während – wie bereits ausgeführt – in

[37] Vgl. M. D. Wilson, a.a.O., S. 230 (Anm. 25 zu Kap. 4), wo sie – wie oben bereits zitiert – schreibt, daß Descartes anscheinend denke, ein Geisteszustand wie Einen-Löwen-Fürchten sei in zwei Formen zerlegbar – in die des *Gedankens an den Löwen* und in die der Furcht.

[38] Sie schreibt: »*Presumably* **the** *form of any thought is whatever makes that thought the thought it is*« (a.a.O., meine Hervorhebung).

der *Dritten Meditation* (AT VII 37) deutlich wird, daß Descartes zufolge manche Gedanken aus mehreren Formen bestehen.

Zu Jolley. – Als Erläuterung des Sinns von »*forma cogitationis*« in der offiziellen Cartesischen Definition ist Jolleys Vorschlag ungeeignet. Sie paßt einfach nicht zum Wortlaut der Definition. Jolley schlägt ja vor: »etwas, das seinem Wesen nach Geistesmodus ist«. Und obzwar es natürlich inhaltlich völlig korrekt ist, daß eine Idee für Descartes etwas ist, das seinem Wesen nach ein Geistesmodus ist, hilft uns dies beim Verständnis der offiziellen Definition nicht im mindesten weiter. Denn Descartes hat ja nicht geschrieben: »Unter Idee verstehe ich eine Form des Denkens«, wozu Jolleys Erläuterung paßte. Er hat etwas beachtenswert anderes geschrieben, wozu diese Erläuterung überhaupt nicht paßt.

Zu Scheerer. – Diese Deutung hat zwei gewichtige Vorzüge. Zum ersten den, daß »*forma*« ein sehr spezifischer Sinn zugewiesen wird, in dem das Wort ausdrücklich von einem Autor verwandt wurde, der Descartes wohlvertraut ist. Ein weiterer Vorzug ist, daß sie zugleich eine gewisse Erläuterung zur Verwendung von »*informare*« in diesem Zusammenhang mit sich bringt (Descartes übernimmt diesen Terminus aus eben derselben Bemerkung von Suárez). Doch Scheerers Deutung ist nicht ganz ohne Probleme. Denn es ist ja nicht völlig einsichtig, daß Descartes sich hier einer eher abgelegenen fachterminologischen Spezialbedeutung des Wortes »*forma*« bedient, ohne sie zu erläutern oder auf ihre Herkunft hinzuweisen. Zweitens paßt diese Deutung nicht zur Cartesischen Rede von »irgendwelchen andern Formen«, die manche Gedanken haben.[39] Denn jene andern ›Formen‹ sind ja offenbar Tätigkeiten des Willens und übermitteln dem Intellekt keine Objekte, wie sie es unter der vorliegenden Deutung von »*forma*« tun müßten.

[39] Vgl. S. 29, Zitat (1).

VIII. Drei Arten, Ideen zu betrachten – nebst zwei Arten von Repräsentation

Descartes macht im Vorwort zu den *Meditationen* auf eine Äquivokation seines Ideenbegriffs aufmerksam: Ideen, *materialiter betrachtet*, sind Tätigkeiten des Intellekts; *obiective betrachtet* sind sie die Sachen, die durch diese Tätigkeiten repräsentiert sind.

Dies ist schon für sich genommen schwer genug zu verstehen, denn es liegt nahe, des weitern anzunehmen: Ideen, wie auch immer sie genommen werden, sind jedenfalls Ideen. Und dann ergibt sich aus der erwähnten Feststellung im Vorwort: Ideen repräsentieren Ideen.

Die Dinge werden dadurch nicht einfacher, daß Descartes in den *Vierten Erwiderungen* (AT VII 232) eine terminologisch überschneidende Unterscheidung trifft: Ideen, *formaliter betrachtet*, sind Ideen, insofern sie im Hinblick darauf betrachtet werden, ob sie ein wahres Objekt (eine positive Sache) repräsentieren; *materialiter betrachtet* sind sie – wie gehabt – Tätigkeiten des Intellekts und haben – in dieser Betrachtungsweise – nichts mit Wahrheit und Falschheit zu tun.

Eine beträchtliche Schwierigkeit liegt darin, daß – beide Stellen zusammengenommen – Descartes anscheinend einen Widerspruch begeht: Gemäß *Vorwort* sind es Ideen$_{\mathrm{m}}$, die repräsentieren; gemäß den *Vierten Erwiderungen* sind es Ideen$_{\mathrm{f}}$, die repräsentieren und im Hinblick darauf gerade mit Ideen$_{\mathrm{m}}$ kontrastiert werden. Und so ist denn auch in diesem Punkt gegen Descartes der Vorwurf terminologischer Schludrigkeit erhoben worden.[40]

Doch dieser Vorwurf ist m. E. verfehlt. Descartes macht tatsächlich zwei Unterscheidungen. Die eine betrifft den Unterschied zwischen einer Idee als geistigem Vorgang und einer Idee als Ding-im-Geist. Die andere betrifft den Unter-

[40] Z.B. von N. Jolley, a.a.O., S. 14 f.

schied zwischen einer Idee als geistigem Vorgang und einer Idee bezogen auf die formale Realität von etwas (im Normalfall ist das, worauf der Bezug geht, eine außergeistige Sache oder eine ihrer Eigenschaften). Demnach ist es ratsam, hier auch zweierlei Repräsentationsbeziehungen auseinanderzuhalten:

(1) die Idee$_m$ **repräsentiert$_1$** die Idee$_o$;

(2) die Idee$_f$ **repräsentiert$_2$** die außergeistige Sache.

Jede Idee ist mithin zugleich Repraesentans und Repraesentatum. Erstens *zeigt* sie ihren Inhalt (Repräsentationsbeziehung 1), und *dieser Inhalt ist sie selbst in einer gewissen Betrachtungsweise*; zweitens *bezieht* sie *sich* – im einfachsten Fall – auf eine außergeistige Sache, durch die sie verursacht ist (Repräsentationsbeziehung 2).

Es ist vielleicht nützlich und erhellend, hier einen Vergleich heranzuziehen, den auch Descartes gerne zur Erläuterung seines Ideenbegriffs benutzt.[41] Denken wir an ein Bild, etwa an ein ganz gewöhnliches Landschaftsgemälde. Descartes' Unterscheidungen ließen sich darauf folgendermaßen anwenden: ***Materialiter* betrachtet** ist das Bild eine Verteilung von farbigen Punkten auf einer Oberfläche; wird das Bild ***obiective* betrachtet**, dann ist es gewissermaßen eine Bild-Landschaft (und es ist unter dieser Betrachtungsweise eine Bild-Landschaft unabhängig davon, ob es eine Landschaft gibt, die im Bild dargestellt ist); wird das Bild ***formaliter* betrachtet**, dann wird die Frage aufgeworfen, welchen Aufschluß es uns über die Beschaffenheit der wirklichen, ›außerbildlichen‹ Welt gestattet. Mit diesen drei Betrachtungsweisen gehen drei verschiedene Arten, über das Bild zu

[41] In den *Principia Philosophiae* (Teil I, § 17, AT IX 11) erläutert Descartes seine Redeweise vom »objektiv in einer Idee enthalten sein« durch den Zusatz: »wie in einem Bild«.

reden, einher. In der ›materialen‹ Redeweise wird der Darstellungsgehalt und Wirklichkeitsgehalt des Bilds gar nicht thematisiert; von Bergen, Wäldern, Wiesen und Flüssen – sei's bloß im Bild, sei's in der Wirklichkeit – ist hier nicht die Rede, sondern nur von Farbverteilungen auf der Leinwand und dergleichen. – In der ›objektiven‹ Redeweise beziehen wir uns auf den Darstellungsgehalt unter Ausklammerung des Wirklichkeitsgehalts; wir sprechen darüber, was das Bild zeigt, gleichgültig ob es etwas wirklich Vorhandenes zeigt. Dabei verwenden wir auch das gewöhnliche Vokabular, aber in besonderer Weise. Das wird deutlich, wenn es sich bei dem Bild bekanntermaßen um ein Phantasiegemälde handelt. Das Bild zeigt dann dennoch eine Landschaft, es zeigt Berge, Wälder, Wiesen und Flüsse; so reden wir jedenfalls. Die solchermaßen gezeigte Landschaft gibt es aber – wie wir angenommen haben – nicht wirklich. Sie hat – in Cartesischer Terminologie gesprochen – nur objektive Realität, keine formale (oder aktuale) Realität. Die Landschaft in diesem Bild ist nur gezeigt, nicht abgebildet. Eine Pointe der Cartesischen Lehre ist es nun, die bloß gezeigte Landschaft dennoch als eine Landschaft gelten zu lassen; es ist eine Landschaft, die so existiert, wie Landschaften im Medium der Malerei existieren. Solche Landschaften sind nichts anderes als Bilder, die in bestimmter Weise betrachtet werden; und in dieser Weise betrachtet zu werden, ist Bildern wesentlich (würden sie nicht so betrachtet, wären sie keine Bilder). Diese ›objektive‹ Daseinsform einer Landschaft ist zwar minderwertig im Vergleich zu der einer ›echten‹ Landschaft; doch es ist eine Landschaft, die gezeigt wird. – In der ›formalen‹ Redeweise[42] schließlich verwenden wir das ge-

[42] Warum nennt Descartes diese dritte Betrachtungsweise »formal«? Vermutlich, weil in dieser Betrachtungsweise die *formale Realität* dessen thematisiert wird, was in der Idee als ihre objektive Realität enthalten ist. Die objektive Realität einer Idee ist ihr Repräsentationsgehalt; bei formaler Betrachtung der Idee wird diese auf die dazugehörige formale Realität bezogen.

wöhnliche Vokabular in der gewöhnlichen Weise; wenn einer etwa mit Hinweis auf das Bild sagt: »In dieser Gegend wohnen Freunde von mir; in diesem Fluß bin ich schon einmal mit einem Kanu unterwegs gewesen«, dann spricht er von einem wirklichen Fluß, der im Bild nicht bloß gezeigt, sondern abgebildet ist.

Man mag gegen diese Art, über den Darstellungsgehalt von Bildern (oder Ideen) zu reden, philosophische Vorbehalte geltend machen. Gewiß ist es ein fragwürdiges Unterfangen, zwischen Landschaftsbilder (Ideen, *materialiter* betrachtet) und abgebildete Landschaften (repräsentierte Dinge) noch eine ontologische (oder para-ontologische) Sphäre der Landschaften-im-Bilde (Ideen, *obiective* betrachtet) einzuschieben. Doch genau dies tut Descartes.

Durch dieses Manöver werden Ideen (*obiective* betrachtet) zu Quasi-Sachen. Sie sind nicht bloß »Tätigkeiten des Intellekts«, mithin Modi des Denkens (oder Formen solcher Modi); dies sind sie nur, solange sie *materialiter* betrachtet werden. In dieser Betrachtungsweise sind sie gerade keine Sachen; denn Modi sind ja das ontologische Komplement zu den Sachen. Modus zu sein ist das Wesen der Idee (vgl. dazu auch den Brief an Regius vom Juni 1642, AT III 565). *Obiective* betrachtet ist eine Idee hingegen eine geistige Sache (mit einer minderen Seinsweise), und auch diese Seinsweise kommt der Idee auf Grund ihres Wesens zu (»*iste modus essendi obiectivus competit ideis ex ipsarum natura*«, AT VII 42). *Formaliter* betrachtet, ist sie eine *Darstellung einer aktual existierenden Sache*; wenn die Idee hinreichend dunkel oder konfus ist, wie dies bei durch Sinnesorgane hervorgerufenen Ideen vorkommt, kann es allerdings geschehen, daß sie fälschlicherweise für eine Darstellung von etwas Außergeistigem gehalten wird, während sie in Wirklichkeit die Darstellung der innergeistigen Empfindung selbst ist (*Vierte Erwiderungen*, AT VII 233). Bei der formalen Betrachtungsweise von Ideen können also Fehler unterlaufen. Es darf vermutet werden, daß die formale Betrachtungsweise einer Idee nichts anderes ist als das, was geschieht, wenn die Idee nicht »in sich selbst betrachtet«, sondern »auf etwas anderes bezogen wird« (AT VII 37).

Der Idee eignet ihrer Natur nach also ein sonderbarer Doppelcharakter: sie ist Modus und sie ist Quasi-Sache in einem. Beides ist sie auch schon dann, wenn sie nicht auf etwas außerhalb des Intellekts bezogen wird.[43] Es wäre irrig, aus der seltenen Erwähnung dieser Mehrdeutigkeit zu schließen, sie sei vielleicht nur eine scholastisierende Verzierung der eigentlich nicht auf sie angewiesenen Cartesischen Ideenlehre. Eher schon darf man vermuten, daß Descartes selbst diesen Doppelcharakter seiner Ideen nicht gerne, sondern nur im Notfall (wenn scharfsinnige Einwände ihm keine andere Wahl ließen) zur Sprache brachte. In einer vorzüglichen kleinen Untersuchung schreibt Vere Chappell über die Cartesische Unterscheidung zwischen einer ›materialen‹ und einer ›objektiven‹ Lesart des Ideenbegriffs:[44] »... sie ist der Schlüssel zum Verständnis der gesamten Cartesischen Ideentheorie ... Descartes *verwendet* das Wort in diesen unterschiedlichen Bedeutungen, und es ist oft entscheidend für die Stringenz oder auch nur für die Verständlichkeit einer bestimmten Textstelle, daß das Wort in der richtigen der beiden Bedeutungen verstanden wird.« Dies ist genau richtig.[45]

[43] Meine Interpretation dieser Cartesischen Unterscheidungen steht im Gegensatz zu der Auffassung von Wells, daß die »*materialiter/obiective*«-Unterscheidung im Rahmen der formalen Betrachtungsweise vorgenommen werde. (Vgl. N. J. Wells, Material Falsity in Descartes, Arnauld, and Suárez, in: *Journal of the History of Philosophy 22* (1984), insb. S. 34.) Gegen Wells' Auffassung spricht, daß Descartes in den *Vierten Erwiderungen* ganz ausdrücklich die materielle Betrachtungsweise in einen ausschließenden Gegensatz zur formalen setzt.

[44] Vere Chappell, The Theory of Ideas, in: *Essays on Descartes' »Meditations«*, hg. von Amelie Rorty (Berkeley/Los Angeles 1986), S. 177/178.

[45] Und es trifft vielleicht auch auf die Textstelle in den *Zweiten Erwiderungen* zu, an der das Wort »*idea*« definiert wird. Dazu später mehr.

IX. Vom Wesen der Repräsentation

1. *Intrinsische Repräsentationalität.* – Die Beziehung, die zwischen der $Idee_m$ und der $Idee_o$ besteht, ist der Idee wesentlich; dieser Sinn von »repräsentieren« ist es, in dem Cartesische Ideen intrinsisch repräsentational sind. Die Beziehung hingegen, die zwischen der $Idee_f$ und der außergeistigen Sache *x* besteht, ist der Idee nicht wesentlich; davon wird im Großen Zweifel weidlich Gebrauch gemacht. Eine Idee, die mir keinen Hasen ›*zeigt*‹, wäre keine Idee eines Hasen; die Idee eines Hasen kann es aber geben, ohne daß Hasen wirklich existieren.

2. *Die Mehrdeutigkeit von »idea leporis«.* – Im Zusammenhang der *Meditationen* würde Descartes, wenn er diesen Ausdruck verwendete, gewöhnlich die Idee meinen, soweit sie einen Hasen zeigt, unabhängig davon, ob es Hasen wirklich gibt. Bemerkenswert ist in diesem Zusammenhang, daß Descartes die Mehrdeutigkeit im Wort »*idea*« ansiedelt. Uns Heutigen liegt es sehr viel näher, die Mehrdeutigkeit in der Genitivendung »*-oris*« oder im Stamm »*lep-*« (oder in beidem) zu lokalisieren. Ein Fregeaner etwa könnte sich, mit einer zierlichen Wendung ins Metasprachliche, auf den Genitiv stürzen und etwa sagen: »*idea leporis*« bezeichnet manchmal das, worin der Sinn von »Hase« vorgestellt ist, und manchmal etwas, worin der Bezug von »Hase« vorgestellt ist. Er würde »*idea*« und »*lep-*« in beiden Fällen gleich interpretieren und »*-oris*« unterschiedlich: einmal als eine Sinn-Funktion andeutend, das andre Mal als eine Bezug-Funktion andeutend.

Descartes hingegen siedelt die Mehrdeutigkeit im Begriff der Idee an; er spricht von einer »*aequivocatio in voce ideae*« (AT VII 8).[46] Das ist nur in dem Maße eine vollständige

[46] Er tut dies an dieser Stelle allerdings im Hinblick auf den Unterschied zwischen der ›objektiv‹ und der ›materialiter‹ betrachteten Idee; ich unterstelle, daß er desgleichen bei dem von uns jetzt diskutierten Unter-

Diagnose des Unterschieds, in dem sich der Sinn des Genitivattributs als konstant betrachten läßt. Wenn man Descartes' Bemerkung ernst nimmt, könnte man sie folgendermaßen entwickeln: In der sog. objektiven Lesart des Wortes »*idea*« geht es mit dem Ausdruck »*idea leporis*« zwar um objektiv reale Hasen, und in der formalen Lesart um aktual reale Hasen. Aber Hase bleibt Hase, gleich welche Seinsform er hat.[47] Das scheint mir Descartes' Auffassung zu sein. Was uns Heutigen daran so befremdlich erscheinen muß, ist die Zusammenbindung von kraß Ungleichartigem: Objektiv reale Hasen sind letztlich nichts anderes als gewisse *Geisteszustände*; aktual reale Hasen hingegen sind *Hasen*. Descartes, wenn ich ihn richtig verstehe, würde uns nun widersprechen: Objektiv reale Hasen seien eben nicht einfach Geisteszustände; wer so spricht, verwechsele die objektive Lesart von »*idea leporis*« mit der materialen.

3. *Selbstrepräsentationalität.* – Gemäß der Cartesischen Terminologie sind Ideen unweigerlich selbstrepräsentational. Doch sind sie das normalerweise nur in einem gänzlich trivialen Sinn. Das, was die Idee$_m$ dem Geist zeigt, ist die Idee selbst, sei's auch in einer andern Betrachtungsweise. Doch der Sinn, in dem die Idee sich selbst zeigt und mithin selbstrepräsentational ist, darf nicht verwechselt werden mit dem viel wichtigeren Sinn, in dem sie etwas anderes zeigt. Die Idee$_m$ eines Hasen repräsentiert$_1$ einen Hasen-im-Geist, dieser Hase-im-Geist ist nichts anderes als die Idee selbst, objektiv betrachtet.

schied zwischen ›objektiv‹ und ›formal‹ betrachteter Idee eine Mehrdeutigkeit annimmt.

47 Die Mehrdeutigkeit des Wortes »*idea*« ließe sich dann so fassen: Das Wort ist ein Operator, der angewandt auf ein Genitivattribut »*G*« einen Namen ergibt. In der einen Lesart bildet er aus »*G*« einen Namen für eine Geistestätigkeit, insofern sie mit objektiv realen *G*s zu tun hat; in der andern Lesart bildet er daraus einen Namen für eine Geistestätigkeit, insofern sie es mit aktual realen *G*s zu tun hat. Der semantische Beitrag von »*G*« ist in beiden Fällen derselbe.

Kurz, über die Repräsentationsbeziehung zwischen einer $Idee_m$ und ihrer $Idee_o$ läßt sich trivialerweise immer auch als eine Selbstbeziehung der Idee (ohne Index) reden. Das ist völlig harmlos, solange daraus nicht der falsche Schluß gezogen wird, jede Idee repräsentiere sich *als eine Idee.* Selbstrepräsentationalität in diesem nichttrivialen Sinn liegt nur in dem seltenen Fall vor, in dem die Idee sich selbst repräsentiert$_2$.

4. *Die Festlegung des repräsentationalen Gehalts.* – Woher hat eine Idee ihre bestimmte objektive Realität? Wodurch ist jene Tätigkeit des Intellekts gerade die Idee eines Hasen und nicht die Idee von etwas anderm?

Descartes gibt auf diese Fragen, die uns heute – als Analogien zur Frage: Wie kommt es, daß das Wort »Hase« gerade Hasen bezeichnet? – so naheliegend erscheinen, keine explizite Antwort. Es steht zu bezweifeln, daß er sich diese Fragen so gestellt hat. Ihm lag die Frage näher: Wie kommt es, daß wir die Idee eines Hasen haben? Die sprachphilosophische Entsprechung dazu würde lauten: Wie kommt es, daß wir ein Wort haben, das Hasen bezeichnet? Diese Fragen sind unterschiedlich, aber die Suche nach einer Antwort auf die eine kann uns leicht zur jeweils andern führen.

Der Grund dafür, daß Descartes sich die Frage nicht so gestellt hat, wie sie uns heute – nach der Wendung zum Sprachlichen in der Philosophie – natürlich ist, dürfte in Folgendem zu sehen sein: Die Idee ist dem Geist in ihrer objektiven Seinsweise gegeben.[48] Wenn der Geist eine Idee perzipiert, so ist er nicht nur in einem seiner Zustände (materiale Seinsweise der Idee), sondern er ist sich – laut offizieller Definition – dadurch, daß er in so einem Zustand ist, auch unweigerlich dessen bewußt, daß er einen Gedanken hat, der – möglicherweise in einem psychischen Modus, der eine Willensaktivität involviert – von etwas handelt. Dies Etwas, wovon der Gedanke handelt, ist zunächst einmal –

[48] Vgl. oben, These ⟨20⟩.

soweit das Bewußtsein vom Haben des Gedanken reicht – nichts anderes als die Idee in ihrer objektiven Seinsweise. Es gilt hier also zu unterscheiden zwischen Descartes' ontologischer Lehre zur Ideen-Perzeption und seiner psychologischen Lehre zum selben Thema. Die **Ontologie** dieser Angelegenheit ist kurz und einfach: Eine Idee ist nichts anderes als der Perzeptionsakt, und dies ist ein Modus des Denkens oder Geistes. (In den Fällen – Wahrnehmung, bildliche Vorstellung und nichtintellektuelle Erinnerung –, in denen zu diesem Perzeptionsakt eine Konfiguration von Lebensgeistern auf der Zirbeldrüse gerechnet werden kann, darf die perzipierte Idee mit dieser Konfiguration gleichgesetzt werden.) Die (subjektive) **Psychologie** des Perzeptionsakts hingegen ist eine ganz andere Geschichte. Hierin ist die Rede von dem, was uns beim oder durch das Ideenperzipieren *bewußt* ist (nämlich ein Gedanke), was uns Ideen$_{m}$ *zeigen* oder *repräsentieren*$_{1}$ (nämlich Sachen in ihrer objektiven Seinsweise). Ein drittes ist die (externe) **Semantik** des Perzeptionsakts, in der es um die Beziehungen eines solchen Akts zu den außergeistigen Sachen ginge, die durch den Akt *repräsentiert*$_{2}$ werden. Der Dreh- und Angelpunkt aller Cartesischen Überlegungen ist die Psychologie des Perzeptionsakts, aus einer Perspektive der ersten Person Singular. Vom Großen Zweifel auf seine äußersten Möglichkeiten zurückgeworfen, stehen dem Cartesischen Denker in den *Meditationen* mit völliger Selbstverständlichkeit immer noch (und letztlich nur) Ideen zur Verfügung, die durch ihre Genitivobjekte bestimmt sind. Für Descartes sind dies Objekte, die vollständig im Sichtkreis der Erste-Person-Perspektive liegen. Irrtum ist ausgeschlossen, weil es sich um Repräsentation$_{1}$ handelt. Kurz, im Rahmen der Psychologie oder der (externen) Semantik des Perzeptionsakts wird die Idee schon als etwas Bestimmtes zeigend betrachtet; hier stellt sich unsere Frage nicht mehr. Aus dem Rahmen der Ontologie fällt sie heraus, weil es für den ontologischen Status einer Idee unerheblich ist, welches ihr Repräsentat$_{1}$ ist.

Doch auch wenn Descartes aus nachvollziehbaren Gründen diese Frage nicht gestellt hat, so hat sie dennoch ihr Recht: Wodurch ist das Repräsentat$_1$ einer Idee festgelegt? Woher hat eine Idee die objektive Realität, die sie hat, und keine andere? Wodurch ist jene Tätigkeit des Intellekts gerade die Idee eines Hasen und nicht die eines Bären oder eines Krokodils?

Vier Antworten, die ich nur grob umreiße, kommen in Frage.

(1) Es ist das *Wesen* der jeweiligen Idee, daß sie gerade ein *x*-im-Geist ist und nicht irgendein *y*-im-Geist.
(2) Die Idee ist ein *x*-im-Geist, weil sie einem (oder dem) wirklichen *x ähnlicher* ist als jedem andern wirklichen Ding.
(3) Die Idee ist ein *x*-im-Geist, weil sie von einem (oder dem) wirklichen *x verursacht* (oder veranlaßt) worden ist und von nichts anderm.
(4) Die Idee ist ein *x*-im-Geist, weil es *Gott* gefallen hat, die menschliche Natur so zu schaffen, daß die Idee *am nützlichsten für das Überleben des Menschen* ist, wenn er sie auf wirkliche *x*e bezieht.

Die erste Antwort ist natürlich nichts anderes als eine terminologisch verbrämte Form des Achselzuckens. Doch das spricht nicht dagegen, daß sie für Descartes passend gewesen wäre. Eher im Gegenteil.

Die zweite Antwort ist mit Sicherheit auszuschließen. Es gibt keinen einigermaßen klaren Sinn, in dem sich im Rahmen der Cartesischen Lehre von einer Ähnlichkeit zwischen einer Idee und einer außergeistigen Sache reden ließe.[49]

Die dritte Antwort, so könnte man geneigt sein zu sagen, wird von Descartes bekanntermaßen im Hinblick auf die Gottesidee gegeben und dient ihm als Prämisse in seinem ersten Gottesbeweis in den *Meditationen*. – Aber stimmt das

[49] Siehe dazu S. 72 ff.

denn wirklich? In der *Dritten Meditation* setzt Descartes voraus, daß eine gewisse Idee$_m$, die er in seinem Geist findet, die Idee$_o$ Gottes repräsentiert$_1$; und er beweist unter dieser nie thematisierten Voraussetzung, daß Gott existiert (d. h. daß diese Idee ein Repräsentat$_2$ hat). Deshalb kann der Gottesbeweis der *Dritten Meditation* nicht für die Richtigkeit von Antwort (3) geltend gemacht werden. Descartes hat zweifelsohne irgendeine kausaltheoretische Antwort vom Schlage der dritten auf die Frage, wie das Repräsentat$_2$, also das außergeistige Bezugsobjekt, einer Idee festgelegt ist. Aber nichts spricht, soweit ich sehe, dafür, daß er auch unsere Frage, in der es um das innergeistige Repräsentat$_1$ geht, in dieser Weise beantwortet hätte.

Die vierte Antwort kann sich auf eine sehr interessante Stelle in der *Sechsten Meditation* stützen. Descartes entwickelt dort seine Auffassungen darüber, was der eigentliche Repräsentationsgehalt von Ideen der Sinnesempfindung ist. Eine Bewegung, die irgendwo im Körper (z. B. im Zeh) ihren Ausgang nimmt, gelangt bis in die inneren Teile des Hirns und »gibt dort dem Geist ein Zeichen, irgendetwas zu empfinden« (AT VII 88). Die resultierende Bewegung im Hirn wäre dieselbe gewesen, wenn das erste Wegstück (vom Zeh bis zum Knie beispielsweise) weggefallen wäre und sie ihren Ausgang im Oberschenkel genommen hätte. Wieso, so fragt sich Descartes, ist der entstehende Schmerz dennoch einer, der als im Fuß vorhanden empfunden wird? Seine Antwort: Gott hat es liebenswürdigerweise so eingerichtet, daß das, was jene Bewegung dem Geist zeigt [*exhibere*, AT VII 86 ff.], mit dem Fuß zu tun hat; denn in einem gesunden Körper (an dem z. B. keine Amputation des Unterschenkels vorgenommen wurde) tritt diese Bewegung im Hirn nur auf, wenn der Fuß verletzt wurde. Wichtig für unsern Zusammenhang ist dabei dies: Der Hirnzustand löst im Geist eine Idee aus, die u.a. einen Fuß der Person repräsentiert$_1$; und Descartes sagt ganz explizit, daß die Festlegung dieses repräsentationalen Gehalts von Gott herrührt.

Die Natur des Menschen hätte von Gott so gemacht werden können, daß eben diese Bewegung im Hirn dem Geist irgendetwas anderes gezeigt hätte: sich selbst z. B., sofern sie im Hirn ist, ... (AT VII 88)

Die Bewegung im Hirn (als das unmittelbar vom Geist Perzipierte) ist die Idee$_{m}$ dieser Geschichte; sie repräsentiert$_{1}$ Schmerz-im-Fuß, weil Gott dies als das nützlichste Repräsentat$_{1}$ aus allen möglichen Repräsentaten ausgewählt hat. Gott hätte aber stattdessen für dieselbe Idee$_{m}$ – wäre er bei der Schöpfung eher akribisch als hilfreich gestimmt gewesen – Bewegung-im-Hirn zu ihrem Repräsentat$_{1}$ machen können.

Was wäre dadurch eigentlich anders geworden in der Welt? Nun, dieselbe Idee$_{m}$ hätte jetzt eine andere funktionale Rolle. Eine Idee, die dem Geist eine Bewegung im Hirn zeigt, löst ja andere Gedanken aus, als eine Idee, die ihm Schmerz im Fuß übermittelt. Es ist charakteristisch für die Schmerz-Idee, daß sie den Geist auf Hilfe für den Fuß sinnen läßt;[50] dergleichen ist von der andern Idee nicht zu erwarten. Und damit hätte sich auch die kausale Rolle der Bewegung im menschlichen Körper geändert: eine Bewegung, die Fußrettungsverhalten ausgelöst hatte, würde nichts dergleichen bewirken, sondern irgendein anderes (oder gar kein) Verhalten nach sich ziehen. – »Der repräsentationale$_{1}$ Gehalt eines Geisteszustands ist seine kausale und funktionale Rolle«, das klingt zwar nach gewissen Slogans aus der neueren Philosophie des Geistes, aber es paßt gar nicht schlecht zu dem, was Descartes – jedenfalls über die Ideen der Sinnesempfindung – offenbar vorschwebte.

Von den vier betrachteten Antworten lassen sich die erste und die letzte am ehesten noch Descartes zuschreiben. (Erfreulicherweise sind sie ja aufs beste miteinander verträglich.) Es sollte jedoch nicht aus dem Auge verloren werden, daß sich ihm diese Frage offenbar nicht gestellt hat.

[50] Vgl. AT VII 88.

5. *Die implizite Propositionalität der objektiv betrachteten Idee.* – Ideen zeigen nicht nur Sachen, sie zeigen sie auch als gewisse Eigenschaften besitzend. Eine Idee der Sonne zeigt sie dem Geist als klein; eine andere zeigt sie ihm als groß (AT VII 39). Es gibt Grund anzunehmen, daß Descartes die folgende allgemeine These uneingeschränkt akzeptiert hätte: Für jede Idee i eines beliebigen x gibt es eine Reihe von Eigenschaften $E_1, \ldots, E_n$ derart, daß i dem Geist zeigt, daß x die Eigenschaft E_i hat.[51]

Einige Anmerkungen zu dieser These. Der Sinn, in dem in ihr von »zeigen, daß« die Rede ist, ist natürlich ein nichtfaktiver (d. h. das in diesem Sinne Gezeigte kann falsch sein); daraus, daß i zeigt, daß x E hat, folgt natürlich nicht, daß x E hat.[52] Weiterhin muß es sich wohl um eine Form direkten Zeigens handeln, die nicht durch noch Hinzukommendes vermittelt ist. Denken wir wiederum an den Vergleich mit einem gemalten Bild. Ein Porträt Harveys mag mir direkt zeigen, daß er braune Augen hat; es kann mir aber (normalerweise) nur indirekt zeigen, daß er Junggeselle ist (z. B. indem es mir direkt zeigt, daß er keinen Ring trägt).

[51] Descartes schreibt in seinem Brief an Mersenne im Juli 1641 (AT III 391), daß es ein Irrtum sei anzunehmen, die körperlichen Ideen der Vorstellungskraft würden sprachlich mit Hilfe von Namen ausgedrückt, die unkörperlichen Ideen des reinen Denkens mit Hilfe von Sätzen; beide Arten von Ideen lassen sich auf beide Weisen ausdrücken. Wäre er der Auffassung gewesen, daß es irgendwelche Ideen gibt, die sich nicht mit Hilfe von Sätzen ausdrücken lassen, so hätte er an dieser Stelle eine ausgezeichnete Gelegenheit verpaßt, dies seinem an dieser Information gewiß sehr interessierten Adressaten zur Kenntnis zu bringen.

[52] Die Ausnahme sind natürlich die angeborenen Ideen, die »wahre, unveränderliche und ewige Wesen repräsentieren«; aus einer solchen Idee zu folgern, was »schon implizit in ihr enthalten war, was ich aber vorher nicht in ihr bemerkte«, ist eine zulässige Schlußmethode (AT III 383). – Aber auch bei den angeborenen Ideen ist für Descartes die Perzeption etwas anderes als der Akt des Urteilens. Für jedwede Idee, die zeigt, daß x E hat, gilt, in Fregescher Terminologie gesprochen: Dieser Sinn von »zeigen« hat nur zu tun mit dem *Fassen des Gedankens*, daß x E hat, und nicht mit dem *Urteil* gleichen Inhalts.

Warum muß es sich wohl um eine Form direkten Zeigens handeln? Weil das Gezeigte zur Idee gehört und mithin vom Geist *unmittelbar* perzipiert wird. – Aus wenigstens zwei Gründen ist diese These im Cartesischen Rahmen nicht unproblematisch.

Erstens wegen der Cartesischen Gleichsetzung von Idee und Begriff; denn es hätte doch etwas metaphysisch Unersprießliches für Descartes, wenn er gehalten wäre, alles, was eine Idee über eine Sache zeigt, zum Begriff der Sache zu rechnen. Descartes scheint ja zulassen zu wollen, daß zwei verschiedene Ideen dem Geist die Sonne – ein und dieselbe Sonne – zeigen; die eine zeigt sie als groß, die andere als klein. Wenn aber die Idee von *x* zugleich auch der Begriff von *x* ist, dann gehört zum Begriff der Sonne anscheinend, daß sie groß ist und daß sie klein ist. Ein derartiger Widerspruch läßt sich vermeiden. Man kann z. B. in den sauren Apfel beißen und jede Idee zu einem eigenen Begriff der Sache zu erklären. Man könnte auch in den noch saureren Apfel beißen und jede Idee zum Repraesentans einer eigenen Sache zu erklären. Im ersten Fall vermehren wir die Begriffe von Sachen über Gebühr und berauben uns der Grundlage für einen sinnvollen Unterschied zwischen begrifflichen und kontingenten Eigenschaften einer Sache. Im zweiten Fall vermehren wir die Sachen über Gebühr und berauben uns der Grundlage für eine sinnvolle Individuation von Sachen. Es gibt Anhaltspunkte dafür, daß Descartes eine Neigung zum schlimmeren dieser beiden Übel hatte. Er schreibt in den *Fünften Erwiderungen*:[53]

> Eine Idee repräsentiert nämlich das Wesen der Sache, und wenn ihr [sc. der Idee] etwas hinzugefügt oder abgezogen wird, ist sie sofort die Idee einer andern Sache. (AT VII 371)

[53] Siehe dazu auch Anm. 3 oben.

Es droht die häßliche Konsequenz, daß jeder neue Blick auf eine Sache nicht nur eine neue Idee, sondern auch eine neue Sache mit sich bringt. (Müßte dann nicht die Geschichte mit dem Wachs in der *Zweiten Meditation* überarbeitet werden?) Die Häßlichkeit dieser Konsequenz könnte jedoch wiederum mit Hinweis auf die Mehrdeutigkeit des Begriffs »Idee einer Sache« abgemildert werden: jede neue Idee repräsentiert$_1$ eine neue Sache-im-Geist, das außergeistige Repräsentat$_2$ einer neuen Idee könnte hingegen sehr wohl identisch sein mit dem einer alten. Im nächsten Abschnitt werden sich Gründe für die Vermutung ergeben, daß Descartes in der Tat bereit war, zur Rettung des gefährdeten Unterschieds zwischen kontingenten und notwendigen Eigenschaften einer Sache auf ein derartiges Argumentationsmuster zurückzugreifen.

Eine weitere mögliche Schwierigkeit mit der obigen These über das propositionale Zeigen liegt darin, daß zwei weitere Unterschiede zu verschwinden drohen: (i) der Unterschied zwischen einer einfachen und einer komplexen Idee, und (ii) der Unterschied zwischen einer Idee und einem Ideengefüge. Ad (i): Wenn *jede* Idee ihr Objekt als irgendwelche Eigenschaften habend zeigt, dann gibt es keine einfache Idee. Ad (ii): Und wenn Ideen unweigerlich eine propositionale Note haben, worin könnte dann der Unterschied bestehen zwischen einer Idee von x, die x als E habend zeigt, und einem Ideengefüge, in welchem eine Idee von x und eine Idee von E in einem Prädikationsverhältnis stehen? – Ich möchte es hier bei diesen Hinweisen belassen. Denn es ist gar nicht klar, daß Descartes an diesen Unterschieden gelegen war.

Angesichts der impliziten Propositionalität von Ideen kann jedoch die Schelte, die Spinoza an diejenigen richtet, die »eine Idee für etwas Stummes, wie ein Tafelbild«[54] hal-

[54] *Ethica*, Pars II, Prop. XLIII, Sch.; vgl. auch Prop. XLIX, Sch.

ten, Descartes jedenfalls nicht treffen. Seine Ideen sind sehr beredt.[55]

X. Von der Essenz und der Existenz

Die seltsame Auffassung, daß ein und dieselbe Sache (›*obiective*‹) im Geist und (›*actualiter*‹) außerhalb des Geistes ist, liegt – wie eben gerade anklang – auch der Cartesischen Lehre über Essenz und Existenz zu Grunde. Noch deutlicher tritt dies zutage, wenn Descartes (im Jahre 1645 oder 1646 an einen nicht eindeutig identifizierbaren Adressaten) schreibt:

> … wir verstehen unter der Essenz die Sache, insofern sie objektiv im Intellekt ist, unter der Existenz aber *dieselbe* Sache, insofern sie außerhalb des Intellekts ist … (AT IV 350, meine Hervorhebung).

[55] Der Vorwurf Spinozas ist verquickt mit seiner Auffassung, daß zu jeder Idee eine Zustimmung bzw. Ablehnung gehört. Gewiß sind Cartesische Ideen in dem Sinne ›stumm‹, daß sie derlei nicht umfassen. E. M. Curley hat – Spinozas Vorwurf in diesem Punkt weiterentwickelnd – gegen Descartes eingewandt, letztlich sei seine Lehre von der urteilsfreien Ideenbetrachtung inkohärent. Er sieht dabei übrigens, anders als Spinoza, deutlich, daß Cartesische Ideen implizit propositional sind. Doch scheint mir auf der Hand zu liegen, daß Descartes in diesem Punkt recht hat (auch wenn seine voluntaristische Urteilstheorie verfehlt ist): Es besteht immer ein *begrifflicher* Unterschied zwischen »eine Idee perzipieren, die x als E zeigt« und »glauben, daß x E hat«; und deswegen ist Zustimmung bzw. Ablehnung nichts, was zur Idee selbst gehört. Dieser begriffliche Unterschied wird nicht durch das *psychologische* Faktum beeinträchtigt, daß manche Ideen von normalen Menschen gar nicht perzipiert werden können, ohne geglaubt bzw. verworfen zu werden. Soweit Descartes dies psychologische Faktum bestritten hätte (und das hat er m. E. nicht getan), hätte er eine irrige Auffassung über den Einfluß des Willens auf das Glauben. Insofern er jedoch auf dem genannten begrifflichen Unterschied insistiert, hat er unbestreitbar recht (und nimmt in gewisser Weise Freges Unterscheidung zwischen Denken und Urteilen vorweg). Vgl. dazu E. M. Curley, Descartes, Spinoza and the Ethics of Belief, in: *Spinoza – Essays in Interpretation*, hg. von E. Freeman/M. Mandelbaum (La Salle 1975), S. 159–189.

Demnach ist die Idee$_o$ von x das Wesen (*essentia*, *forma*, *natura*) von x, und das außergeistige x selbst ist das Sein (*existentia*, *esse*) von x. Wenige Zeilen zuvor hatte Descartes – im Hinblick auf die subtilen metaphysischen Fragen, die er in diesem Brief behandelt[56] – festgestellt, daß seines Erachtens bei diesen Themen die Hauptursache aller Schwierigkeiten sei, »daß wir die außer unserm Denken existierenden Sachen nicht genug unterscheiden von deren Ideen, die in unserm Denken sind«. Diese beiden Bemerkungen klingen schlecht miteinander verträglich, denn die erste betont ja gerade die Identität der intra-intellektiven und der extra-intellektiven Sache – eine Identität, die in der zweiten Bemerkung bestritten zu werden scheint.

Doch widerspricht Descartes sich hier nicht auf engstem Raum, sondern deutet in sehr gedrängter Form, offenbar unter Zeitdruck,[57] eine wichtige Unterscheidung an, die zu treffen im Rahmen seiner Lehre gewiß nicht leicht fällt. Er will nämlich sagen, daß zwei objektiv betrachtete Ideen verschieden – *modaliter* verschieden – sein können, obwohl die durch die Ideen repräsentierten außergeistigen Sachen identisch – *nullo modo* verschieden – sind. Wer an das Wesen des Dreiecks Δ denkt, hat einen anderen Gedanken als den, den er hat, wenn er an die Existenz von Δ denkt.[58] Und das gilt nicht nur, wenn diese Gedanken *materialiter* (als z. B. allein schon zeitlich unterschiedene Tätigkeiten des Intellekts) betrachtet werden, sondern auch, wenn sie *obiective* (also im Hinblick darauf, was sie zeigen) betrachtet werden. Im außergeistigen Δ selbst jedoch, so möchte Descartes

[56] Es geht um den Unterschied zwischen Modus im strengen Sinn und Attribut, um mehrerlei Sinn der Termini »*distinctio rationis*« und »*distinctio realis*«, um die Nichtexistenz einer *distinctio rationis Ratiocinantis* und einiges mehr von dieser Art.

[57] »Entschuldigen Sie, wenn die Darstellung zu verworren ist; der Postbote ist im Weggehen begriffen …« (a.a.O.).

[58] Dies hat übrigens die erwähnenswerte Konsequenz, daß man nicht zugleich an das Wesen und an die Existenz einer Sache denken kann.

sagen, gibt es keinen Unterschied zwischen Essenz und Existenz: »Die Existenz ist nichts anderes als die existierende Essenz«, erklärt er Burman ein paar Jahre später.[59]

Es ist Descartes zufolge demnach offenbar zu unterscheiden zwischen:

(a) Essenz/Existenz von *x*

und

(b) Essenz/Existenz von *x*, *sofern* x *außerhalb des Intellekts ist.*

Im Fall (a) besteht ein echter Unterschied zwischen Essenz und Existenz; es ist derselbe Unterschied wie der zwischen objektiv betrachteter Idee und außergeistigem Repräsentat. Im Fall (b) hingegen besteht kein Unterschied zwischen Essenz und Existenz; die Essenz der außergeistigen Sache ist diese Sache selbst. In (a) und (b) ist insgesamt nur von zweierlei die Rede: zum einen von der Idee_o-von-*x*, zum andern von dem *x*-außerhalb-des-Intellekts.

Es gibt jedoch mehr Unterschiede in den Gedanken an außergeistige Dinge als in den außergeistigen Dingen, von denen sie handeln.[60] Die beiden folgenden Gedanken:

(b_1) der Gedanke an die Essenz von *x*, sofern *x* außerhalb des Intellekts ist

und

[59] AT V 164.

[60] Dies leuchtet schon insofern ganz trivialermaßen ein, als es für Descartes ja Gedanken gibt, die von außergeistigen Dingen nur zu handeln scheinen. Auch wenn Chimären nicht existieren, ist der Gedanke, sie seien schön, ein anderer als der, sie seien häßlich.

(b_2) der Gedanke an die Existenz von *x*, sofern *x* außerhalb des Intellekts ist

sind verschiedene Gedanken, obwohl es keinen Unterschied vom Typ (b) gibt. Und zwar ist der Unterschied zwischen (b_1) und (b_2) in Descartes' Augen ein echter inhaltlicher Unterschied: er besteht, wenn die beiden Gedanken *obiective* betrachtet werden, und es handelt sich bei ihm um einen sog. modalen Unterschied.[61]

Worin könnten sich die beiden Gedanken nun unterscheiden? Gewiß müßten sie unterschiedliche Ideen umfassen. Z. B. könnte (b_2) einfach ein Gedanke sein, in dem die Idee von *x* auf etwas außerhalb des Intellekts bezogen wird, während (b_1) ein höherstufiger Gedanke ist, in dem die Idee von *x* bei ihrer Bezugnahme auf den Bereich des Außergeistigen zugleich explizit als etwas Innergeistiges repräsentiert ist.

Man kann an das Dreieck denken; man kann an es denken, sofern es außerhalb des Intellekts ist; in beiden Fällen gilt es, den Gedanken an die Existenz und den an die Essenz des Dreiecks zu unterscheiden. Folgender Analysevorschlag scheint mir mit Geist und Buchstabe der Cartesischen Lehre verträglich zu sein (wobei Subskripte wieder Betrachtungsweisen indizieren):

(i) »*X* denkt an Δ« heißt: *X* hat eine Idee_o von Δ;
(ii) »*X* denkt an die Existenz von Δ« heißt ebenfalls: *X* hat eine Idee_o von Δ;[62]
(ii*) »*X* denkt an die Existenz von Δ, sofern Δ außerhalb des Intellekts ist« heißt: *X* hat eine Idee_o von Δ – und

[61] Vgl. zur Cartesischen Lehre von den unterschiedlichen Unterschieden insbesondere die Abschnitte 60 ff. der *Principia* (AT VIII 28 ff.).

[62] Daß für (ii) dieselbe Analyse wie für (i) zu geben ist, wird durch das zehnte Axiom aus dem Anhang an die *Zweiten Erwiderungen* nahegelegt: »In der Idee oder dem Begriff jeder Sache ist die Existenz enthalten, weil wir nichts anders als existierend begreifen [*concipere*] können« (AT VII 166).

bezieht sie auf etwas außerhalb seines oder ihres Intellekts;

(iii) »*X* denkt an die Essenz von Δ« heißt: *X* hat eine Idee$_o$ von der Idee$_o$ von Δ;[63]

(iii*) »*X* denkt an die Essenz von Δ, sofern Δ außerhalb des Intellekts ist« heißt: *X* hat eine Idee$_o$ von der Idee$_o$ von Δ – und bezieht dabei die erststufige Idee$_o$ von Δ auf etwas außerhalb seines oder ihres Intellekts.

Wichtig ist dabei natürlich, daß im Analysans von (iii) nicht von *materialiter* betrachteten Ideen die Rede ist; die höherstufige Idee zeigt dem Geist die niedrigerstufige Idee *obiective* betrachtet. Es verhält sich hier also wie bei einem Gemälde, das ein Gemälde als eines zeigt, auf dem ein Dreieck zu sehen ist; auch ein solches Gemälde zeigt ein Dreieck. Die Idee, durch die der Geist ans Wesen einer Sache denkt, zeigt also die Sache selbst; aber sie zeigt die Sache anders als die Idee, durch die der Geist an das Sein der Sache denkt.

Im Lichte dieser Analysen wird es möglich, daß in dem Gedanken an die Essenz irrelevante Eigenschaften der Sache selbst beiseite gelassen sein können. Eine Idee zweiter Stufe muß ja nicht alles von der Sache zeigen, was die niedrigerstufige Idee von ihr zeigt. (Ein Gemälde, in dem ein Porträt als eines von Harvey zu sehen ist, muß dem Betrachter nicht unbedingt zeigen, welches die Farbe von Harveys Augen ist, obwohl das in ihm dargestellte Porträt dies tut.)[64] Es reicht, wenn die höherstufige Idee diejenigen Eigenschaften der Sache zeigt, durch die sich diese Sache von andern unterscheidet; jede erststufige Idee dieser Sache muß

[63] Diese Analyse scheint mir durch die oben zitierte Briefstelle nahegelegt zu sein. Wenn Essenz nichts anderes ist als »die Sache, insofern sie objektiv im Intellekt ist« (also die Idee$_o$ dieser Sache), dann kann ein Gedanke an die Essenz kaum etwas anderes sein als eine Idee höherer Stufe.

[64] Das Gemälde »zweiter Stufe« mag schwarzweiß sein; das darin dargestellte Gemälde »erster Stufe« kann ein farbiges sein.

diese Eigenschaften ebenfalls zeigen (sonst wäre es keine von *dieser* Sache). Wenn die erststufige Idee noch weitere Eigenschaften zeigt – nun gut, soll sie nur.

Die gewöhnlichen Ideen (erster Stufe) werden, wenn man sich auf die Cartesische Lehre in dieser Weise einen Reim machen will, gewissermaßen eingeklemmt zwischen die wesensfestlegenden Ideen zweiter Stufe und die Sachen selbst (falls es sie gibt). Eine Idee zweiter Stufe – nennen wir sie: i^2 – schriebe vor, daß die erststufige Idee i^1 eine Idee vom Dreieck Δ ist. Denn i^2 legt fest, welche Eigenschaften eine Idee erster Stufe *obiective* enthalten muß, um eine Idee von Δ zu sein. Und i^2 muß dies nach Maßgabe dessen festlegen, durch welche Eigenschaften sich Δ – qua Δ – von allen andern Dingen unterscheidet. Angenommen, es gibt nur ein einziges Dreieck (Descartes' allmächtiger Gott hätte das so einrichten können) und zwar unser Δ. Dann läßt i^2 großen Spielraum für das, was eine Idee erster Stufe zu zeigen hat, um eine Idee von Δ zu sein. Sobald eine Idee erster Stufe eine Figur als mit genau drei Seiten, oder eine Figur als mit genau drei Ecken, oder eine Figur als mit genau drei Winkeln zeigt, ist jede dieser Ideen eine Idee von Δ. Jede dieser Eigenschaften (Dreiseitigkeit, Dreieckigkeit, Dreiwinkligkeit) reicht aus, um Δ von allen andern Sachen zu unterscheiden. Sobald es wenigstens zwei Dreiecke gibt (das gleichwinklige Δ und das spitzwinklige Δ*), muß der Spielraum, den i^2 für Δ-repräsentierende Ideen erster Stufe läßt, so verengt sein, daß Gleichwinkligkeit in das, was diese Ideen zeigen, eingeschlossen ist. Sobald es wenigstens zwei gleichwinklige Dreiecke gibt, …

Wenn die Cartesische Lehre es überhaupt zuläßt, daß es verschiedene Ideen derselben Sache gibt (z. B. verschiedene Ideen der Sonne), dann ist ein derartiger Rückgriff auf Ideen höherer Stufe, wie ich ihn gerade angedeutet habe, sicherlich bequem und vielleicht unvermeidlich. Doch darf man in diesem Zusammenhang nicht übersehen, daß Descartes zudem noch die Wunderwaffe seiner klar&deutlich/dun-

kel&verworren-Unterscheidung ins Spiel bringen kann, um einen Aufstieg zu den Ideen von Ideen zu vermeiden, wenn es gilt, einen Unterschied zwischen Ideen vom Wesen der Sache abzugrenzen gegen Ideen von ihr selbst.

XI. Die Bildlichkeit und Unbildlichkeit von Ideen

Die Frage, ob Ideen in der Konzeption Descartes' Bilder sind oder nicht, ist eine Frage, die zwar heftig umstritten, aber alles andere als klar ist. Dreierlei läßt sich mit Bestimmtheit sagen. Erstens, Descartes *vergleicht* Ideen gerne mit ganz gewöhnlichen Bildern (damit meine ich insbesondere Gemälde, die der sog. darstellenden Malerei zugerechnet werden). Zweitens hat er einen technischen Bild-Begriff, wonach gewisse Ideen Bilder *sind.* Zum dritten hat er – wie er selbst einräumt[65] – gelegentlich auch einen recht laxen Begriff des Bilds und spricht schon dann davon, daß etwas ein Bild von etwas anderm ist, wenn er damit bloß meint, daß zwischen den beiden eine *Ähnlichkeit* besteht. Doch diese drei Dinge gilt es auseinander zu halten.[66]

Aus alledem folgt natürlich nicht, daß Descartes die Auffassung vertritt, Ideen seien dem, was sie repräsentieren, ähnlich. Und es folgt auch nicht daraus, daß er Ideen für mentale Bilder (»*mental pictures*«, »*mental images*«)[67] hält. War-

[65] Gegenüber Burman (AT V 156).

[66] Ich erinnere daran, daß ich Ausnahme-Ideen wie die Gottes oder die des eigenen Geistes in meinen Betrachtungen beiseite lasse. Für die Idee Gottes gilt z. B., daß sie Gott ähnlich ist – allerdings aus dem gänzlich trivialen Grund, daß alles, was von Gott kommt, ihm in »sei's auch sehr entlegener, geringer und verworrener« Weise ähnlich sein muß (AT V 156).

[67] So A. Kenny (a.a.O., S. 108) – der locus classicus für diese einflußreiche, aber einer überzeugenden Textgrundlage entbehrenden Behauptung.

um sollte er auch? Wo er doch klipp und klar sagt, was Ideen für ihn sind: Sachen im Geist. Sachen, nicht Bilder von Sachen.[68]

1 *Jede Idee ist wie ein Bild.* – Descartes kommt es bei seinem Vergleich von Ideen mit Bildern auf die besonderen repräsentationalen Leistungen an, die für gewöhnliche Bilder typisch sind. Bilder sind ›unmittelbar verständlich‹, sie zeigen ›direkt‹. Sie können etwas zeigen, das es in Wirklichkeit nicht gibt. Man kann sie auf unterschiedliche Weisen betrachten, die der Unterscheidung zwischen materialer, objektiver und formaler Betrachtungsweise ähneln. Sie zeigen Dinge (z. B. Harvey) und Sachverhalte (daß Harvey braune Augen hat) in einem. Sie können mehr oder weniger klar und deutlich sein. Und so weiter.

Entsprechende repräsentationale Leistungen treffen wir auch bei Ausdrücken einer vertrauten Sprache an. Normalerweise verstehen wir unmittelbar, was die Bedeutung eines solchen Ausdrucks ist. Es gibt Ausdrücke, die etwas beinhalten, das es nicht gibt. Man kann einen sprachlichen Ausdruck als bloße Symbolkette betrachten; man kann seinen Sinn thematisieren, ohne sich um den Bezug zu kümmern; und man kann sich fragen, wie es um seine Denotation bestellt ist. Sprachliche Ausdrücke können mehr oder weniger klar und deutlich sein. (Was sie nicht so gut können, ist Dinge und Sachverhalte in einem bezeichnen; gewisse Ausdrücke sind spezialisiert auf das eine, gewisse andere auf das andere, und viele weitere auf nichts von beidem.)

Es ist also kein Zufall, daß Descartes Ideen auch gerne mit dem Verständnis sprachlicher Ausdrücke in Zusammenhang bringt. Zwar macht er meines Wissens keinen Vergleich des Schlags: »Eine Idee ist wie ein verstandenes Wort«. Vielleicht ist das nur ein Zufall. Vielleicht hängt

[68] Weil Bilder Sachen sind, gibt es für Descartes natürlich auch Bilder im Geist. Wer die Idee eines Bildes von Harvey hat, der hat etwas, das auch ein getreuer Cartesianer ein »mentales Bild« nennen könnte.

Descartes' stärkere Vorliebe für den Vergleich von Ideen mit Bildern aber auch damit zusammen, daß im Sprachlichen Sache und Sachverhalt zu unterschiedlich repräsentiert werden, während im Bild Objekt-Zeigen und Sachverhalt-Zeigen gewöhnlich in einem geschehen.

2. *Manche Ideen sind Bilder.* – Werfen wir einen Blick zurück in die ältere Cartesische Ideenlehre. In den *Regulae* gebraucht Descartes »*idea*« noch selten, und zwar gleichbedeutend mit »*figura*«. Im *Traité de l'Homme* sind die Ideen offenbar eine Teilklasse der sog. Figuren, und Descartes erläutert, was unter einer Idee zu verstehen ist, mit dem Zusatz: »d. h. die Formen oder Bilder [*les formes ou images*], die von der vernünftigen Seele unmittelbar betrachtet werden« (AT XI 176/177), und zwar insbesondere bei der Sinneswahrnehmung und der bildlichen Vorstellung betrachtet werden. Derlei Bilder sind letztlich nichts anderes als eine spezielle Sorte von Hirnzuständen: nämlich Aufprallmuster von Lebensgeistern auf der Zirbeldrüse. Dieser physiologische Begriff von Ideen als Hirn-Ereignissen hält sich durch bis in die *Passions de l'Ame*, wo offenbar wieder alles Geschehen auf der Zirbeldrüse als Idee bezeichnet wird, wenn es Gedanken veranlaßt oder von ihnen veranlaßt wird.[69]

[69] Es ist sehr instruktiv zu sehen, wie selbstverständlich sich Descartes in den *Passions* – ohne den Druck, mit Hilfe einer Idee des reinen Intellekts die Existenz Gottes beweisen zu müssen – wieder eines Ideenbegriffs bedient, der sich klar und deutlich auf materielle Phänomene bezieht. Auffallend ist dabei auch, wie selten von ›*les idées*‹ überhaupt die Rede ist; das Wort hat hier allen metaphysischen Zauberglanz abgelegt und reiht sich wieder brav ins Glied der ›*impressions*‹ und ›*mouvements*‹. – Ein Beispiel sei angeführt. Im 103. Artikel, bei der Beschreibung, wie Blut und Lebensgeister sich beim Haß bewegen, schreibt Descartes: »Daher kommt es, daß sie [sc. die Lebensgeister] die Ideen des Hasses verstärken, die sie dort [sc. im Hirn] schon als Eindrücke [*imprimées*] vorfinden, und die die Seele zu Gedanken veranlassen [*disposent*], die voll Ärger und Bitterkeit sind« (AT XI 405). Da gibt es nichts zu deuteln: Die Ideen des Hasses sind Eindrücke im Hirn.

In diesem fachterminologischen Sinn des Wortes »Bild« [*imago*, *pictura*] sind zumindest die Ideen der Sinneswahrnehmung und der (›bildlichen‹) Vorstellung in der Cartesischen Philosophie immer – von den *Regulae* bis zu den *Passions* – Bilder. Dies ist ein fachterminologischer – und höchstens nebenbei ein kontrolliert metaphorischer – Gebrauch des Wortes »Bild«. Schon in der zwölften seiner *Regulae* wird ganz deutlich, daß Descartes in diesem Zusammenhang kein Opfer seiner eigenen Metaphern war. Es ist außerordentlich aufschlußreich, wie er dort den Begriff der Figur einführt. Ich fasse seinen Gedankengang zusammen:[70] »Nichts fällt der sinnlichen Wahrnehmung leichter als die Figur, denn sie ist tastbar und sichtbar. Zudem ist der Begriff der Figur höchst allgemein und einfach, denn alles sinnlich Wahrnehmbare ist ausgedehnt und hat mithin eine Figur. Ohne den Begriff der Figur kommen wir also ohnehin nicht aus. Aber mit seiner Hilfe können wir einen Kurs der ontologischen Sparsamkeit steuern, weil sich alle Unterschiede zwischen sinnlich wahrnehmbaren Dingen als Unterschiede zwischen Figuren wiedergeben lassen. Es gibt nämlich unendlich viele Figuren und sicherlich nicht mehr Unterschiede zwischen den sinnlich wahrnehmbaren Dingen.« – Descartes erwähnt in seinem Beispiel die Farben, die etwas so ganz anderes sind als die Figur. Sein Leser versteht: Er hätte natürlich genauso gut die Größe, die Masse, den Geruch und dergleichen wählen können. *Die Darstellbarkeit aller sinnlich wahrnehmbaren Eigenschaften* einer Sache *im Medium der Figur*: das ist die Pointe seines Figur-Begriffs. Und genau darauf kommt es ihm auch später an, wenn er statt von »Figuren« lieber von »Bildern« spricht. Geschehnisse auf der Zirbeldrüse sind insofern Bilder einer Sache, als sie dem zu dieser Drüse gehörigen Geist alles an dieser Sache darstellen können, was an ihr bildlich darstellbar ist. Bildliche Darstellung im engeren (an Gemälden orientierten) Sinn ist etwas,

[70] Vgl. AT X 413.

das sich nur auf das Sichtbare erstreckt; im weiteren (›Figuren‹-)Sinn erstreckt sie sich auf alles sinnlich Wahrnehmbare.

Halten wir fest: Viele Ideen der Sinneswahrnehmung sind für Descartes immer Bilder; zu manchen Zeiten galt ihm wohl jede solche Idee als ein Bild.

3. *Gibt es Ideen, die ihren außergeistigen Objekten ähnlich sind?* – Die ärgste Crux mit dieser Frage ist, ihr einen greifbaren Sinn zu geben, der sich auf die Cartesische Philosophie anwenden ließe. Aber einmal angenommen, das wäre gelungen. Dann, so schätze ich, stellte sich vornehmlich die Frage: War Descartes der Auffassung, daß die klaren und deutlichen Ideen einer Sache ihr selbst ähnlich sind? Und das führte uns dann hinab in die Abgründe einer Lehre, die Descartes verheißen,[71] aber offenbar nie geschrieben hat: Die Lehre von den Ideen des reinen Intellekts.

Hinsichtlich gewöhnlicher Ideen war Descartes jedenfalls nicht so leicht bereit, von einer Ähnlichkeit zur außergeistigen Sache zu sprechen. Denn selbst von der besten verfügbaren Idee der Sonne sagt er nicht, sie sei der Sonne ähnlich.[72] Den diesbezüglichen Cartesischen Formulierungen ist gelegentlich eine gewisse Gewundenheit und Zwiespältigkeit anzumerken. Im ersten Abschnitt des zweiten Teils der *Principia* drückt er sich so aus:

> Und es scheint uns auch, daß wir klar sehen, daß die Idee [der ausgedehnten Materie] von außer uns befindlichen Sachen, *denen sie völlig ähnlich ist*, zu uns kommt. (AT VIII 41, meine Hervorhebung)

»Es scheint uns, daß wir klar sehen« – das ist schon eine merkwürdige Konstruktion, und erst recht für Descartes. Denn er befrachtet die Klarheit (zumindest im Falle hinzutretender Deutlichkeit) ja berühmtermaßen mit einer so gewaltigen erkenntnistheoretischen Last, daß die hier an-

[71] AT X 416.
[72] AT VII 39.

klingende Möglichkeit eines Irrtums über das Vorliegen von Klarheit schon reichlich verblüffend ist.[73] Wie dem auch sei, jedenfalls soll hier sicherlich eine gewisse Distanz zu dem, was uns als klar ersichtlich vorkommt, zum Ausdruck kommen.

Und gerade dies halte ich für bezeichnend an der zitierten Formulierung Descartes': Wenn schon einmal in starken Worten [*clare videre ... omnino similis*] von einer Ähnlichkeit zwischen Idee und außergeistiger Sache die Rede ist, dann ist der große Dämpfer [*videmur*] nicht weit entfernt. Dies ist bezeichnend, weil es den Zwiespalt zwischen dem, was Descartes für in der Sache zutreffend hielt, und dem, was er für sprachlich zweckmäßig erachtete, so hübsch beleuchtet. Die Cartesische Auffassung zu diesem Punkt ist letztlich wohl schlicht diese: Der Glaube an eine solche Ähnlichkeitsbeziehung ist nichts weiter als ein wirrer Aberglaube der *folk metaphysics*, und diese Metaphysik gilt es zu überwinden. Wer aber, wie Descartes, bei seinem Versuch der Überwindung einer herrschenden Metaphysik auch noch darauf schielt, Lehrbuchautor zu werden, der ist dann vollends hin und her gerissen zwischen Entgegenkommen in der sprachlichen Form und Widerspruch in der Sache.

Die Cartesische Lehre selbst läßt, soweit wir bisher gesehen haben, nur wenig begrifflichen Platz für echte Ähnlichkeit zwischen Idee und außenweltlicher Sache. Der Schattenriß von Harvey könnte immerhin dem Aufprallmuster auf der Zirbeldrüse des wahrnehmenden oder vorstellenden Geistes geometrisch gleichen; das heißt – wie wir gesehen haben[74] – für Descartes jedoch nicht, daß irgendeine Ähnlichkeit auch in der ausgelösten Idee anzutreffen wäre. Je-

[73] Wenn aus »Ich sehe klar(&deutlich), daß *p*« nicht folgt »Ich sehe klar(&deutlich), daß ich klar(&deutlich) sehe, daß *p*«, dann wäre die Cartesische Argumentation in den *Meditationen* in grotesken Ausmaßen unvollständig, weil unendlich viele Ansatzpunkte für Zweifel blieben. Klare(&deutliche) Perzeption könnte dem Zweifel nicht Einhalt gebieten.

[74] Siehe oben, Ende von Abschnitt V.

denfalls fehlt jedweder brauchbare Sinn, in dem die Idee von Harveys Faulheit (oder von Harvey als einem Faulen) dem faulen Harvey ähnlich sein könnte. Letztlich ist also nicht einmal klar, was es, für Descartes, überhaupt heißen könnte, daß eine Idee ihrem außergeistigen Repraesentatum ähnlich ist.

4. *Manche Ideen sind wesentlich unbildlich.* – Wir haben keine bildliche Idee – jedenfalls unmöglich eine angemessene ([*idea propria*], AT VII 181) – von Gott und den Engeln, und auch keine bildliche Idee des Geistes (AT III 394, VII 183, VII 385). Eine bildliche Idee des Dreiecks gibt es, aber keine des Tausendecks; beim Tausendeck versagt die bildliche Vorstellungskraft. Der Intellekt ist auf sich allein angewiesen, wenn der Geist an Figuren mit sehr vielen Ecken denkt.[75]

Bildliche Ideen sind bei Descartes Ideen der Vorstellungskraft. Sie sind materielle Figuren auf der Zirbeldrüse, sofern sie vom Geist (sozusagen aus der Perspektive eines immateriellen Auges innerhalb der Zirbeldrüse) ›unmittelbar perzipiert‹ werden. Bildliche Ideen sind materielle Figuren im eigenen Leib, denen sich das Augenmerk des Geistes zuwendet.[76] Das ist nun aber für Descartes nicht einfach irgendeine empirische Hypothese, sondern etwas, das er immerhin heranzieht, um damit die Existenz materieller Sachen zu beweisen. Der Zusammenhang zwischen Bildlichkeit und Materialität könnte enger nicht sein.

Mithin ist zu fragen: Sind im Rahmen der Cartesischen Lehre von gewissen Sachen bildliche Ideen deshalb nicht möglich, weil bildliche Ideen ›piktoriell‹ sind – oder sind sie deshalb nicht möglich, weil bildliche Ideen materiell sind? Denn es macht doch einen Unterschied, ob bei der Begründung für die wesentliche Unbildlichkeit einer Idee von *x* die

[75] AT VII 72.
[76] A.a.O.

Materialität von Bildern im Vordergrund steht oder ihre Piktorialität.

(a) Argument mit der Materialität: Weil die Zirbeldrüse eine beschränkte Oberfläche hat, kann keine materielle Figur auf ihr *x* (z. B. den Küstenverlauf einer Insel) in allen Einzelheiten wiedergeben.

(b) Argument mit der Piktorialität: Nichts von der Darstellungsart eines Gemäldes kann etwas Unkörperliches angemessen wiedergeben. *x* ist etwas Unkörperliches.

Eingangs der *Sechsten Meditation* nimmt sich Descartes wie ein Anhänger von (a) aus; an andern Stellen klingt er eher wie einer, der auf (b) hinauswill.[77] Doch macht er sich, soweit ich sehe, nirgends die Mühe, die Bildlichkeit der beim Vorstellen perzipierten Idee gegen ihre Körperlichkeit abzusetzen. Und das mag sehr wohl daran liegen, daß er solch einen Unterschied nicht erkannt hat oder nicht anerkannt hätte. Vielleicht – und ich bin geneigt zu sagen: vermutlich – gehört für ihn zur Darstellungsart eines Bildes die Ausdehnung. Bildliche Darstellung läge demgemäß nur vor, wo Ausdehnung und mithin Körperlichkeit gegeben ist. Von bildlichen Ideen im Geiste zu sprechen, wäre dann strenggenommen falsch.

> Beim Vorstellen [*imaginatio*] aber, das nur von körperlichen Dingen handeln kann, muß es ein Bild [*species*] geben, das ein wirklicher Körper ist; diesem Bild wendet der Geist sich hin [*se applicare*], *es wird aber nicht in den Geist aufgenommen.* (AT VII 387, meine Hervorhebung)

[77] In den *Fünften Erwiderungen* (AT VII 385) sagt Descartes, daß wir uns eine falsche, weil körperliche Idee von Gott oder dem Geist machen, wenn wir uns Gott bzw. den Geist wie etwas Körperliches vorzustellen versuchen. Hier wird die wahre Idee vom Geist [*vera mentis idea*] in Kontrast gesetzt zur bloß körperlichen Idee, in der keine geistigen Attribute repräsentiert sein können. Aber auch an dieser Stelle liegt nicht eindeutig ein Gedankengang vor, in dem mit der Piktorialität allein argumentiert wird.

Es wäre gewiß eine Überinterpretation, wollte man aus einer Stelle wie dieser den gerade erwähnten Schluß ziehen. Dennoch: es ist gar nicht klar, welchen Sinn es im Rahmen der Cartesischen Lehre haben könnte, von bildlichen Ideen im Geiste zu sprechen.

Dreierlei gilt es also – wie gesagt – auseinanderzuhalten, wenn die Frage nach der Bildlichkeit Cartesischer Ideen aufgeworfen wird: erstens den von Descartes häufig beanspruchten Vergleich von gewöhnlichen Ideen mit gewöhnlichen Bildern, der sich auf *typische repräsentationale Leistungen von Bildern* bezieht; zweitens den fachterminologischen Bildbegriff Descartes', demzufolge gewisse *Hirnzustände*, die er »Ideen« nennt, Bilder sind; und drittens die m. E. gänzlich unklare Frage nach der Ähnlichkeit von Ideen und außergeistigen Dingen.

»Die Idee *i* ist ein Bild« – dieser Satz kann im Rahmen der Cartesischen Lehren auf zwei Weisen wörtlich wahr sein: (1) wenn *i* die Idee eines Bilds ist (in dieser Lesart ergibt sich die wörtliche Wahrheit des Satzes aus der oben dargestellten Lehre zur objektiven Realität von Ideen); (2) wenn *i* ein Hirnzustand mit einer gewissen kausalen Rolle ist. Daß Ideen immaterielle Bildchen im Geist seien, ist den Cartesischen Lehren nicht zu entnehmen. Über die heute übliche Alternative: »Entweder bildliches oder propositionales Repräsentationsmedium« setzt sich Descartes mit größter Selbstverständlichkeit hinweg. Seine Ideen sind weder mentale Bilder noch Sätze einer Sprache des Geistes, vielmehr ist es charakteristisch für sie, daß sie bildartige und satzartige repräsentationale Eigenschaften in einem haben.

XII. Immanente Schwierigkeiten der Cartesischen Ideenlehre

Descartes' Ideenlehre ist differenzierter und fremdartiger, als sie in den meisten Interpretationen dargestellt wird. Sie ist viel differenzierter als die oberflächliche Verzerrung, die wir in Kennys Darstellung vorfinden. Sie ist so fremdartig, daß selbst ein sorgfältiger Interpret wie Yolton es einfach nicht übers Herz bringt, Descartes die Auffassung zuzuschreiben, daß Ideen repräsentierte Dinge im Geist sind.[78]

Zum Abschluß möchte ich versuchen, durch Hinweis auf einige hervorstechende Schwierigkeiten eine vorläufige Diagnose dafür zu geben, was an der Cartesischen Lehre eigentlich so verwirrend ist.

1. *Der metaphysische Seiltanz auf der Trennlinie zwischen Körper und Geist.* – Einerseits sind Ideen etwas Geistiges, andererseits sind sie – zumindest im Falle von Ideen der sinnlichen Wahrnehmung usw. – auch Hirngeschehnisse. Descartes versucht mit Hilfe des Ideenbegriffs also, wie es scheint, diese beiden seines Erachtens gänzlich distinkten Bereiche begrifflich in eins zu nehmen. Dies hat zu Fehldeutungen wie der von Smith[79] geführt, wonach die *materialiter* betrachtete Idee nichts anderes sei als das Hirngeschehnis und die *obiective* betrachtete Idee das kognitive Bewußtsein von einem solchen Hirngeschehnis. Eine funktionalistisch inspirierte Deutung paßt besser. Descartes kann man in diesem Punkt z. B. folgendermaßen verstehen: Wenn ein Hirngeschehnis eine bestimmte funktionale Rolle spielt (zu der insbesondere gehört, daß gewisse Geistesaktivitäten ausgelöst werden), dann ist es ipso facto eine Idee. Qua Hirngeschehnis ist diese Idee etwas Körperliches; da dies körperliche Ereignis jedoch nur dank gewisser mit ihm funktional zusammenhängender Geistestätigkeiten eine Idee ist, hat es

[78] Er läßt dies als eine »*wildly impossible view*« einfach beiseite. Vgl. John W. Yolton, *Perceptual Acquaintance from Locke to Reid* (Oxford 1984), S. 38.

[79] Vgl. Norman Kemp Smith, a.a.O., S. 148 ff. und S. 223. – Diese Auffassung ist unhaltbar, weil sie zur Folge hat, daß die »*materialiter/obiective*«-Unterscheidung auf Ideen des reinen Intellekts nicht anwendbar wäre. Descartes macht sie aber (man möchte fast sagen: insbesondere) für die Gottesidee geltend.

einen gewissen Sinn, auch diese Idee dem Bereich des Geistigen zuzurechnen. Auf diese Weise läßt sich erklären, wieso Descartes einerseits auf der Geistigkeit von Ideen insistieren kann, andererseits aber auch Hirngeschehnisse als Ideen bezeichnet.

Gerade im Falle solch körperlicher Ideen kann die Idee nicht mit dem Akt ihrer Perzeption identifiziert werden. Die körperliche Idee selbst läßt demnach keine verschiedenen Betrachtungsweisen zu, sondern nur ihre gewissermaßen geistige Seite: der Akt des Intellekts, der auf die körperliche Idee gerichtet ist. Letztlich liegt in diesen Fällen eine *Dreideutigkeit des Ideenbegriffs* vor. Wenn sich der Geist zum Beispiel die Sonne bildlich vorstellt, so findet der Cartesische Ideenbegriff dreierlei Anwendung: erstens auf das körperliche Vorstellungsbild von der Sonne, das ein Hirngeschehnis an der Zirbeldrüse ist; zweitens auf den geistigen Akt der Perzeption, der auf dies körperliche Bild gerichtet ist [*idea materialiter sumpta*]; drittens auf »die gedachte Sache, sofern sie *obiective* im Intellekt ist« (AT VII 102).

2. *Die ungewöhnliche Mehrdeutigkeit des Wortes »idea«.* – So, wie ich die Dinge bislang dargestellt habe, muß es sich bei der Mehrdeutigkeit des Wortes »*idea*« um eine ganz besondere Form der Mehrdeutigkeit handeln. *Landläufige Mehrdeutigkeit* liegt nur da vor, wo (a) entweder ein Wort zweierlei gänzlich unverwandten Sinn hat (»Schein«: *beschriebenes Papier* und *Beleuchtung*) oder wo (b) das Wort zweierlei verwandten Sinn hat (»Haferkleie ist gesund« und »Harvey ist gesund« sind Sätze, die das Wort »gesund« in verwandtem, aber nicht demselben Sinn enthalten). Diese beiden Typen von Mehrdeutigkeit sind uns seit Aristoteles vertraut,[80] den ersten Typus bezeichnet er als Homonymie und auch mit der Wendung τὸ πολλαχῶς λεγόμενον, über den zweiten Typ spricht er als τὸ πρὸς ἕν λεγόμενον. Der Unterschied zwi-

[80] Vgl. z. B. *Metaphysik*, Γ 2. 1003 a 34 ff.

schen (a) und (b) ist natürlich durch die Quinesche Planierwalze bedroht, aber Grices neuerliche Verteidigung des Unterschieds darf uns für sie hoffen lassen.[81]

Doch gleichgültig, ob mehr als eine Form landläufiger Mehrdeutigkeit sprachphilosophisch aufrechtzuerhalten ist, eines bleibt: Landläufige Mehrdeutigkeit liegt nur da vor, wo ein Wort zweierlei Bezug aufweist. (Die Extensionen der beiden Lesarten von »Schein« und von »gesund« sind gewiß verschieden.) *Ungewöhnliche Mehrdeutigkeit* liegt vor, wo ein Wort zweierlei Sinn, aber ein und denselben Bezug in seinen verschiedenen Lesarten hat. Frege vermutet solcherlei Mehrdeutigkeit bei Eigennamen wie »Dr. Gustav Lauben«; zwei Sprecher können mit ein und demselben Eigennamen verschiedenen Sinn verbinden, aber dennoch über dieselbe Person reden. (Übrigens möchte Frege selbst derlei offenbar gar nicht als einen Fall von Mehrdeutigkeit betrachten, denn er merkt an, daß die beiden Sprecher dann, »soweit der Eigenname ›Dr. Gustav Lauben‹ in Betracht kommt, nicht dieselbe Sprache« sprächen.)[82]

Es liegt m. E. auf der Hand, daß Descartes, wenn er von der *aequivocatio in voce ideae* spricht, keinen der beiden erwähnten Typen landläufiger Mehrdeutigkeit im Auge haben kann. Denn wenn »*idea*« tatsächlich zweierlei verschiedene Bezugsobjekte hätte, dann wäre es von Descartes mehr als nur kavaliersmäßige Nonchalance, an fast allen Stellen auf eine Klärung des jeweils vorliegenden Sinns zu verzichten. Zudem ist es völlig unglaubhaft, daß jemand den zentralen Terminus technicus seiner Lehre absichtlich als Homonym (oder von einer Mehrdeutigkeit des zweiten landläufigen Typs behaftet) konzipiert.

Bei der von Descartes erwähnten Mehrdeutigkeit handelt es sich also um eine aus der Familie der ungewöhnlichen.

[81] Paul Grice, Aristotle on the Multiplicity of Being. In: *Pacific Philosophical Quarterly* 69 (1988), S. 175–200.

[82] G. Frege, a.a.O., S. 349.

Das Wort »Idee« hat in seiner materiellen und in seiner objektiven Lesart denselben Bezug.[83] Es regt sich die Frage, was für einen Unterschied Descartes selbst zwischen der Idee_m und der Idee_o als einschlägig betrachtet hat oder hätte. Chappell unterstellt, es müsse sich wohl um einen Vernunftsunterschied [*distinctio rationis*] handeln.[84] Wenn man allerdings den Wortlaut der Cartesischen Erläuterungen in den *Principia* I, § 62 heranzieht, dann kann man hier nicht einmal vom Vorliegen eines Vernunftsunterschiedes sprechen. Denn von solch einem Vernunftsunterschied spricht Descartes überhaupt nur im Hinblick auf einen der beiden folgenden Fälle: wenn es, erstens, um den Unterschied zwischen einer Substanz und einem ihrer Attribute geht, oder wenn es, zweitens, um den Unterschied zwischen zwei Attributen einer einzelnen Substanz geht. Der Unterschied zwischen Idee_m und Idee_o ist nicht von einer dieser beiden Arten. Er fällt ganz aus dem Rahmen.

3. *Die Unbegreiflichkeit der Idee selbst.* – Das Verwirrendste am Cartesischen Ideenbegriff ist wohl dies: Es soll etwas (»die Idee von *x*«) geben, das zugleich *x*, in einer sei's auch minderwertigen Seinsform, und ein Geisteszustand ist. In diesem Punkt ist die Cartesische Lehre nicht zu retten, denn gänzlich Verschiedenartiges wird hier zum selben erklärt. Das Bild von Harvey ist nicht Harvey in einer sei's auch minderwertigen Seinsform; und deshalb versagt in diesem Punkt auch Descartes' sonst oft so suggestiver Vergleich von Ideen mit Bildern.

[83] Monte L. Cook (The Alleged Ambiguity of ›*Idea*‹ in Descartes' Philosophy, in: *Southwestern Journal of Philosophy 6* (1975), S. 92/93) zieht daraus den Schluß, daß es sich gar nicht um eine Mehrdeutigkeit des Wortes »*idea*« handele.

[84] V. Chappell, a.a.O., S. 193.

4. *Das Primat des inneren Repräsentats.* – Die Idee eines Hasen zeigt dem Geist einen Hasen, gleichgültig ob sich unter den Gegenständen der Außenwelt Hasen befinden. Dieser Hase-im-Intellekt macht das Wesen des Hasen aus (falls es wirklich Hasen gibt).[85] Die Idee und das von ihr Gezeigte – ihr Repräsentat$_1$ – sind nicht auf die Existenz einer außergeistigen Sache – eines Repräsentats$_2$ – angewiesen. (Die Gottesidee ist natürlich eine Ausnahme.) In gewissem Sinne zumindest ist aber offenbar das äußere Repräsentat einer Idee auf das Vorhandensein des inneren angewiesen. Denn die Frage, ob es *x* gibt, setzt für Descartes eine Antwort auf die Frage, was *x* sei, voraus.[86]

Diese Dinge sind bei Descartes viel verzwickter, als ich sie hier dargestellt habe. Er hat z. B. die sehr bemerkenswerte Auffassung, daß eine fiktive Idee (Beispiel: Idee einer Chimäre) ein Repräsentat$_1$ hat, bei dem aber nicht einmal unterstellt werden kann, es gebe dazu ein Repräsentat$_2$.[87] Doch es wäre ein Fehler, dies sozusagen modern zu lesen, etwa als einen Hinweis auf eine Kausaltheorie der Repräsentation$_2$, womöglich in der Manier einer Kausaltheorie für Eigennamen einer öffentlichen Sprache, wie Kripke sie angedeutet hat.[88]

Vieles spricht dafür, daß Descartes der Kausalbeziehung zwischen außenweltlicher Sache und Idee eine wesentlich andersartige semantische Rolle zugedacht hat, als heutige Kausaltheoretiker Entsprechendes zu tun geneigt wären. Vereinfacht und überspitzt formuliert, besagt die Cartesische Lehre: »Die Idee legt fest, was als ihr äußeres Reprä-

[85] Vgl. AT V 164.

[86] Vgl. AT VII 107/108, wo dies als ein Gesetz der wahren Logik bezeichnet wird.

[87] Vgl. AT VII 383.

[88] Siehe Saul Kripke, *Naming and Necessity* (Cambridge, Mass. 1980); zu Kripkes Argumenten gegen die Möglichkeit der Existenz fiktiver Entitäten siehe insbesondere die dritte seiner in diesem Buch publizierten Vorlesungen.

sentat gelten darf, und wenn alles ordentlich vor sich geht, dann ist die Ursache der Idee auch ihr äußeres Repräsentat«. Nicht weniger plump zugespitzt, besagen die einschlägigen Lehren unserer Tage: »Die äußere Ursache des Geisteszustands legt fest, was als dessen Inhalt gelten darf«. – Es kommt mir hier nur darauf an, die Gegenläufigkeit der Festlegungsrichtung hervorzuheben: bei Descartes sozusagen von innen nach außen; heutzutage wird die entgegengesetzte Richtung bevorzugt.

5. *Der Cartesische Repräsentationalismus.* – Nicht viel jünger als die Cartesische Philosophie selbst ist die bis auf den heutigen Tag diskutierte Frage, ob Descartes eine repräsentationalistische Ideen-Theorie vertreten hat oder nicht. Wenigstens zwei Fragen sollten dabei auseinandergehalten werden. Zum einen die ontologische Frage: Gehört es zur Cartesischen Lehre, daß es geistige Einzeldinge gibt, denen es wesentlich ist, etwas zu repräsentieren? Zum andern die wahrnehmungstheoretische Frage: Gehört es zur Cartesischen Lehre, daß die eigentlichen Objekte der Wahrnehmung unweigerlich – mithin auch im Falle der Wahrnehmung äußerer Gegenstände – Ideen sind?

Die erste Frage muß mit einem Ja beantwortet werden. Descartes hat die Auffassung vertreten, daß Ideen intrinsisch repräsentational und daß sie Sachen im Geist sind.[89] Dies ist eine schwer verständliche Lehre – in ihren Einzelheiten, wie ich zu zeigen versucht habe, noch schwerer zu verstehen, als gemeinhin angenommen wird –, aber unbestreitbar ist es ein Bestandteil der Cartesischen Lehre.[90]

[89] Es gehört allerdings nicht zu seiner Lehre, daß Ideen, *insofern* sie repräsentational sind, auch Sachen im Geist sind (oder umgekehrt). Als Tätigkeiten des Intellekts sind sie intrinsisch repräsentational$_1$; als Sachen im Geist repräsentieren sie nicht. Arnauld hat also, in gewissem Sinne, doch recht.

[90] Zwar möchte ich hier die Cartesischen Auffassungen darstellen und nicht kritisieren, aber es fiele mir doch zu schwer, ganz zu verschweigen,

Auch ist schwer zu sehen, wie sich eine bejahende Antwort auf die zweite Frage vermeiden ließe. Noch in den *Passions de l'Ame* entwickelt Descartes ganz unverdrossen folgendes Schema: Sache außerhalb des Geistes bewirkt Bewegung der äußeren Sinnesorgane des Denkers; Bewegung wird via Nerven ins Hirn übermittelt; Hirnbewegung löst Empfindung des Geistes aus; Geist bezieht Empfindung auf Sache außerhalb.[91]

Descartes ist ein Repräsentationalist wie aus dem Bilderbuch. Er lehrt, daß es Dinge im Geist gibt, die (auch bei der Wahrnehmung äußerer Gegenstände) unmittelbar perzipiert werden. Daß er diese Dinge im Geist mit Perzeptionsakten identifiziert – worauf einige seiner Interpreten von Arnauld bis Yolton zu Recht hinweisen –, ist nichts weiter als eine sozusagen nominalistische Pointe. Und die betrifft ausschließlich das, was ich oben die Ontologie der Angelegenheit genannt habe. Ontologisch betrachtet sind Ideen keine Substanzen; ihnen fehlt die für Substanzen charakteristische Unangewiesenheit auf anderes; sie bedürfen eines Geistes, »in dem« sie sind. Mithin sind sie – ontologisch betrachtet –

welchen Grund Descartes meiner Vermutung nach hatte, auf eine derart eigentümliche Lehre zu verfallen. Descartes ist, kurz gesagt, einer subtilen Mehrdeutigkeit des Repräsentationsbegriffs aufgesessen. Als Repräsentation bezeichnen wir ja sowohl den Gegenstand, der repräsentiert (z. B. die Landkarte), als auch die eigentümliche Leistung des Repräsentierens (z. B. das Darstellen eines Landes). Descartes war sich sicher darüber im klaren, daß dies trotz seines innigen Zusammenhangs verschiedenerlei ist, und vermutlich spürte er, daß in seinem Ideenbegriff beides ineinander verschwimmt. Mit seiner Unterscheidung zwischen *materialiter* und *obiective* betrachteter Idee verfehlt er jedoch das Wesen seiner Schwierigkeit und schafft sich damit statt dessen neue Probleme. Worauf er mit »*idea obiective sumpta*« eigentlich abzielt – nämlich auf die Repräsentationsleistung –, das ist etwas von kategorial so vollständig anderm Zuschnitt als Repraesentans und Repraesentatum, daß beide seiner Erläuterungen – und zwar sowohl »Idee (in einer bestimmten Betrachtungsweise)«, als auch »Ding-im-Geist« – nur in die Irre führen.

[91] Siehe insb. Art. 23 (AT XI 346).

Modi. Doch die Ontologie ist nicht das philosophisch Erhebliche an dieser Angelegenheit.

Descartes macht dies in seinem Brief an Regius vom Juni 1642 (im Zusammenhang einer Verteidigung seines Gottesbeweises aus der *Dritten Meditation*) überaus deutlich:

> … es muß beachtet werden, daß es nicht um das Wesen der Idee geht, wonach sie ja nur ein x-beliebiger Modus ist, der im menschlichen Geist existiert …, sondern um die objektive Perfektion der Idee … (AT III 566)

Im Anschluß an diese Bemerkung bemüht er wieder den Vergleich von Ideen mit Bildern. Angenommen, so argumentiert Descartes sinngemäß, einer käme daher und sagte, jeder könne so gut malen wie Apelles, weil Bilder letztlich ja nichts anderes seien als Farbkleckszusammenstellungen. So einem sei Folgendes zu entgegnen: Einfach nur eine x-beliebige Farbzusammenstellung ist nicht das, worauf es uns in diesem Zusammenhang ankommt; wenn wir ein Bild des Apelles betrachten, geht es uns dabei vielmehr um die Farbzusammenstellung als eine, die zum Zwecke der ähnlichen Darstellung von Sachen geschaffen wurde.[92]

In meinen Worten gesprochen, will Descartes hier offenkundig darauf hinaus, daß alle Malerei – unter einer ontologischen Betrachtungsweise dieser Angelegenheit – nur Farbkleckserei ist, daß diese Betrachtungsweise aber nicht das an der Malerei betrifft, was uns an ihr interessiert. Ontologisch betrachtet – als schierer Kleckser – mag es wohl sein, daß keiner dem Apelles nachsteht. Die Meisterschaft des Apelles liegt darin, daß er mit Farbkleckszusammenstellungen Sachen zum Verwechseln ähnlich darstellt. Davon ist in der Ontologie der Malerei keine Rede. In der Ontologie der Malerei geht es um etwas anderes als das, was uns an einem Bild wichtig ist; genauso ist in der Ontologie der

[92] AT III 567.

Ideenperzeption ausgespart, was uns an einer Idee wichtig ist.

Descartes ist ein Bilderbuch-Repräsentationalist, aber er versucht dabei zugleich, jedem ontologischen Inflationismus zu entrinnen. Ontologisch gesehen, ist eine Idee keine dritte Substanz, die es noch zusätzlich zum Geist und zum Körper gibt. Dennoch, es bleibt dabei, daß im Hinblick auf die Psychologie der Angelegenheit Ideen gerade Substanzen-im-Geist sind. In seiner Ontologie zum Begriff »Idee« ist Descartes deflationär gestimmt: keine dritten Substanzen. In seiner diesbezüglichen Psychologie macht er jedoch einen Unterschied zwischen der Idee_m und der Idee_o. Zwar ist in der Ontologie kein Platz für diesen Unterschied, philosophisch ist er aber unverzichtbar.

Ob es letztlich gut ausgehen kann, einer Unterscheidung philosophische Wichtigkeit beizulegen, für die man in der Ontologie keinen Unterschied bereitstellen mag, das sei dahingestellt.

Wie dem auch sei. Anders als Platon (als Malebranche, als Frege, ...) bringt Descartes jedenfalls keine zugleich unkörperlichen und außergeistigen Entitäten ins Spiel, um seine Geschichte der Wahrnehmung zu erzählen. Und dennoch zieht er – anders als Berkeley und Hume – keine flagrant immaterialistischen und skeptizistischen Konsequenzen aus seinem Repräsentationalismus. War er weniger scharfsinnig als die beiden? Daran lag es gewiß nicht. Eher schon daran, daß er keinerlei Ähnlichkeitstheorie der Repräsentation vertrat (wie Berkeley) und daß er (anders als Hume) über einen Beweis der Existenz eines guten Gottes zu verfügen glaubte.

6. *Das Verhältnis von Idee und Gedanke.* – Hier gilt es, so denke ich, verschiedene Fälle auseinanderzuhalten. Im einfachsten Fall – wenn es sich um einen Gedanken handelt, der keine Aktivität des Willens involviert – ist ein Gedanke nichts als

die Perzeption einer Idee. Die Perzeption einer Idee ist identisch mit der entsprechenden Idee$_m$.[93] Also ist im einfachsten Fall ein Gedanke nichts von einer Idee$_m$ Unterschiedenes.

Wird eine Idee hingegen ›objektiv‹ betrachtet, so wird sie nicht als Gedanke betrachtet. Gedanken sind für Descartes immer als Tätigkeiten des Geistes definiert (vgl. z. B. AT VII 160 und VIII 7). Dafür spricht auch, daß Descartes für den Begriff des Gedankens keine Unterscheidung vorsieht, die der zwischen ›objektiver‹ und ›materialer‹ Betrachtungsweise von Ideen entspräche.[94] In seinen *Dritten Erwiderungen* weist Descartes ausdrücklich darauf hin, daß er den Ausdruck »*cogitatio*« in dreierlei Weise verwendet: »gelegentlich für eine Tätigkeit [*pro actione*], gelegentlich für eine Fähigkeit, gelegentlich für die Sache, in der die Fähigkeit ist« (AT VII 174). »*Cogitatio*« bezeichnet also manchmal den Denkvorgang, manchmal den Denkmodus (Intellekt, Wille usw.) und manchmal das Denken schlechthin (d. h. den Geist). Keine Rede davon, daß damit manchmal auch die durch den Denkvorgang repräsentierte Sache (oder dergleichen) bezeichnet würde.

Damit haben wir eine Erläuterung für ⟨5⟩ an der Hand. Eine Idee, *materialiter* betrachtet, ist selbst schon ein Gedanke – im einfachsten Fall eines Gedankens, d. h. in dem Fall, in dem der Gedanke nichts weiter involviert als eine Tätigkeit des Intellekts. In den weniger einfachen Fällen gehört zum Gedanken auch noch etwas anderes, etwa eine Willenstätigkeit oder eine bestimmte Form der Interaktion von

[93] Descartes sagt dies, soweit ich sehe, nirgends ausdrücklich. Aber es folgt ja daraus, daß jede Tätigkeit des Intellekts eine Perzeption ist und jede Perzeption die einer Idee ist. Wenn eine Idee, materialiter betrachtet, eine Tätigkeit des Intellekts ist, dann ist sie demnach eine Perzeption.

[94] Jedenfalls nicht in seinen publizierten Schriften. Im oben erwähnten Brief an *** (AT IV 350) spricht er allerdings auch von »*cogitationes … obiective sumptae*«. Es ist nicht auszuschließen, daß er hier eine von seinem Adressaten eingeführte Redeweise aufgreift.

Intellekt und Zirbeldrüse (wie beim Erinnern, bildlichen Vorstellen und dergleichen). Es liegt nahe anzunehmen, daß unser geheimnisvolles ⟨6⟩ (»Ideen sind Formen von Gedanken«) es mit dem allgemeinen Fall zu tun hat. Und zwar liegt dies deshalb nahe, weil ⟨6⟩ ja in der allgemeinen Definition des Ideenbegriffs auftaucht, in der von den Formen beliebiger Gedanken die Rede ist.

7. *Was soll in der offiziellen Definition eigentlich definiert werden?* – Nach all dem hier Gesagten drängt sich die Frage auf: Ist das Definiendum der offiziellen Definition die Idee, *materialiter* betrachtet, oder die Idee, *obiective* betrachtet, oder die Idee, sowohl-als-auch betrachtet, oder die Idee im strengen Sinn, oder …?

Ich vermute, Descartes möchte »Idee« im weitesten Sinn dieses Worts, den er ihm gibt, definieren. Und dazu gehört jedenfalls »alles, was unmittelbar vom Geist perzipiert wird« (AT VII 181). Dieser weiteste Sinn deckt jedoch eine höchst uneinheitliche Ansammlung von Phänomenen ab.

Zum ersten sind da die Ideen, die »eigentlich diese Bezeichnung verdienen« (AT VII 37). Diese Ideen im strengen Sinn sind Tätigkeiten des Intellekts, die etwas repräsentieren$_1$. Weil sie das tun, sind sie wie Bilder von Dingen. Sie lassen sich ›*obiective*‹ und ›*materialiter*‹ betrachten. In der zweiten Betrachtungsweise ist solch eine Idee ein Perzeptionsakt ihrer selbst (und damit der einfachste Fall eines Gedankens).

Zum zweiten sind da die Bewegungen an (oder Figuren auf) der Zirbeldrüse. Sie werden unmittelbar vom Geist perzipiert, sind aber selbst keine Tätigkeiten des Intellekts, mithin keine Perzeptionen. Sie lassen keine unterschiedlichen Betrachtungsweisen zu. Descartes bezeichnet sie häufig als Ideen, gelegentlich versagt er ihnen aber auch diese Bezeichnung; wie dieser m. E. nur scheinbare Widerspruch aufzulösen sein könnte, habe ich oben dargelegt.

Zum dritten sind da die nicht-intellektiven Geistestätigkeiten, wie das Wollen, Fürchten, Bejahen und dergleichen.

In der *Dritten Meditation* unterscheidet Descartes sie terminologisch von den Ideen im strengen Sinn und spricht über sie als »andere Formen [von Gedanken]«. An anderer Stelle (*Dritte Erwiderungen*) bezeichnet er auch sie als Ideen, und zwar mit folgender Begründung: »Wenn ich etwas will oder fürchte, so wird dieser Wunsch bzw. diese Furcht von mir zu den Ideen gezählt, denn ich perzipiere ja *zugleich*, daß ich etwas will bzw. fürchte«.[95] Allemal sind diese Geistestätigkeiten Gedanken, und ganz allgemein gilt ja: »Wir können keinen Gedanken in uns haben, dessen wir uns nicht *in dem Augenblick, in dem er in uns ist*, bewußt wären«.[96] Offenbar werden also auch die nicht-intellektiven Geistestätigkeiten unmittelbar perzipiert, sind dem Geist jedenfalls unmittelbar bewußt. Descartes scheint sich nicht ganz schlüssig, wie er hier am liebsten reden möchte. Soll er diese Tätigkeiten als Ideen bezeichnen, die perzipiert werden? Oder soll er sie lieber Gedanken nennen, deren wir uns bewußt sind? In der Sache jedoch macht das wohl keinen nennenswerten Unterschied – zumindest nicht für einen Philosophen, der ohnehin mit völliger Selbstverständlichkeit »*cogitatio*«, »*perceptio*« und »*conscientia*« als Synonyme verwendet.[97] Kurz, auch die nicht-intellektiven Geistestätigkeiten haben Anspruch auf die Bezeichnung »Idee«. Sie unterscheiden sich aber von Ideen im strengen Sinne darin, daß sie nicht dem Bild einer Sache gleichen. Betrachten wir ein Beispiel: einen Gedanken, der eine Furcht vor Harvey ist. Solch ein Gedanke umfaßt für Descartes eine Idee von Harvey und noch »eine andere Form«. Diese andere Form, der Furcht-Anteil dieses Gedankens, repräsentiert nichts – weder im ersten noch im zweiten Sinn des Wortes »repräsentieren«.

[95] AT VII 181 (meine Hervorhebung); dies Zitat schließt unmittelbar an das Zitat (9) auf S. 41 an.

[96] AT VII 246 (meine Hervorhebung).

[97] AT VII 176. Siehe dazu auch Kapitel 5, insb. S. 221 ff.

Die Tätigkeiten des Intellekts spielen dabei in mehr als einer Hinsicht eine Sonderrolle. Sie sind, erstens, nicht nur die Perzepte, sondern zugleich die Perzeptionen; sie lassen, zweitens, als einzige der drei eine ›objektive‹ Betrachtungsweise zu und können mithin als Dinge im Geist aufgefaßt werden; und (deshalb) sind sie, drittens, Ideen in einem ausgezeichneten Sinn.[98]

Diese drei Arten von Phänomenen machen die Extension des Definiendums der offiziellen Definition aus. Dafür möchte Descartes mit seiner Definition eine einheitliche Charakterisierung geben.

XIII. »*Forma cogitationis*«: ein Ausdruck der Verlegenheit

Für Kraut und Rüben gibt es aber keine schöne einheitliche Charakterisierung. Ein und dasselbe Wort beherzt zur Bezeichnung von verschiedenerlei Phänomenen verwenden, das ist eines – und ein vergleichsweise leichtes. Eine aufschlußreiche Gemeinsamkeit dieser Phänomene spezifizieren, das ist ein anderes – und ein sehr schwieriges, wenn dies vermittels einer bündigen Definition geschehen soll. Für Descartes waren die (von ihm vermuteten) Geschehnisse an der Zirbeldrüse, die Tätigkeiten des Intellekts und solche des Willens natürlich nicht wie Kraut und Rüben. Vielmehr hoffte er, sie vermittels seiner physiologischen und psychologischen Theorien als aufs innigste miteinander verknüpft erweisen zu können.

[98] Wenn Ideen des zweiten und dritten Typs dem Geist nicht wesentlich sind, Tätigkeiten des Intellekts hingegen schon, so gäbe es einen weiteren Sinn, in dem die letzteren ausgezeichnet sind. Daß der Intellekt für Descartes tatsächlich das einzige wesentliche Vermögen des Geistes ist, habe ich in Kapitel 3 zu begründen versucht. Vgl. S. 131 f.

In der offiziellen Definition kann Descartes jedoch keine derartige Theorie heranziehen. Denn es geht im Anhang an die *Zweiten Erwiderungen* ja darum, einen Gottesbeweis zu führen, und der soll natürlich nicht auf die Richtigkeit psychologischer oder physiologischer Theorien angewiesen sein. Das macht die ohnehin schwierige Aufgabe, eine Definition zu geben, die jene verschiedenartigen Phänomene erfaßt, für Descartes an dieser Stelle zu einer so besonders argen Verlegenheit. Das unbefriedigende Ergebnis des Versuchs, sich dieser Verlegenheit zu entwinden, ist die offizielle Definition:

> Unter Idee verstehe ich diejenige Form jedes beliebigen Gedankens, durch deren unmittelbare Perzeption ich mir dieses Gedankens bewußt bin.

Descartes befindet sich an dieser Stelle, auch in rein terminologischer Hinsicht, in einer gewissen Verlegenheit. Welchen Ausdruck kann er überhaupt im Definiens als Bezeichnung des einschlägigen Genus verwenden? »Gedanke« ist zu allgemein, denn nicht jede Idee ist ein Gedanke. (Das Bejahen z. B. möchte Descartes ja auch eine Idee nennen, aber es wäre – ohne jedwede hinzutretende Idee im strengen Sinn – noch kein Gedanke.) Was er hier braucht, das ist ein Ausdruck, dessen Sinn weiter ist als der von »Idee« und enger als der von »Gedanke«. Er wählt den Ausdruck »*forma cogitationis*« – eine Phrase ohne erklärende Kraft, die niemals in seine Theorie des Geistes eingebettet wird; deutlicher als auf ihr Denotat weist sie auf die Mißlichkeit der begrifflichen Situation hin.

Womöglich gibt es eine Erklärung dafür, wie Descartes gerade auf das Wort »*forma*« verfallen ist. Schauen wir zurück auf das Schatzkästlein der Begriffe, die Descartes vor den *Meditationen* mit dem der Idee in innigen Sinnzusammenhang gebracht hat. Soweit ich sehe, sind dies drei: »*figura*«, »*imago*«,

»*forma*«.[99] Der Terminus »*figura*« wird zwar, wie oben dargelegt, von Descartes denkbar allgemein verwandt und käme also prinzipiell in Frage. Aber er war vorbelastet durch seine frühere Verwendung, in der er sich allein auf körperliche Ideen bezog. Das Wort »*imago*« ist ungeeignet, weil es unerwünschte ähnlichkeitstheoretische Assoziationen hervorzurufen angetan ist; ohnehin paßt es nicht auf den dritten Typus von Phänomenen, die Descartes unter die Ideen rechnet: die nicht-intellektiven Geistestätigkeiten. – Allein »*forma*« ist blaß und nichtssagend genug. »*Forma*« kann alles heißen, was es heißen soll.

XIV. Schluß

Descartes inutile et incertain.
Blaise Pascal

Die drei Fragen, die ich eingangs dieses Kapitels erwähnt habe, lassen sich in aller Kürze folgendermaßen beantworten:

– *Was Ideen sind.* In der objektiven Betrachtungsweise, die nur bei Ideen im strikten Sinn möglich ist, sind sie die unmittelbaren Objekte geistiger Aktivitäten. In der materialen Betrachtungsweise sind sie nichts anderes als diese Aktivitäten selbst. Sie sind weder geistige Bilder, noch Wörter oder Sätze, sondern etwas ganz Einzigartiges, das repräsentationale Eigenschaften hat, die einerseits den Vergleich mit Bildern nahelegen, andererseits aber auch den mit sprachlichen Zeichen. Es gibt materielle Ideen; sie lassen sich mit gewissem Recht als Vehikel geistiger Aktivitäten bezeichnen.

[99] In den *Regulae*: »*figura vel idea*« (AT X 414); im *Traité de l'Homme* (AT XI 176/177) werden Ideen charakterisiert als Figuren eines gewissen Schlags, und zwar als »*formes ou images*«.

- *Was Ideen repräsentieren.* Im Normalfall (d. h. im Fall einer Idee mit außenweltlichem Repräsentat$_2$) gilt: Eine Idee, *materialiter* betrachtet, repräsentiert ihren Inhalt (und das heißt: sich selbst, ›*obiective*‹ betrachtet); die *formaliter* betrachtete Idee repräsentiert diejenige außergeistige Sache, durch die sie mittelbar veranlaßt worden ist. – Nicht alle Ideen im strikten Sinne repräsentieren außergeistige Sachen (Phantomschmerz); nicht alle Ideen repräsentieren Sachen (Idee eines Modus). Ob die Ideen, die zu Gedanken mit nicht-intellektiven Anteilen gehören, überhaupt etwas repräsentieren, ist nicht klar.
- *Wie Ideen repräsentieren.* Da es zwei Repräsentationsbeziehungen gibt, gibt es auf diese Frage auch zwei Antworten. Die innere Repräsentation (»Repräsentation$_1$«) gehört zum Wesen der Idee; Gott hat festgelegt, was die Idee$_m$ dem Geist als ihren Inhalt zeigt. Die äußere Repräsentation (»Repräsentation$_2$«) ist parasitär gegenüber der inneren; durch das innere Repräsentat ist festgelegt, welches Glied der externen Kausalkette das Repräsentat$_2$ der Idee ist.

Descartes' Begriff der Idee ist ein durch und durch problematisches Konstrukt. Die Crux mit der Cartesischen Ideenlehre ist nicht, daß in ihr ein philosophisch letztlich doch brauchbarer Begriff mit theoretischen Lasten überfrachtet würde, von denen man ihn befreien könnte, um dann gedeihlicheren Gebrauch von ihm zu machen. Das Angeborene, das Klare, das Deutliche – und das Ungeheure, was dies im Rahmen der Cartesischen Philosophie leisten soll – all diese theoretischen Mühlsteine, die Descartes seinem Begriff noch anhängt, waren in der vorliegenden Untersuchung von ihm abgenommen. Doch auch davon befreit, erweist er sich als ein innerlich disparater Begriff, dem darüber hinaus eine bizarre Metaphysik der mentalen Repräsentation eingewoben ist.

2. »Ich denke, also bin ich«

»*Cogito ergo sum*« steht in den Cartesischen *Meditationen* höchstens zwischen den Zeilen. Was dort genau steht, ist unklar und umstritten. Irgendeinen Schluß – wenn auch keinen syllogistischen – vom Denken aufs Sein zieht der Denker jedenfalls in der *Zweiten Meditation.* Ich nenne diesen Schluß CES und werde versuchen herauszubekommen, worin er im einzelnen besteht. Dabei mache ich einige interpretatorische Grundannahmen, die sich in der zeitgenössischen Diskussion gelegentlich des Schmuckes des Epithetons »naiv« erfreuen. Sie führen mich zu einem Ergebnis, das ein wenig bizarr und exegetisch fragwürdig wirken mag. Denn gemäß diesem Ergebnis hat der Denker, wenn er sich in CES ergeht, einen Gedanken, der sich auf sich selbst bezieht. Doch es mag zumindest an einer Stelle bei Descartes so scheinen, als wolle er sogar schon die Möglichkeit von Gedanken über Gedanken in Abrede stellen. Wenn dem so wäre, dann ginge meine Deutung ohnehin an der Cartesischen Lehre vorbei. Deshalb gehe ich vorab kurz darauf ein.

Hobbes bemerkt am Ende seines zweiten Einwands, es führe in einen unendlichen Regreß, wenn die Gewißheit des »*Ego cogito*« von einem andern Gedanken hergeleitet werde, und er läßt in diesem Zusammenhang einfließen, es sei völlig unmöglich zu denken, daß man (gegenwärtig) denkt. In seiner Replik darauf verwahrt sich Descartes gegen die Unterstellung, er sei der Auffassung, daß ein Gedanke das Subjekt eines andern Gedanken sein könne [... *unam cogitationem ... posse esse subjectum alterius cogitationis*].[1]

[1] AT VII 172 ff. – Eine naheliegende Fehldeutung dieser Stelle findet sich bei E. M. Curley, *Descartes Against the Skeptics*, Cambridge, Mass. 1978, S. 182 f. Curley bietet für diese Stelle zwei Lesarten an. Nach der einen sagt Descartes hier, daß niemand Gedanken höherer Stufe für möglich hält. Nach der andern will er hier sagen, daß allein Hobbes solche Gedanken für unmöglich hält. Die erste Lesart ist inhaltlich heikel: Descartes selbst ist, so Curley, ein Gegenbeispiel. Die zweite Lesart ist heikel, weil

Hobbes' Hinweis auf den drohenden Regreß geht an Descartes' Auffassungen vorbei. Der Denker bedarf, nach Descartes, keines anderen Gedankens, durch den ihm sein Gedanke, daß er (jetzt) denkt, erst gewiß würde. Die Gewißheit des »*Ego cogito*« ist eine von denen, die aus dem Bewußtsein kommen. (Wie solche Gewißheiten »funktionieren«, wird in Abschnitt 11 des 5. Kapitels dargestellt.)

Als zweiten Einwand verficht Hobbes hier die noch wildere These, daß Gedanken über Gedanken unmöglich sind. Gemäß dieser These ließe sich beispielsweise der wörtliche Inhalt von »Ich denke, daß es regnet« gar nicht denken, oder man hätte damit denselben Gedanken, wie wenn man denkt, daß es regnet. Für Descartes hingegen ist es selbstverständlich, daß Gedanken von anderen Gedanken handeln können; beim reflektierenden Denken geschieht das unweigerlich.

Doch Descartes' Bemerkung – ein Gedanke könne nicht das Subjekt eines andern Gedanken sein – bezieht sich gar nicht auf diese beiden Einwände von Hobbes, die er einfach übergeht. Descartes stellt mit seiner Bemerkung vielmehr nur fest, daß er nicht auf die Position festgelegt sei, Gedanken könnten Gedanken haben. Diese wahrlich abwegige Position wird ihm von Hobbes eingangs des zweiten Einwands eher andeutungsweise zugeschrieben. Descartes scheint sich demnach an dieser Stelle nicht der Auffassung Hobbes' anschließen zu wollen, es lasse sich nicht denken, daß man (gegenwärtig) denkt; vielmehr will er hier offenbar bloß unterstreichen, daß Gedanken nicht die Sachen sind, die Gedanken haben. Und dazu steht die im Folgenden entwickelte Deutung freilich nicht im Widerspruch. – Nun zur Sache:

sie Descartes eine sehr unbeholfene Ausdrucksweise unterstellt. – Beide Lesarten sind m. E. falsch, wie das Folgende zeigen soll.

Interpretatorische Annahmen

(1) CES ist ein Schluß.
(2) Die Prämisse ist dem Denker gewiß. (Denn mit CES will sich der Denker seiner Existenz vergewissern, und zwar dadurch, daß er aus der Gewißheit der Prämisse die Gewißheit der Konklusion gewinnt.)
(3) In der Prämisse geht es darum, daß er denkt.
(4) In der Konklusion geht es darum, daß er existiert.
(5) Daß er die Gewißheit seiner Existenz gerade aus dem Denken gewinnt, ebnet ihm den argumentativen Weg dazu, das Denken als etwas für ihn Wesentliches aufzufassen.

Der Inhalt der Konklusion

Der vollständige Inhalt der Konklusion lautet: »Ich existiere«; was daran fragwürdig sein mag – etwa, was Existenz hier überhaupt sein soll –, ist im gegebenen Zusammenhang nicht von Belang.

Der Inhalt der Prämisse

»Ich denke« ist nicht der Ausdruck eines vollständigen Gedankens. Denn »Ich denke« ist nicht weniger elliptisch als »Ich verlange«. Zum Denken gehört wesentlich, daß etwas gedacht wird. Und was der Cartesische Denker an der entscheidenden Stelle in der *Zweiten Meditation* denkt, soll gewiß sein können. Mithin muß es wahrheitsfähig sein: der Inhalt eines hinsichtlich seiner Wahrheit beurteilbaren Satzes. Bei Descartes ist »denken« ein (wenigstens) zweistelliges Prädikat, an dessen erste Stelle die Bezeichnung für etwas tritt, das Gedanken hat. Die zweite (bzw. eine weitere) Stelle spezifiziert Vorstellungen [*ideae*]. »*Idea*« ist, wie wir in Kapitel

1 gesehen haben, ein entmutigend schillernder Begriff bei Descartes. *Ideae* sind gleichsam Bilder (von wirklichen oder bloß eingebildeten Dingen), sie sind Begriffe (als Inhalte von Wörtern), Propositionen (als Inhalte von Sätzen) und auch etwas von der Art der Empfindungen (soweit sie rein seelische Geschehnisse sind). Sie sind Vorgänge und Fähigkeiten. – Eine terminologisch säuberliche Unterscheidung zwischen a) einem psychischen Träger des Gedankens (etwa einem Satzvorkommnis des Typs »Es regnet« in der *lingua mentis*), b) einem außerpsychischen, abstrakten Gehalt des Gedankens (etwa einem Gedanken, daß es regnet, im Sinne Freges), c) einem außerpsychischen, konkreten Bezug des Gedankens (etwa einem raumzeitlich lokalisierbaren Regenschauer), d) der stillen Überzeugung, daß es regne, und e) dem sprachlich kundgetanen Urteil, daß es regnet – eine säuberliche Unterscheidung zwischen all dem findet sich natürlich nicht bei Descartes. Descartes hat keine für heutige Standards befriedigende Theorie des Inhalts von Denken und Sprache: zu vieles verschwimmt im Begriff »*idea*«.

Doch aus dieser Vieldeutigkeit entsteht kein Einwand gegen die These, daß das, was der Denker denkt, wenn er (in der *Zweiten Meditation*) denkt, daß er denkt, der Inhalt eines wahrheitswertdefiniten Satzes ist, und daß »Ich denke« kein solcher Satz ist.

Die Frage bleibt: Was denkt der Denker, wenn er denkt, daß er denkt? Ausgehend von Stellen in der *Zweiten Meditation* möchte ich nun versuchen, auf diese Frage nach dem vollständigen Inhalt der Prämisse von CES eine Antwort zu finden, die im Einklang mit den interpretatorischen Annahmen ist. Dabei ist es mir nicht um eine Analyse der Argumentationsstruktur zu tun, die zu CES hinführt, sondern nur um die Formulierungen, die sich im Text als Kandidaten für CES finden.

I

Erster Versuch

»Sicherlich war ich, wenn ich mir etwas eingeredet habe«, schreibt Descartes (AT VII 25). Der Schluß

Ich habe mir etwas eingeredet.
___
Ich war.

ist natürlich nicht CES. Die Prämisse ist nicht (ausnehmend) gewiß, die Konklusion hat ein falsches Tempus, und in der Prämisse geht es ja überhaupt nicht darum, daß ich (jetzt) denke. Und wenn wir dem letztgenannten Übel abhelfen wollten, so ergäbe sich auch nichts, was uns weiterhilft:

Ich denke, daß ich mir etwas eingeredet habe.
___
Ich war./Ich denke, daß ich war.

Nun geht es in der Prämisse zwar darum, daß ich etwas denke, aber die Konklusion ist – in beiden Varianten – nicht die gewünschte.

Zweiter Versuch

Wenige Zeilen später schreibt Descartes: »Niemals wird er es jedoch erreichen, daß ich nichts bin, solange ich denken werde, daß ich etwas bin.«[2] Auch dies ist nicht CES:

[2] Das ist eigentlich nicht einmal ein Kandidat für CES. Denn obwohl sich Descartes hier im Tempus Futur (»*cogitabo*«) ausdrückt, formuliert er damit offensichtlich ein zeitloses Prinzip: »Wann immer ich denke, ich sei

Ich werde denken, daß ich etwas bin.

Ich werde etwas sein.

Der Prämisse fehlt die Gewißheit und der Konklusion das rechte Tempus.

Im ersten und zweiten Versuch handelt es sich noch nicht um CES. Doch haben die gültigen Schlüsse, die sich anbieten, eine Funktion: Sie sind »warm ups« – Übungen, durch die unser Verständnis darauf eingestimmt werden soll, die eigentliche Leistung glatt zu bewältigen. Durch Lockerungsübungen in der Vergangenheits- und der Zukunftsform sind wir nun auf die entscheidende Anspannung im Präsens vorbereitet.

Descartes schreibt (AT VII 25): »Nachdem alles übergenug erwogen wurde, ist nun endgültig festzuhalten, daß dieser Grundsatz ›Ich bin‹, ›Ich existiere‹ – wann immer ich ihn ausspreche oder im Geiste erfasse – unweigerlich [*necessario*] wahr ist.« – Damit haben wir immer noch nicht CES. Das Zitat gibt uns, für sich selbst genommen, überhaupt keinen Schluß an, sondern ist eine metasprachliche Feststellung über den Satz »Ich bin« (beziehungsweise, wenn wir ganz penibel sein wollten, über den Satz »*Ego sum*«). Doch schon im nächsten Satz nimmt der Denker seine Existenz als zweifelsfrei bewiesen an. CES, der Schluß vom Denken aufs Sein, wird also zwischen den gerade zitierten und den folgenden Zeilen der *Meditationen* gezogen. Ihn zu ziehen, bleibt dem Leser überlassen. Das letzte Zitat soll ihm offenbar alles dazu Nötige an die Hand geben.

Der für den Cartesischen Denker wesentliche Gehalt dieses Zitats läßt sich so zusammenfassen:

etwas, bin ich etwas.« Der zweite Versuch ist eigentlich gar keiner und wird hier nur aus expositorischen Gründen gemacht.

(0) Der Gedanke »*Ego sum*« ist unweigerlich wahr, wenn ich ihn habe.

Auf (das Haben von) Gedanken können wir uns deshalb beschränken, weil zum Aussprechen eines Satzes ja ein Körper gehört, dessen Vorhandensein der Denker an dieser Stelle in Zweifel zieht; und zwischen den Anführungszeichen habe ich es beim Lateinischen belassen, um die Metasprachlichkeit von (0) augenfälliger zu machen. Wozu führt uns (0)?

Dritter Versuch

(1) Ich habe den Gedanken »*Ego sum*«.

---

(2) Der Gedanke »*Ego sum*« ist wahr. [aus (0) und (1)]

(*E*) Ich existiere.

Demgemäß stellt (1) den Inhalt des Gedankens dar, den der Denker hat, wenn er denkt, was er denkt. Dieser Inhalt ist im Lichte der Interpretationsvoraussetzungen passend, die Konklusion ist genau die angestrebte, der Schluß ist gültig, das Tempus stimmt überall. Dennoch fällt es schwer, im dritten Versuch CES zu erblicken.

Etwas daran gibt zu denken: und zwar, wie hier die logische Verbindung zwischen der Prämisse (1) und der Konklusion

(*E*) Ich existiere

dargestellt ist. Nämlich auf recht gewundenem Weg, wobei nicht das – in technischem Sinn – *benutzte* »ich« aus Prämisse (1) die Schlüsselrolle spielt, sondern das – wiederum technisch gesprochen – *erwähnte »ego«*. Deswegen bedarf es ja der

Prämisse (0) und des Zwischenschrittes (2), um zur Konklusion (*E*) zu gelangen.

Am dritten Versuch stört die Metasprachlichkeit. Sie stört, weil sie Umstände schafft, auch inhaltlicher Art.[3] Und sie stört, nebenbei bemerkt, auch stilistisch: Der Denker scheint sich hier nicht in semantischen Raffinessen ergehen zu wollen, deren Witz es ist, den Inhalt der Konklusion, metasprachlich verpackt, erst einmal in die Prämisse zu schieben, um ihn dann unter dem Schlußstrich wieder auszuwickeln. – Lassen wir also die Metasprachlichkeit beiseite.

Vierter Versuch

(*D*) Ich habe den Gedanken, daß ich existiere.

(*E*) Ich existiere.

Dieser Kandidat für CES erfüllt offensichtlich die ersten vier Interpretationsvoraussetzungen, und in ihm ist berücksichtigt, daß Descartes an der entscheidenden Stelle, mit (0), den Charakter von »*Ego sum*« als einer pragmatischen Tautologie ins Spiel bringt.[4] So weit, so gut.

[3] Denn (0) ist – so wie es dasteht – alles andere denn gewiß. Der Satz »*Ego sum*« ist ja nur dann unweigerlich wahr, wenn ich ihn in der richtigen Bedeutung denke. Angenommen, wir betrachten die mögliche Sprache, in der »*Ego sum*« bedeutet, daß man seine Fäustlinge des Winters nicht vergessen soll. Dann wäre (0) falsch. Und jedenfalls ist (2) nur gewiß, wenn auch gewiß ist, daß »*Ego sum*« in (1) in passendem Sinn verstanden wird. Die Schwierigkeit dabei ist, daß uns mit »*Ego sum*« nicht der Inhalt eines Gedankens, sondern sozusagen nur die formale Beschaffenheit eines Gedankenträgers angegeben wird, wobei der Inhalt, den er trägt, offenbleibt.

[4] Ob (0), strenggenommen, überhaupt auf die Prämisse des vierten Versuchs anwendbar ist, ist bestreitbar. Denn – so mag eingewandt werden – wenn der Denker (*D*) denkt, hat er nicht den Gedanken, daß er existiert. Wenn wir die Indexikalität von »ich« einmal außer acht lassen, so

Im vierten Versuch kommen zwei miteinander verflochtene Aspekte von Descartes' Argument zusammen vor: die Selbstbewahrheitung des speziellen Gedankens, daß ich existiere, und die Folgerbarkeit meiner Existenz aus dem Umstand, daß ich überhaupt etwas denke. Der Schluß ist gleichsam doppelt gemoppelt. Folgende Frage mag – trotz ihres dubiosen Klanges – klarmachen, was ich damit meine. Wird der Schluß vorne oder hinten aus der Prämisse gezogen: aus dem »Ich habe den Gedanken ...« des Matrixsatzes oder aus dem eingebetteten »Ich existiere«? Beides scheint für sich genommen auszureichen. Wenn wir uns auf den eingebetteten Teil beschränken und die Matrix so variieren, daß kein »ich« mehr darin auftaucht, dann bleibt der Schluß dennoch gültig. Denn auch ein Gedanke wie

Harvey denkt, daß ich existiere

könnte man in Anlehnung an Freges Terminologie sagen: Beim Denken (des Daß-Satzes) der Prämisse erfaßt der Denker nicht den *Sinn von »Ich existiere«*, sondern den *Sinn von »Der Gedanke, daß ich existiere«*. Der erste Sinn *ist* ein Gedanke, der zweite ist keiner, sondern hat einen Gedanken bloß als Bezug.

Eine Alternative zu dieser fregoid hypotaktischen Auffassung von (*D*) bestünde darin, in (*D*) gleichsam zwei Gedanken in einem zu erblicken, also (*E*) als einen eigenen Gedanken in (*D*) zu begreifen. Gemäß solch einer parataktischen Auffassung wäre der Gedanke

(*N*) Ich habe nicht den Gedanken, daß ich existiere

selbstwidersprüchlich oder sinnlos. (*N*) zu denken, hieße ipso facto auch, den Gedanken (*E*) zu haben – und gerade das wird ja mit (*N*) verneint.

Aus dieser alternativen Auffassung ergibt sich ein deutlicher begrifflicher Unterschied zwischen Denken und Urteilen (*cogitare/iudicare*). Das Prädikat »Ich denke, daß –« ergibt bei jeder beliebigen kategorial angemessenen Einsetzung einen wahren Gedanken; seine Negation, »Ich denke nicht, daß –«, ergibt bei keiner solchen Einsetzung einen wahren Gedanken. Hingegen ist »Ich urteile, daß –« in seiner nichtperformativen Bedeutung bei jeder Einsetzung der Bezeichnung eines nicht für wahr gehaltenen Gedankens falsch (und bei allen andern Einsetzungen wahr); und »Ich urteile nicht, daß –« ist bei jeder Einsetzung eines nicht für wahr gehaltenen Gedankens wahr (und bei allen andern Einsetzungen falsch).

impliziert meine Existenz. (Allerdings taugt dies nicht mehr als Prämisse für CES, denn dieser Gedanke ist nicht gewiß.) – Wenn wir uns auf die Matrix beschränken und die Einbettung »ich«-los machen, wie in

> Ich denke, daß man des Winters seine Fäustlinge nicht vergessen soll,

so folgt daraus ebenfalls meine Existenz, auch ohne daß von ihr (explizit) die Rede ist.

Die Prämisse des vierten Versuchs läßt sich also (topikalisiert) lesen als

(D_1) Ich habe den Gedanken, daß *ich existiere*

und als

(D_2) *Ich habe den Gedanken, daß* ich existiere.

(D_1) rückt die eingebettete pragmatische Tautologie in den Vordergrund, (D_2) das bloße Denken. Für (D_1) scheint zu sprechen, daß Descartes an der entscheidenden Stelle, als letztes Wort zum Schluß, den Hinweis darauf ins Spiel bringt, daß »*Ego sum*« eine pragmatische Tautologie ist.

Dennoch will ich im Folgenden von (D_2) ausgehen, und zwar aus folgenden Gründen. Erstens kann »Ich existiere« in der Prämisse nicht die Gewißheitslast tragen. Die Gewißheit der Prämisse kommt vom (eigenen) Denken, und sie wird an die als noch nicht gewiß erfaßte Konklusion weitergegeben – das ist der Witz von CES. Hingegen kann, zweitens, »Ich habe den Gedanken, daß …« diese Last auch mit einer anderen Ergänzung als der durch »Ich existiere« tragen und dennoch die gewünschte Konklusion ergeben. Und drittens zielt CES, was auch immer dieser Schluß sei, offenbar auf einen sehr allgemeinen Zusammenhang von Denken und Sein ab, dem keine einzelne spezifische Ergänzung von »Ich habe den Gedanken, daß …« völlig gerecht wird.

II

Wie auch immer das Prädikat »Ich habe den Gedanken, daß …« durch Einfügung einer beliebigen Bezeichnung eines vollständigen Inhalts zu einem Ausdruck eines Gedankens komplettiert wird: Der vom Ergebnis einer solchen Einfügung ausgedrückte Gedanke impliziert, daß ich existiere. Halten wir diese Banalität folgendermaßen fest:

Ich habe einen Gedanken.

Ich existiere.

Die Prämisse lautet, ausführlicher formuliert:

(*G*) Es gibt einen Gedanken, den ich (jetzt) habe.

Das ist ein vollständiger Gedanke, aus dem folgt, daß ich existiere. Aber ist (*G*) gewiß? Daß (*G*) gewiß ist, kann zweierlei heißen:

(a) Es ist gewiß, daß es einen Gedanken γ gibt, so daß der Denker (jetzt) γ hat.

(b) Es gibt einen Gedanken γ, so daß gewiß ist, daß der Denker (jetzt) γ hat.

Gewiß im ersten Sinne wäre (*G*) dem Denker schon dann, wenn er wüßte, daß er unentwegt denkt. Diese allgemeine Einsicht würde ihn der Spezifizierung eines bestimmten Gedankens entheben, den er (jetzt) hat, um Gewißheit über (*G*) zu erlangen. Aber noch weiß der Cartesische Denker nicht, daß er unentwegt denkt; er weiß noch nicht, daß Denken sein wesentliches Attribut ist. Die Gewißheit von (*G*) muß von der zweiten, stärkeren Art sein. Damit dem

Denker (*G*) gewiß ist, muß es einen Gedanken geben, von dem ihm gewiß ist, daß er gerade ihn (jetzt) hat. Er muß, gewissermaßen, einen Gedanken zur Hand haben, auf den deutend er sagen kann »Den habe ich jetzt«.

(*G*) selbst läßt sich nun in zwei Weisen fassen. In seiner hausbackenen Auffassung wird (*G*) dadurch wahr, daß ich einen *andern* Gedanken habe: etwa einen über meine Existenz

(*E*) Ich existiere

oder einen über Fäustlinge

(*F*) Man soll des Winters seine Fäustlinge nicht vergessen.

Damit (*G*), hausbacken gefaßt, gewiß ist, muß mir – während oder indem ich (*G*) habe – gewiß sein, daß ich einen andern Gedanken – z. B. (*E*) oder (*F*) – auch habe. Denn wenn ich keinen solchen andern Gedanken habe, ist (*G*) falsch, und wenn mir nicht gewiß ist, daß ich einen solchen weiteren Gedanken habe, ist mir (*G*) nicht gewiß. Gewiß soll (*G*) aber nach Interpretationsvoraussetzung sein, um die Prämisse von CES abgeben zu können.

In der hausbackenen Auffassung kann (*G*) dem Denker nicht gewiß im Sinne der Lesart (b) sein. Denn aus Descartes' Erläuterung zur Klarheit&Deutlichkeit ergibt sich, daß immer nur der Gedanke gewiß sein kann, der gerade im Zentrum der Aufmerksamkeit steht.[5] Wenn (*G*) dort steht –

[5] Vgl. *Principia Philosophiae* I, § 45 (AT VIII 22). – Descartes bemerkt gegenüber Burman (AT V 148) zwar, daß man zugleich mehreres *denken* kann; aber es scheint mit seinen Erläuterungen unverträglich, daß man zugleich mehrere Gedanken *klar&deutlich* haben kann. Zudem ist die Reichweite der Bemerkung gegenüber Burman unklar: Descartes sagt, der Geist könne zwar zugleich mehr als eine Sache begreifen, aber nicht viele; so denke er jetzt zugleich, daß er spreche und esse [*jam ego … cogito simul me loqui et me edere*]. Diese Stelle ist nicht klar. Eine Deutung ist, daß man

und das muß auf jeden Fall so sein, damit (*G*) dem Denker gewiß ist –, so kann nicht (*E*), (*F*) oder sonst irgendein anderer Gedanke dort stehen. Doch nur, wenn auch ein anderer Gedanke dort stünde, könnte (*G*) – hausbacken gefaßt – gewiß sein.

Der eine Weg aus dieser Lage führt zurück zum vierten Versuch: (*G*) mit einem andern Gedanken zu verschmelzen. Wenn wir zu diesem Zwecke (*E*) heranziehen, so ergibt sich wiederum die Prämisse des vierten Versuchs:

Ich habe den Gedanken, daß ich existiere.

Ein anderer Weg eröffnet sich, wenn wir bemerken, daß sich von (*G*) das Hausbackene abstreifen läßt. Dies ist möglich, weil (*G*) keines andern Gedankens bedarf, um wahr zu sein: (*G*) wird ja u.a. auch gerade dadurch wahr, daß ich (*G*) habe. Dieser selbstbewahrheitende Charakter von (*G*) läßt sich mit

(*G**) Ich habe diesen Gedanken

zugleich zwar mehr als einen Gedanken haben kann, aber nicht so viele, daß sie die Bezeichnung »viele« verdienten. Für plausibler halte ich folgende Deutung: Man kann zwar jeweils nur einen einzigen Gedanken haben, aber der kann in einer Weise komplex sein, daß er zugleich von mehreren Dingen handelt: beispielsweise von meinem Reden und von meinem Essen. Der Sinn der Cartesischen Bemerkung wäre demnach, daß nicht nur aussagenlogisch atomare Sätze einzelne Gedanken ausdrükken, sondern auch aussagenlogisch komplexe Sätze. Diese zweite Interpretation ist also verträglich mit der These, daß man jeweils nur einen Gedanken haben kann – der allerdings komplex sein mag – und niemals zwei zugleich.

Selbst wenn die Deutung zuträfe, daß man mehrere Gedanken zugleich *haben* kann, bliebe es dennoch mit den Erläuterungen in den *Prinzipien* unvereinbar, daß man mehrere Gedanken zugleich *klar&deutlich* haben kann.

explizit machen, wenn dies als der Ausdruck eines selbstbezüglichen Gedankens aufgefaßt wird. Das Demonstrativum in (*G**) ist also so zu verstehen, daß es gerade auf den von (*G**) bezeichneten Gedanken verweist.

Fünfter Versuch

Ich habe diesen Gedanken.

Ich existiere.

Angesichts dieser Prämisse stellen sich viele brisante Fragen, nicht zuletzt die, ob sie überhaupt einen Gedanken ausdrückt. Diese Fragen möchte ich ausklammern und fürs folgende dem Gedankengang zuliebe unterstellen, (*G**) drücke tatsächlich einen trotz seiner Selbstbezüglichkeit rechtschaffenen Gedanken aus. Dann ist (*G**) als Prämisse in Ordnung, was die Erfüllung der Interpretationsvoraussetzungen angeht: aus ihr folgt die Konklusion; sie ist gewiß; und darüber hinaus ist sie in einer furiosen Weise gewiß: sie hat außerhalb ihrer selbst – so könnte man sagen – keine weiteren Gewißheitsvoraussetzungen. All ihre Gewißheit steckt in ihr selbst. Sie zu erfassen heißt, ihre Wahrheit und ihre Gewißheit einzusehen. Keine »weitere Erkenntnistat« (wie Frege sagen würde) muß hinzutreten, um ihre Wahrheit einzusehen; und darum ist sie gewiß. Nennen wir diesen Aspekt *evidente Wahrheitsautonomie*. Die Wahrheitsautonomie von (*G**) besteht darin, daß (*G**) sich gewissermaßen ganz aus eigener Kraft selbst bewahrheitet. Nicht alle pragmatischen Tautologien bewahrheiten sich in dieser Weise selbst.

(*E*) Ich existiere

beispielsweise tut das nicht. Denn etwas, das von (*E*) nicht beinhaltet wird, spielt noch zusätzlich hinein, wenn die unfehlbare Wahrheit von (*E*) eingesehen wird, und zwar: daß (*E*) von mir gedacht wird. Daß (*E*) von mir gedacht wird, ist kein Teil des Inhalts von (*E*); aber daß (*G**) von mir gedacht wird, ist Teil des Inhalts von (*G**). Und mehr als dies braucht es nicht, um die Wahrheit von (*G**) einzusehen. Eine Art Grenzfall stellt

(*G*) Ich habe einen Gedanken

dar. Denn der Aspekt der Selbstbewahrheitung mag einem, der (*G*) hat und korrekt erfaßt, entschlüpfen.[6] Zur Kennzeichnung dieses Unterschieds könnte man (*G*) als *implizit wahrheitsautonom* bezeichnen.

Evidente Wahrheitsautonomie liefert den höchsten Standard für Gewißheit, den wir uns bloß denken können. Normalerweise treffen wir Wahrheitsautonomie nur bei Tautologien an. Doch (*G**) – »Ich habe diesen Gedanken« – ist keine Tautologie. Ich könnte ganz andere Gedanken haben, was sich nicht zuletzt daran zeigt, daß ich normalerweise ganz andere Gedanken habe. (Auch wenn jeder Gedanke, den ich habe, immer der Gedanke ist, den ich habe.)

Als logisches Faszinosum von CES ergibt sich hier, daß die Prämisse zugleich kontingent und in höchstem Maße gewiß ist. Kein sog. »performativer« Aspekt[7] von CES ist der entscheidende logische Dreh daran, sondern – im Lichte

[6] Ganz analog mag jemandem entgehen, daß der Satz

(*S*) Es gibt Sätze, die aus genau neun Wörtern bestehen

sich selbst bewahrheitet, ohne daß er dabei einen Fehler begeht; bei dem Satz

(*S**) Dieser Satz hier besteht aus genau acht Wörtern

ist dies ausgeschlossen. In dieser Hinsicht gleicht (*G*) dem Satz (*S*), und (*G**) dem Satz (*S**).

[7] Vgl. J. Hintikka, »*Cogito Ergo Sum:* Inference or Performance?«, in: W. Doney (ed.): *Descartes: A Collection of Critical Essays.* London 1968, S. 108–139.

dieser Deutung – eine noch extremere Form der Selbstbewahrheitung, die aus expliziter Selbstbezüglichkeit gewonnen ist: evidente Wahrheitsautonomie.

III

In der Situation, in die der Denker sich durch seinen Grossen Zweifel laviert hat, steht es ihm nicht mehr offen, das Wörtchen »ich« in der Prämisse (*G**) auf vertraute Weisen zu verstehen, mit denen wir seinen Bezug gemeinhin erläutern würden. Es stellt sich die Frage: Wie bezeichnet »ich« in der Prämisse des fünften Versuchs das, was auch immer es bezeichnet, angesichts dessen, daß die Prämisse dem Denker (der in seinem ungemein großen Zweifel befangen ist) gewiß sein soll?

Mit dieser Frage ziele ich nicht unterschwellig auf eine Kritik am Unternehmen des Großen Zweifels. Geläufige Einwände gegen Descartes besagen ja, daß sich so exzessiv (wie Descartes zumindest vorgibt, es zu tun) gar nicht zweifeln lasse, denn es ergäben sich daraus tiefreichende begriffliche Ungereimtheiten für den Denker, die letztlich dazu führten, daß seine »innere Semantik« zusammenbräche: er könne dann seine eigenen Gedanken nicht mehr verstehen. – Derartiges möchte ich hier ganz außer acht lassen. Zugunsten des weiteren Gedankengangs sei einmal unterstellt, es gehe – wenn es zu CES kommt – begrifflich kohärent zu: der Denker verfüge über hinreichend klare Begriffe des Denkens, der Existenz (und der logischen Folgerung). Mehr sei dazu nicht gesagt. Und das Folgende soll ergeben, was der Denker an dieser Stelle mit »ich« meinen müßte.

Descartes benutzt »ich« in den *Meditationen* bis zu diesem Punkt so unverfroren gewöhnlich, daß es nicht unverfroren ist, wesentliche Aspekte des gewöhnlichen Gebrauchs von »ich« hervorzuheben und sie auch im Rahmen von CES als gültig anzunehmen. Wann immer »ich« von jemandem benutzt wird, gilt:

(a) Wenn »ich« sich irgendworauf bezieht, dann auf genau ein Individuum (»ich« ist ein singulärer Term).

(b) Der denotative Mechanismus von »ich« garantiert, daß »ich« sich auf etwas Existierendes bezieht.

Wegen der Ungewißheit alles Außergeistigen darf der denotative Mechanismus in beiden Fällen nichts Außergeistiges ins Spiel kommen lassen. Eine Kennzeichnung wie »der erste Gedanke, den ich je in einer Münchner Bar hatte« bezeichnet zwar etwas Geistiges, aber sie tut es mit Rekurs auf Außergeistiges. Es kommt hier, bei CES, nicht darauf an, daß »ich« sich auf etwas Geistiges bezieht; denn sonst wäre ja schon von vornherein ausgemacht, was Descartes erst nach CES einsieht: nämlich daß »ich« etwas Geistiges bezeichnet. Vielmehr kommt es hier darauf an, daß in die Art der Bezugnahme von »ich« nichts Außergeistiges hereinspielt. Aus dem Großen Zweifel ergibt sich also die zusätzliche Bedingung:

(c) Der denotative Mechanismus von »ich« darf nicht auf Außergeistiges (oder sonstwie Ungewisses) zurückgreifen.

Was über »ich« in (*G**) zu sagen ist, soll also den Bedingungen (a) – (c) genügen; zudem soll die Wahrheitsautonomie von (*G**) gewahrt bleiben. Welche Möglichkeiten kommen überhaupt in Frage? – Einige fallen jedenfalls weg:

(1) »Ich« kann kein gewöhnlicher Eigenname sein und sein Denotat nicht in der Manier eines gewöhnlichen Eigennamens für Personen bezeichnen. »Ich« hat einen

andern denotativen Mechanismus als »Renatus Des-Cartes«, auch wenn Descartes der Denker ist. Denn »Renatus Des-Cartes« hat Identifikationsbedingungen seines Trägers, die dem Zweifler (dem Denker) nicht – und erst recht nicht mit Gewißheit – zugänglich sind (Geburt, christliche Taufe auf einen Namen, Eintragung ins amtliche Register, ...). – Als gewöhnlicher Eigenname verstieße »ich« gegen die Bedingungen (b) und (c); auch die Wahrheitsautonomie von (*G**) bliebe nicht erhalten.

(2) »Ich« kann keine (Abkürzung für eine) Kennzeichnung, »der Φ« sein, wobei Φ eine Eigenschaft ist, von der dem Denker nicht gewiß ist, ob er sie hat. »Ich« bezeichnet sein Denotat nicht so, wie etwa »der Autor der *Regulae*« sein Denotat bezeichnet. – Diese Möglichkeit verstieße gegen Bedingung (c) und zerstörte die Wahrheitsautonomie von (*G**).

(3) »Ich« kann kein sog. Faulheitspronomen sein, das einfach einem Eigennamen oder einer Kennzeichnung hinterherhinkt, falls dieser Eigenname bzw. diese Kennzeichnung vom in (1) oder (2) erwähnten Schlag ist. Auch alle andern Pronomina – mit der Ausnahme der Demonstrativpronomina – verweisen letztlich auf vorgängige nicht-pronominale Bezugnahme. Demonstrativpronomina fasse ich als elliptische, kontextabhängige Kennzeichnungen auf. – Die Kategorie der Pronomina liefert also keine endgültige Antwort auf die Frage nach dem denotativen Mechanismus von »ich«.

(4) »Ich« ist nicht synkategorematisch. – Die gegenteilige Annahme wäre sicherlich nicht leicht mit den genannten Auflagen in Einklang zu bringen. Zudem ist sie

ohnehin abwegig angesichts des Fortgangs von Descartes' Überlegungen, in denen er für »ich« deutlich genug einen eigenständigen Inhalt annimmt.

Ich unterstelle, daß hiermit die einschlägigen, aus der gewöhnlichen Sprache geläufigen Modelle für die denotative Funktion von »ich« erschöpft sind. Am Ende bleiben nur die beiden Möglichkeiten:

(5) »ich« ist ein ungewöhnlicher Eigenname (das soll hier besagen: einer, der denotativ anders funktioniert als gewöhnliche Eigennamen für Personen);

(6) »ich« funktioniert denotativ wie eine Kennzeichnung, »der Ψ«, wobei Ψ eine Eigenschaft ist, von der dem Denker gewiß ist, daß er sie besitzt.

(5) und (6) stünden in keinem nennenswerten Gegensatz zueinander, wenn »ich« ein Eigenname wäre, dessen denotativer Mechanismus sich von einer Kennzeichnung der in (6) genannten Art angeben ließe. (5) ist nur dann ein echter Konkurrent von (6), wenn (5) zutrifft, ohne daß (6) zutrifft: und das heißt, wenn der Eigenname, der »ich« dann wäre, sich (bei seiner Verwendung) auf das bezieht, worauf er sich bezieht, ohne daß es eine Kennzeichnung – »der Ψ« – gibt (die der Verwender uns, bzw. sich selbst, angeben könnte), durch die spezifiziert wird, wie »ich« sich auf das bezieht, worauf es sich bezieht.

Nennen wir einen Eigennamen *außergewöhnlich*, wenn sein Benutzer sich mit ihm auf das Denotat beziehen kann, obwohl es keine dem Benutzer verfügbare Kennzeichnung gibt, mit der er das Denotat korrekt spezifizieren könnte. Ein außergewöhnlicher Eigenname hat, so könnte man sagen, für seinen Benutzer keinen kennzeichenbaren Sinn. (5) und (6) wären nur dann unterschiedliche Erläuterungen des denotativen Mechanismus von »ich«, wenn die Ungewöhnlichkeit des Eigennamens, von der in (5) die Rede ist, in seiner Außergewöhnlichkeit bestünde.

In der öffentlich und gemeinsam benutzten Sprache gibt es außergewöhnliche Eigennamen in Hülle und Fülle. Jedenfalls behaupten das die, die sich Kripkes Argumenten anschließen, aus denen angeblich folgt, daß die Eigennamen einer öffentlichen und gemeinsam benutzten Sprache starre Designatoren sind. Ich will hier keinen Streit über Kripkes These vom Zaun brechen, sondern nur kurz darlegen, daß sie im Falle des Cartesischen Denkers nicht weiterhilft.

Denn der für den gegebenen Zusammenhang bedeutsame Witz von Kripkes Auffassung ist folgender: Einer kann mit einem Eigennamen, etwa »David Byrne«, über das Denotat dieses Namens sprechen, auch wenn er – beim besten Willen und Können – über nichts verfügt, womit er David Byrne kennzeichnen könnte. Er spricht mit dem Namen dennoch über jenen Dichter, weil andere da sind, die die Verbindung zwischen Namen und Träger für ihn bereits mitbesorgt haben. »*With a little help from his friends*« klinkt sich ein diesbezüglich epistemisch minderbemittelter Sprecher in Praktiken ein, durch die der Bezug des Namens auf sein Denotat bereits anderweitig etabliert ist.

Man mag Kripkes Bild akzeptieren oder nicht, allemal hilft es dem Denker in der epistemisch angespannten Lage nicht weiter, in der er sich in der *Zweiten Meditation* befindet. Er hat sich dort epistemisch ganz auf sich selbst gestellt. (Und wir lassen hier unentwegt die Frage beiseite, wie klug – auch wie philosophisch klug – es ist, so etwas zu tun.) Jedenfalls kann der Denker nicht auf die Hilfe seiner Freunde rechnen, wenn es darum geht, wie seine Wörter (oder Ideen) ihre Denotate festlegen. Seine Freunde hat er nämlich, mit der restlichen Außenwelt, hinweggezweifelt. Er kann an dieser Stelle nicht einmal mit der Möglichkeit liebäugeln, daß jemand anders die Art des Bezugnehmens für ihn erledigt oder ihm dabei zur Hand geht.

Dann – unter diesen Extrembedingungen der *Zweiten Meditation* – kann der Denker gemäß seinen eigenen Ansprüchen keinen außergewöhnlichen Eigennamen für sich geltend machen. Außergewöhnliche Eigennamen bedürfen des Beistands außenweltlich vorhandener Bezugsschaffer, die epistemisch besser dran sind, was die Verbindung von Namen und Denotat angeht, als der Verwender des außergewöhnlichen Namens selbst. So etwas ist in der *Zweiten Meditation* nicht verfügbar. Mithin sind für den Cartesischen Denker hier keine außergewöhnlichen Eigennamen verfügbar.

Also liefert (6) die Antwort auf die Frage nach der denotativen Funktionsweise von »ich« in CES: »ich« bezeichnet hier sein Denotat so, wie eine Kennzeichnung das tut (die allerdings den angeführten Bedingungen genügen muß).

Exkurs: Semantischer und kognitiver Gehalt von »ich«

Bevor ich mich der Frage zuwende, welche Kennzeichnung in diesen Zusammenhang paßt, möchte ich einer naheliegenden Fehldeutung dieses Zwischenergebnisses vorbeugen und zugleich für meine bedauerlich gewundene Rede vom »denotativen Funktionieren« bzw. »denotativen Mechanismus« die Nachsicht des Lesers erlangen. Denn es galt, das Wort »Bedeutung« zu vermeiden. Und zwar aus folgenden Gründen:

Das in (6) festgehaltene Ergebnis besagt nicht, daß »ich« in (*G**) semantisch gesehen eine (abgekürzte) Kennzeichnung ist. Gäbe die gesuchte Kennzeichnung, »der Ψ«, die Bedeutung – den *semantischen Gehalt* – von »ich« an, dann wären die beiden Ausdrücke (»ich« und »der Ψ«) strikt synonym. »Ich bin (der) Ψ« wäre dann eine metaphysisch notwendige Wahrheit und Ψ unweigerlich die wesentliche Eigenschaft[8] dessen, der »ich« benutzt. Mithin wäre dann dem Denker bei jeder »aufmerksamen« semantisch korrekten Verwendung von »ich« unweigerlich bewußt, daß Ψ seine wesentliche Eigenschaft ist.

Doch das darf nicht sein. Denn Descartes hält es auch nach CES – dem Schluß auf seine eigene Existenz – noch für eine offene Frage, wer bzw. was er ist: welches seine wesentliche Eigenschaft ist. In CES geht also keine Annahme – und auch kein semantisches Postulat – über das Wesen des Denkers mit ein. *Daß* ich bin, ist mit CES bewiesen; nicht aber, *was* ich bin. Daraus erwächst eine delikate Schwierigkeit, die sich, in überspitzter Formulierung, wie ein Dilemma ausnimmt: Einerseits soll die Prämisse von CES dem Denker ja in höchstem Maße gewiß sein; andererseits soll aber das Wort (die Idee) »ich« in der Prämisse für den Denker ohne Bedeutung sein. (*G**) mit einem bedeutungslosen »ich« – ein leerer Gedanke.

Auch das darf nicht sein. »Ich« darf in CES zwar keine Bedeutung im Sinne eines semantischen Gehalts haben; es bedarf aber einer irgendwie gearteten Bedeutung von »ich«, damit (*G**) überhaupt ein Gedanke ist.[9] Nennen wir das

[8] Descartes macht – zumindest an dieser Stelle – keinen Unterschied zwischen generisch und individuell wesentlichen Eigenschaften: eine Was?- und eine Wer?-Frage nach dem Wesen trennt er nicht. Im selben Satz gleitet er von einem »*quis(nam)*« hinüber zu einem »*quid*« (AT VII 25). Er ist einzig und allein auf generisches Wesen aus, und hier gibt es letztlich nur zwei einander wechselseitig ausschließende Möglichkeiten: die beiden höchsten Kategorien [*summa genera*] Geist und Körper (vgl. AT VIII 23). Deshalb und insofern ist seine Frage nach dem Wesen des Denotats von »ich« die Frage nach der (einzigen) wesentlichen Eigenschaft des Denotats.

[9] In der *Dritten Meditation* (AT VII 42) spricht Descartes von der Idee, die ihm ihn selbst zeigt [*exhibet*], und in den *Ersten Erwiderungen* (AT VII 107/108) bezeichnet er es als ein Gesetz der wahren Logik, daß man begriffen haben müsse, um welche Sache es sich handelt, bevor die Frage nach ihrer Existenz sich aufwerfen lasse. – Beide Stellen sind Belege dafür, daß Descartes die Platitüde nicht bestreitet, daß »ich« für den Denker eine gewisse Bedeutung hat.

Bedeutungsmoment, das »ich« in einem Gedanken wenigstens besitzen muß, den *kognitiven Gehalt* von »ich« (in dem betreffenden Gedanken).

Für das Verständnis des Unterschieds zwischen semantischem und kognitivem Gehalt mag es hilfreich sein, sich vorzustellen, der Denker habe – zwischen den Zeilen – das Wort »ich« mit Rückgriff auf die Kennzeichnung »der Ψ« explizit in seine *lingua mentis* (überraschenderweise das Deutsche) eingeführt. Mit dem Postulat

(*S*) »Ich« sei gleichbedeutend mit »der Ψ«

hätte er getan, was er nicht tun dürfte: den semantischen Gehalt von »ich« festgelegt. Mit

(*K*) »Ich« bezeichne den Ψ (wer oder was auch immer das sei, also auch wenn Ψ keine wesentliche Eigenschaft des Ψ ist)

hingegen hätte er, mit dankenswerter Gewissenhaftigkeit, ausschließlich den kognitiven Gehalt von »ich« bestimmt.[10] (*S*) und (*K*) sollen die unterschiedliche Stärke von semantischem und kognitivem Gehalt verdeutlichen: ersterer legt letzteren eindeutig fest, aber nicht umgekehrt. Die Differenz liegt in der metaphysischen Festlegung, die sich beim Gebrauch des eingeführten Namens ergibt. Gemäß (*S*) ist das Denotat von »ich« wesentlich Ψ – und der Denker weiß dies, wenn er »ich« im Bewußtsein dieser Einführung benutzt. Keine derartige Festlegung geht mit dem Gebrauch von »ich« einher, die sich bloß nach (*K*) richtet. Der seman-

[10] Hier wird natürlich nur eine von D. Kaplan und S. Kripke herrührende Unterscheidung auf die *lingua mentis* angewandt, und zwar die zwischen zweierlei Art der Einführung eines Namens mit Hilfe einer Kennzeichnung: Einmal dient die Kennzeichnung als Synonym für den Namen – wie bei (*S*); ein andermal dient die Kennzeichnung zur bloßen Festlegung des Namensdenotats, ohne ein Synonym abzugeben – wie bei (*K*).

tische Gehalt eines Inhaltsträgers (eines Wortes, einer Idee) ist also die Bedeutung sensu stricto: kognitive Rolle samt eingebauter metaphysischer Bestimmung des Denotats. Der kognitive Gehalt eines Ausdrucks ist, lax gesagt, dessen Bedeutung-plus/minus-Wesen: Der kognitive Gehalt läßt offen, ob er das Wesen der von ihm erfaßten Sache erfaßt. Wird »ich« mittels (*K*) eingeführt, dann gibt »der Ψ« an, wie und was »ich« bei einer späteren Verwendung des Denkers bezeichnet, aber nicht, was »ich« bedeutet. Das Denotat von »ich« wird in diesem Fall mittels Ψ zwar kognitiv bestimmt: an etwas Ψ zu bemerken, heißt für den Denker, es als das Denotat von »ich« zu erkennen. Was aber das Wesen des Denotats angeht, so bleibt es dadurch unbestimmt.

Mit dieser Unterscheidung läßt sich das Ergebnis von Abschnitt III so zusammenfassen: »Ich« muß in (*G**) für den Denker einen kognitiven Gehalt haben, der sich mit einer Kennzeichnung angeben läßt. (Um die Bedeutung von »ich« ging es dabei gar nicht; deshalb habe ich dieses Wort vermieden.) Dies Ergebnis steht, nebenbei gesagt, nicht im Widerspruch zu der bekannten Auffassung von Castañeda, Perry und andern, daß »ich« wesentlich indexikalisch sei. Denn die gesuchte Kennzeichnung selbst mag ja auch wesentlich indexikalisch sein.

Wir suchen nun also eine Kennzeichnung, »der Ψ«, so daß gilt:

(I) Wenn »der Ψ« sich irgendworauf bezieht, dann genau auf ein Individuum.

(II) Die Bedeutung von »der Ψ«[11] garantiert, daß diese Kennzeichnung, wann immer sie von jemandem benutzt wird, sich auf etwas Existierendes bezieht.

[11] Hier von Bedeutung zu reden, ist kein Lapsus, sondern deshalb angemessen, weil die Bedeutung von »der Ψ« der kognitive Gehalt von »ich« ist.

(III) Die Bedeutung von »der Ψ« greift auf nichts Außergeistiges zurück.
(IV) Die Einsetzung von »der Ψ« für »ich« in (G^*) bewahrt die evidente Wahrheitsautonomie von (G^*).

IV

Ein Kandidat für die gesuchte Kennzeichnung ist: »der Denker dieses Gedankens«. Wenn wir diese Kennzeichnung anstelle von »ich« in (G^*) einsetzen, ergibt sich

Der Denker dieses Gedankens hat diesen Gedanken.

Ist dies auch etwas ausgefallen, so kann es doch von mehreren gedacht werden. Die Kennzeichnung verstößt demnach gegen die Bedingungen, denn aus (I) und (II) folgt, daß die gesuchte Kennzeichnung sich garantiert auf genau ein Individuum bezieht, wenn der Denker sie benutzt.

Denselben Gedanken können mehrere haben, daran hapert es mit »der Denker dieses Gedankens«. Mehrere können aber nicht dasselbe *Gedankenvorkommnis* haben. Ein Gedankenvorkommnis ist etwas im Prinzip Datierbares (und nach materialistischer Auffassung auch im Prinzip Lokalisierbares), das jeder – bzw. jeder Geist – haben muß, wenn er einen Gedanken (bewußt) hat. Gedankenvorkommnisse sind Konkreta, ohne die ein Denker keine Gedanken haben kann; sie sind der (materielle oder geistige) Stoff, aus dem Gedanken sind, soweit ein Denker sie als seine ganz eigenen hat. Haben zwei denselben Gedanken (oder hat einer ihn zu verschiedenen Malen), so sind dabei jeweils verschiedene Gedankenvorkommnisse im Spiel.[12]

[12] Eine vielleicht nicht bloß terminologische Schwierigkeit bei Descartes (und den britischen Empiristen) ist, daß mit *»idea«* nicht unterschieden wird zwischen dem Konkretum, das der Denker – wenn er eine

Für unsere Zwecke paßt also besser: »der Denker dieses Gedankenvorkommnisses«.[13]

Denn diese Kennzeichnung erfüllt nun tatsächlich alle vier Bedingungen. Angewandt auf Prämisse und Konklusion des fünften Versuchs ergibt sich daraus:

Sechster Versuch

Der Denker dieses Gedankenvorkommnisses hat diesen Gedanken.

Der Denker dieses Gedankenvorkommnisses existiert.

Darin steckt überflüssig viel Selbstbezüglichkeit von Gedanken. Daran stört auch, daß die Gültigkeit des Schlusses fragwürdig wird. Um wieviele Gedanken und Vorkommnisse von ihnen geht es? Wenn es zwei sind, ist der Schluß nicht gültig. Denn dann verweist die Kennzeichnung in der Prämisse nur auf die Prämisse (bzw. ein gedankliches Vorkommnis, das die Prämisse zum Inhalt hat), und die Kennzeichnung in der Konklusion verweist entsprechend nur auf

Idee hat – unabdingbar für sich allein hat, und dem, was er da solchermaßen hat, daß andere es auch haben können. Frege hat diesen Unterschied terminologisch markiert mit seiner Unterscheidung zwischen einer konkreten *Vorstellung* im Geiste des Denkers und einem außergeistigen, abstrakten *Sinn*, den der Denker mit seiner Vorstellung erfaßt, der aber auch mit andern Vorstellungen – desselben oder eines andern Denkers – erfaßt werden kann. Just beim Wort »ich« gerät seine Unterscheidung in arge Schwierigkeiten. Im Lichte des Folgenden wäre dies damit erklärbar, daß der kognitive Gehalt von »ich« zwischen Vorstellung und Sinn schillert.

Zumindest gelegentlich drückt Descartes sich so aus, als ziele er mit »*idea*« eher auf Gedankenvorkommnisse ab als auf Gedanken (vgl. z. B. AT VII 160 und 181).

[13] Vorsichtshalber sei angemerkt, daß man Gedankenvorkommnisse, strenggenommen, bloß *hat* und sie nicht *denkt*. Vom »Denker« ist in dieser Kennzeichnung also nur des gefälligeren Ausdrucks wegen die Rede.

die (bzw. ein gedankliches Vorkommen der) Konklusion. Der Bezug der Kennzeichnung ist dann beim Übergang von der Prämisse zur Konklusion nicht unausweichlich konstant:

Aus

→ »Der Denker dieses Gedankenvorkommnisses hat diesen Gedanken«

folgt nicht

→ »Der Denker dieses Gedankenvorkommnisses existiert«.

Handelt es sich im sechsten Versuch um zwei Gedankenvorkommnisse, dann ist der Schluß nicht gültig. – Diese Schwierigkeit hat eine einfache Lösung: Es handelt sich nur um einen einzigen Gedanken und sein Vorkommen, und zwar um:

Letzter Versuch

(CES) Der Denker dieses Gedankenvorkommnisses existiert.

(CES) drückt einen vollständigen Gedanken aus und ist evident wahrheitsautonom. Aber anscheinend ist es nicht, was eingangs gesucht wurde: ein Schluß vom Denken aufs Sein. Doch das sieht nur an der Oberfläche so aus. Bildhaft gesprochen: (CES) ist nicht die Konklusion des sechsten Versuchs, sondern die Verschmelzung von Prämisse und Konklusion; vom Subjekt der Prämisse wird das Prädikat der Konklusion ausgesagt. Der gesuchte Schluß ist in (CES) untergründig enthalten: das »*cogito*« steckt im Subjekt, das »*sum*« im Prädikat, und das »*ergo*« in der Entstehungsgeschichte. (CES) hat, in modernen Bildern gesprochen, dieselbe Tiefenstruktur wie

> Der Denker dieses Gedankenvorkommnisses [hat diesen Gedanken und] existiert [also].

Zurückübersetzt lautet (CES): »Ich existiere«. »*Cogito ergo sum*« und »Ich existiere« sind gemäß dieser reflexiven Deutung ein und dasselbe. Was ist also gewonnen im Vergleich zu den Deutungen, die beim »Ich existiere« als einer pragmatischen Tautologie ansetzen? Im wesentlichen dreierlei, so scheint mir. Erstens besagt die reflexive Deutung etwas über den kognitiven Gehalt von »ich«, und das sollte eine Deutung tun (oder sie sollte zeigen, warum dies nicht geht). Zweitens *erklärt* die reflexive Deutung, warum »Ich existiere« eine pragmatische Tautologie ist.[14] Ein inhaltlich ungedeutetes »ich« läßt dieses Faktum ungeklärt. Drittens bietet die reflexive Deutung einen verlockend glatten Übergang vom *Cogito Ergo Sum* zum *Sum Res Cogitans* an. (Keine Deutung tut das, die bloß den Charakter von »Ich existiere« als einer pragmatischen Tautologie konstatiert.) Denn bei der Suche nach dem Wesendes Denotats von »ich« liegt dem Denker – zumal angesichts der wenigen verfügbaren Alternativen, die im Großen Zweifel bestehen – nichts näher, als den kognitiven Gehalt von »ich« nun für den semantischen zu nehmen. – Soviel zu den Vorzügen der vorgeschlagenen Deutung.

[14] Sie erklärt es damit, daß im kognitiven Gehalt von »ich« schon enthalten ist, daß das Denotat einen Gedanken hat, und mit der weiteren (bei Descartes stillschweigend gemachten) Annahme, daß alles, was Gedanken hat, existiert.

*

Nach dieser Deutung ist das *Cogito Ergo Sum* ein in sich selbst kreisender Gedanke. Das Ich, von dem er handelt, ist möglicherweise sehr ephemer: schon der nächste Gedanke könnte ein neues mit sich bringen. Noch vieles andere ist daran dubios und obskur, ganz besonders aber, wie dies den Ausgangspunkt für Descartes' anspruchsvolles Vorhaben in den *Meditationen* abgeben könnte. – Ob all das gegen die vorgelegte Deutung oder vielmehr gegen ihren Gegenstand spricht, das ist eine der vielen schwierigen Fragen, die ich hier beiseite lasse.

3. Die Ich-Idee

Nowhere to be found. Nowhere to be sought.
The unthinkable last of all. Unnamable.
Last person. I.

Samuel Beckett

Über das Ich in der Cartesischen Philosophie gibt es mannigfache Mißverständnisse. Manche darunter entstehen daraus, daß zu vieles von dem, was wir gewöhnlich mit dem Wörtchen »ich« meinen, mit in die Textdeutung einfließt. Zum Beispiel, daß wir etwas höchst Persönliches, Individuelles, etwas wesentlich Einziges meinen. Descartes' offizieller Sinn von »ich« paßt damit nicht gut zusammen. Dem werde ich im Folgenden nachgehen. Mein Ziel ist es dabei vornehmlich, die Cartesische Lehre zu verdeutlichen.

Vorbemerkung über »ich« und »das Ich« bei Descartes

Das Ich ist ein anderer, könnte man in Abwandlung eines Worts von Rimbaud sagen. Jedenfalls das Ich der Cartesischen Lehre, von dem jetzt die Rede sein soll. Es ist nichts Landläufiges, nichts, was wir im Sinn haben, wenn wir das Wörtchen »ich« gemeinhin verwenden, um zu sagen, was wir meinen. Eine erste Auffälligkeit liegt in der substantivierten Redeweise. (Descartes vermeidet diese Redeweise übrigens, so gut er kann; erst nach dem *Cogito* tauchen erstmals Formulierungen wie »*ab eo me quem novi*« oder »*ille ego, quem novi*« auf.)[1] »Das Ich« ist, bei Descartes, kein Ausdruck, der sensu stricto eine Person bezeichnet, während das Pronomen »ich« in seiner gewöhnlichen Verwendung, falls es etwas bezeichnet, doch wohl die Person des Sprechers bezeichnet. *»Ich« benennt keine Person.* Diese Formulierung

[1] AT VII 27.

stammt zwar von Wittgenstein,[2] aber wer sich an den Wortlaut der Cartesischen Lehre hält, muß ihr genauso zustimmen. Denn unter einer Person versteht Descartes die Vereinigung von (Menschen-)Körper und (Menschen-)Geist, die sehr klar durch die Sinne erkannt werden kann, aber gerade nicht rein verstandesmäßig.[3] Und von dieser Vereinigung ist gerade nicht die Rede, wenn Descartes – insbesondere an jenen gerade erwähnten Stellen der *Zweiten Meditation* – die erste Person substantiviert. Mit dieser Substantivierung möchte er – in der *Zweiten Meditation* – hervorheben, daß das, wovon er spricht, nichts ist, worauf sich sein Zweifel an allem Außenweltlichen erstrecken kann, weil es ja selbst das ist, was diesen Zweifel hat. »Ich« wird substantiviert, um auf

[2] *Philosophische Untersuchungen*, Oxford 1953, Abschnitt 410. – Wittgenstein meint das natürlich ganz anders als der Cartesianer. Letzterer würde das Wort »Person« unterstreichen, ersterer hätte in diesem Satz wohl am ehesten das Wort »benennt« unterstrichen. So findet ein und derselbe Vierwortesatz binnen 300 Jahren einmal die Betonung hier und ein andermal eine gegensätzlich gemeinte Betonung dort. (Eine typische Erscheinungsform des philosophischen Fortschritts.)

[3] Vgl. den Brief an Elisabeth vom 28. Juni 1643, AT III 690. – Rainer Specht hat mich darauf aufmerksam gemacht, daß Descartes in jenem Brief nicht sagt, eine Person *sei* die Verbindung ihres Geistes mit ihrem Körper. Descartes drückt sich vielmehr so aus: eine Person *hat* in sich verbunden einen Körper und ein Denken [*a ensemble un corps et une pensée*]. Dies wäre allerdings ein wichtiger Unterschied – wenn man ihn machte. Doch Descartes macht ihn nicht, denke ich. Weder an dieser Stelle, noch überhaupt. Er ist gegenüber der Prinzessin an dieser Stelle nicht terminologisch subtil, sondern sprachlich entspannt. Haben und Sein machen hier keinen Unterschied in der Sache. Dafür spricht folgende Überlegung: Wenn der Begriff des Habens von Descartes an dieser Stelle tatsächlich im Gegensatz zu dem des (Identisch-)Seins verwendet würde, dann wäre eine Person keine (irgendwie) aus Geist und Körper zusammengesetzte *Substanzen-Verbindung*, sondern eine (aus dem üblichen Cartesischen Rahmen fallende) *Über-Substanz, die sowohl Ausdehnung als auch Denken zu ihren Attributen hat.* Es wäre exegetisch völlig überzogen, in die erwähnte Cartesische Formulierung eine anderweitig versteckte Lehre von einer Person-Substanz sui generis hineinzulesen, die eine Reihe von Problemen für die offizielle Cartesische Metaphysik mit sich brächte.

einen ganz bestimmten Sinn dieses Worts in seiner kleingeschriebenen Weise des sprachlichen Auftretens hinzuweisen: der Sinn, den es in dem Satz »Ich existiere« hat, insofern er dazu taugt, dem Großen Zweifel eine erste Gewißheit entgegenzusetzen. Und dies ist, für Descartes, ein hervorhebenswerter Sinn des Wortes. Kurz gesagt, der Ausdruck »das Ich« ist bei Descartes eine Substantivierung zum Zwekke der semantischen Vereindeutigung.[4]

Descartes zufolge gibt es in Hinblick auf den Bezug des Wortes »ich« in seiner gewöhnlichen Verwendung wenigstens dreierlei auseinanderzuhalten: erstens die eigene Seele, den eigenen Geist,[5] zweitens den eigenen Körper und drittens die Vereinigung von eigenem Geist und Körper. Descartes benutzt substantivierte »ich«-Redeweisen nur, wenn er das erstgenannte meint; mit »Person« bezeichnet er das drittgenannte.

[4] Siehe dazu insbesondere AT VII 22, wo Descartes von der Kenntnis des »genau so verstandenen« Ichs [*huius sic praecise sumpti notitiam*] spricht. Man beachte in diesem Zusammenhang auch, daß Descartes die Substantivierung des Personalpronomens der ersten Person Singular nicht für sich selbst stehen und unerläutert läßt, sondern (vor der *Sechsten Meditation*) beständig mit Relativsätzen oder Partizipialkonstruktionen versieht, die den Leser auf den Beweis des »*Ego existo*« zurückverweisen.

[5] Zur Gleichsetzung von Ich, Seele und Geist vgl. z. B. AT VII 21, 33 und 50/51. An der dritten dieser Stellen spricht Descartes von sich selbst als »(demjenigen) Geist, als welchen allein ich mich in diesem Moment mir selbst gegenüber anerkenne« [*me, hoc est mentem, quam solam nunc pro me accipio*]. Wenigstens zweierlei gibt an dieser zweiten Stelle Anlaß zu exegetischer Erwägung: das *nunc* und das *mentem*.

Was das Wort *nunc* in diesem Satz betrifft, so würde der Exeget gerne wissen: Korrespondiert es mit einem Zeitpunkt in der Vergangenheit, vor dem Großen Zweifel? Oder bezieht sich das dazugehörige *tunc* auf einen späteren Zeitpunkt, z. B. auf die Stelle in der *Sechsten Meditation*, wo vom *ganzen Ich* die Rede ist, das dann wieder aus Körper und Geist bestehen darf? (Dazu später mehr.)

Das *Wort mentem* wirft folgende Frage auf: Ist hier der spezielle, individuelle, singuläre Geist eines einzelnen Menschen gemeint? Oder einfach Geist, generisch genommen als das, was jedermann hat, der oder die eine *res cogitans* ist? (Auch dazu später mehr.)

Das Ich ist bei Descartes die (eigene) Seele, der (eigene) Geist. Das Ich kann nur vom reinen Intellekt begriffen werden. Der Körper (d. h. Ausdehnung, Gestalt und Bewegung) kann zwar auch vom reinen Intellekt begriffen werden, wird aber viel besser verstanden, wenn die bildliche Vorstellung den Intellekt unterstützt. Die Vereinigung von Körper und Geist hingegen – das, was wir, soweit wir Vulgärcartesianer sind, mit dem Wort »ich« gemeinhin im Sinn haben – kann, laut Descartes (AT III 691 ff.), weder vom reinen Intellekt noch vom durch die Vorstellungskraft unterstützten Intellekt klar begriffen werden. Denn die Vereinigung zweier Sachen zu begreifen, heißt (so meint Descartes), sie als eine einzige Sache zu begreifen. Und solch ein 2 = 1 bleibt immer unklar.

Deshalb seien die, die nie philosophieren, im Vorteil, wenn es darum geht, die Einheit von Körper und Geist zu begreifen. Metaphysische Gedanken trainieren den reinen Intellekt; sie tragen dazu bei, uns mit dem Begriff des Geistes vertraut zu machen. Mathematische Studien schulen hauptsächlich die Vorstellungskraft (bei der Betrachtung von Formen und Bewegungen); sie gewöhnen uns daran, deutliche Begriffe von Körpern zu bilden. Aber nur das gewöhnliche Leben und das alltägliche Gespräch lehren uns, die Vereinigung von Körper und Geist zu begreifen, und zu diesem Zwecke solle man sich tunlichst jedweder metaphysischen und mathematischen Betätigung enthalten.

Das Ich ist eine geistige Substanz

Nun zurück zum Ich. »*Ego autem sum substantia.*«[6] Das Ich – der einzelne menschliche Geist, die einzelne menschliche Seele – ist eine Substanz, und das heißt bei Descartes: eine Sache, die so existiert, daß sie keiner andern Sache (außer

[6] *Anhang zu den zweiten Erwiderungen*, AT VII 168.

Gott) bedarf, um zu existieren.[7] Der komplementäre Begriff zu Substanz ist der des Modus (oder auch Attribut, Qualität).[8] Modi bedürfen der Substanzen, deren Modi sie sind. Rund zu sein, ist ein Modus, der nur an etwas – an einer Substanz – vorliegt, das (bzw. die) rund ist. Substanzen können nicht allein daraus wahrgenommen werden, daß sie existierende Sachen sind, denn durch ihr Dasein allein affizieren sie uns nicht. Wir schließen aber aus dem Vorliegen eines beliebigen Modus auf das Dasein irgendeiner Substanz, der dieser Modus zugerechnet werden kann. Die Substanz bleibt dieselbe, auch wenn ihre Modi wechseln. Was gibt es a priori von dieser Ich-Substanz zu wissen?

Das Ich ist *realiter* von jeder körperlichen und von jeder andern geistigen Substanz unterschieden. Denn wir können uns – als einzelne denkende Substanz – klar&deutlich als von allen andern Substanzen verschieden begreifen. Das Ich läßt sich klar&deutlich in einer Welt ohne Körper und andere Seelen denken.

Das Ich ist *modaliter* von jedem seiner Modi unterschieden. Die Modi des Ichs sind Gedanken. Der modale Unterschied zwischen dem Ich und seinen Gedanken besteht, weil wir uns klar&deutlich als etwas begreifen können, das von unsern Gedanken verschieden ist. Das Ich läßt sich klar&deutlich als eines denken, das andere Gedanken hat als die, die es zu einem gewissen Zeitpunkt tatsächlich hat.

Hier ist allerdings eine Einschränkung zu machen. Denn jede Substanz hat eine hervorstechende Eigenschaft [*praecipua proprietas*],[9] die ihre Natur und ihr Wesen ausmacht und

[7] Vgl. *Principia* I, §§ 51 ff. (AT VIII 24 f.).

[8] Descartes hat einen strengen und einen laxen Gebrauch der Termini »*modus*«, »*attributum*« und »*qualitas*«. Der strenge Gebrauch wird durch die Erläuterungen in den *Principia* I, § 56 festgelegt, aber an vielen andern Stellen verwendet Descartes die Termini austauschbar. Vgl. dazu z. B. die Hinweise bei H.-P. Schütt, *Substanzen, Subjekte und Personen*, Heidelberg 1990, S. 57 und 303 (Anm. 65).

[9] *Principia* I, § 53 (AT VIII 25).

auf die sich alle andern Eigenschaften beziehen. Im Falle des Ichs ist das Denken diese hervorstechende Eigenschaft. Das Ich läßt sich nicht als eines denken, das ohne die Eigenschaft des Denkens ist. Alle andern Eigenschaften des Ichs setzen diese hervorstechende voraus. Zwischen der Substanz und ihrer hervorstechenden Eigenschaft besteht kein echter Unterschied, sondern nur ein Vernunftsunterschied, eine »*distinctio rationis*«. Denn eigentlich wird in diesem Falle nicht einer Substanz ein echter Modus zugesprochen, an dessen Stelle ein anderer treten könnte; vielmehr wird durch die hervorstechende Eigenschaft nur angegeben, um was für eine Art von Substanz es sich handelt.

Descartes unterscheidet zwei Arten von geschaffenen Substanzen: geistige und körperliche. Die hervorstechende Eigenschaft aller geistigen Substanzen ist das Denken, die aller körperlichen die Ausdehnung. Das Ich ist eine geistige Substanz, denn es kann klar&deutlich als existierend begriffen werden, auch wenn die Existenz körperlicher Substanzen bezweifelt wird.

Das Ich ist eine reine Substanz

Das Ich ist nicht teilbar; sofern man sich als eine denkende Sache begreift, begreift man sich als eine einzelne und unvermischte Sache [*res una et integra*].[10] Auch die Modi – z. B. das Wollen, das Empfinden, das Begreifen – sind keine Teile des Ichs, denn es ist ja immer dasselbe Ich, das will, empfindet oder begreift. Jede einzelne körperliche Sache hingegen läßt sich, zumindest in Gedanken, leicht in Teile zerlegen. Trenne ich Teile von einem Körper ab oder ändere die Gestalt seiner Teile, so wird der Körper dadurch ein anderer.[11] Selbst wenn meinem eigenen Körper solches

[10] Sechste Meditation, AT VII 86.
[11] *Meditationen*, *Synopsis*, AT VII 14.

widerführe, bliebe das Ich dasselbe.[12] Daraus sind zwei Lehren zu ziehen. Erstens ist ein einzelner Körper keine Substanz, da er ja nicht unter beliebiger Veränderung seiner Modi derselbe bleibt. Körper ist nur als Gattung [*in genere sumptum*][13] Substanz; es gibt eigentlich nur den einen »grossen« körperlichen Gegenstand: **die** *res extensa*, als, grammatisch gesprochen, Kontinuativum. Nur die *res extensa* als ganze ist unzerstörbar, wie dies (laut *Synopsis*) zur Natur einer Substanz gehört; jeder einzelne körperliche Gegenstand ist, zumindest in Gedanken, zerstörbar. Zweitens wird dadurch einsichtig, wie es sein kann, daß das Ich unsterblich ist.

Descartes fixiert diesen ontologischen Unterschied zwischen dem Ich und jedem menschlichen Körper dadurch, daß er das Ich eine reine Substanz nennt.[14]

Das Ich ist eine begreifende Substanz

Das Ich kann sich selbst als ganzes begreifen, und das heißt: es kann klar&deutlich begreifen, worin sein eigenes Wesen besteht. Diese Einsicht kann ohne das Vermögen des bildlichen Vorstellens [*facultas imaginandi*] und ohne das des Empfindens [*facultas sentiendi*], allein mit Hilfe des dritten Vermögens [*facultas intelligendi*] erlangt werden. In der *Sechsten Meditation* argumentiert Descartes, daß diesem dritten Vermögen eine besondere Rolle zukommt, wenn es darum geht, das Wesen des Ichs genauer zu bestimmen. Das Ich läßt sich nämlich als etwas begreifen, dem bildliche Vorstellung und Empfindung abgehen können, während sich diese beiden Vermögen natürlich nicht als etwas begreifen lassen können, dem ein Ich abgeht, das sie hat. Zwischenfazit: Es könnte

[12] *Sechste Meditation*, a.a.O.

[13] *Meditationen*, *Synopsis*, a.a.O.

[14] Ebd.

ein Ich ohne bildliches Vorstellungs- und Empfindungsvermögen geben.

Könnte es ebenso ein Ich ohne Intellekt geben? Jedenfalls keines, das sich selbst als ganzes begreifen kann. Denn die *facultas intelligendi* muß tätig werden, damit das Ich seine eigene Natur klar&deutlich begreift. Wo überhaupt etwas begriffen wird, muß ein Vermögen sein, zu begreifen. Doch so argumentiert Descartes an dieser Stelle in der *Sechsten Meditation* nicht.[15] Vielmehr stellt er, ohne weitere Gründe dafür anzuführen, fest, daß wenigstens ein bißchen Intellekt [*intellectio nonnulla*] von den beiden andern Vermögen vorausgesetzt wird. Und dann spricht er ohne weitere Umschweife davon, daß diese beiden Vermögen nur als einer begreifenden Substanz [*substantia intelligens*][16] innewohnend begriffen werden können.

Man kann sich nun fragen, wie es um das Verhältnis der drei genannten Vermögen bestellt ist. Ist das Ich wesentlich eine begreifende – und nur hinzukommendermaßen eine vorstellende und empfindende – Substanz? Oder sind alle drei Vermögen wesentlich für das Ich, auch wenn die *facultas intelligendi* insofern grundlegender ist, als die beiden andern Vermögen auf sie angewiesen sind (aber nicht umgekehrt)? Beide Fragen könnten mit einem modifizierten »Ja« beantwortet werden. Denn es gibt, insbesondere in der Cartesischen Korrespondenz, indirekte Hinweise darauf, daß Descartes hier nur darauf hinaus will, daß die körperliche Seite des Empfindungs- und Vorstellungsvermögens für das Ich nicht wesentlich ist.[17] Alle diese Vermögen sind wesentlich,

[15] Vgl. *Sechste Meditation*, AT VII 78.

[16] Ebd.

[17] Man muß dabei beachten, daß Descartes in seiner reifen Ideenlehre einen Unterschied zwischen zwei Arten von Ideen und entsprechend zwischen zwei Arten von Vermögen macht. Die Ideen der früheren Ideenlehre überleben jetzt nur noch als »*ideae corporeae*«, ein Ausdruck, den Descartes übrigens mehrdeutig verwendet: sowohl als Bezeichnung einer Idee, die selbst etwas Körperliches – ein Bildchen (auch »*species*« oder

soweit sie als rein geistige betrachtet werden; und soweit sie als rein geistige betrachtet werden, sind sie der *facultas intelligendi* zuzurechnen.

Doch es regt sich hier die weitere Frage, wie es mit den andern Vermögen des Ichs steht, von denen bei Descartes auch noch die Rede ist. In der zweiten Meditation erwähnt er, in dieser Reihenfolge, das Zweifeln, das Begreifen, das

»*forma*«) im Hirn – ist, als auch als Bezeichnung einer Idee von etwas als etwas Körperlichem – etwa einer Idee vom Geist oder von Gott als etwas, das einen Körper hat. Hobbes wird sehr von oben herab behandelt, weil er körperliche Ideen (im ersten Sinn) für die Ideen hält, von denen Descartes in der *Dritten Meditation* spricht (vgl. AT VII 181–189).

Bei der Sinneswahrnehmung und der bildlichen Vorstellung sind, gemäß der reifen Lehre, sowohl die alten als auch die neuen Ideen am Werk. Der Geist wendet sich den körperlichen Ideen zu, nimmt sie aber nicht in sich auf (AT VII 387). Im Geist sind nur die neuen Ideen, die rein geistigen Resultate solcher Zuwendungen. (Brief an Mersenne vom 21. April 1641, AT III 358).

Die Verdopplung der involvierten Ideen (alte körperliche/neue geistige) hat eine Verdopplung der betreffenden Vermögen im Gefolge: es gibt nun ein körperliches Gedächtnis (das übrigens nicht nur im Hirn sitzt, sondern sich beim Gitarristen bis in die Hände hinein erstrecken kann – ja sogar über den Leib hinaus, etwa in ein Buch, vgl. den Brief an Mersenne vom 1. April 1640, AT III 45), und es gibt ein geistiges Gedächtnis. Das geistige Gedächtnis siedelt Descartes im Intellekt an, es sei ganz und gar spirituell, bei Tieren nicht vorhanden, und es sei das von uns zumeist benützte Gedächtnis (Brief an Mersenne vom 6. August 1640, AT III 142). Siehe dazu auch die Briefe an Huygens (10. Oktober 1642, AT III 578) und an Mesland (2. Mai 1644, AT IV 140). Daß die Ansiedlung der geistigen Seite des Erinnerungsvermögens im Intellekt kein Formulierungszufall ist, belegt ein auf Latein verfaßter Brief an Arnauld vom 4. Juni 1648 (AT V 192), wo Descartes acht Jahre später und in einer andern Sprache (als in seinem gerade erwähnten Brief an Mersenne) wiederum von einem »intellektuellen Gedächtnis« spricht, das ganz gewiß unabhängig vom Körper sei.

Wenn wir – naheliegenderweise – annehmen, daß Descartes die geistige Seite *aller* Doppelvermögen im Intellekt ansiedelt, dann wird der Intellekt natürlich ein sehr reichhaltiges Vermögen: Erinnerung, bildliche Vorstellung, Wahrnehmung, ja sogar Instinkt (vgl. den Brief an Mersenne vom 20. Februar 1639, AT II 523) gehören dann zur *facultas intelligendi*, soweit sie rein geistig sind.

Zustimmen, das Verneinen, das Wollen, das Nichtwollen, das bildliche Vorstellen und das Empfinden. Gilt für alle von ihnen, was Descartes für das Vorstellen und Empfinden behauptet: daß sie zumindest ein bißchen Intellekt voraussetzen? Besonders drängend ist diese Frage im Hinblick auf den Willen und das, was unter ihn fällt. Der Wille nimmt ja, wie Descartes in der *Vierten Meditation* ausführt, eine Sonderstellung ein und überragt, in gewisser Hinsicht, den Intellekt und alle andern Vermögen. Alle diese Vermögen sind schwach und eng umgrenzt. »Allein den Willen oder die Entscheidungsfreiheit«, schreibt Descartes dort,[18] »erfahre ich in mir als etwas derart Großes, daß ich die Idee eines noch größeren (Willens) nicht begreifen kann; daher verdankt es sich vornehmlich dem Willen, daß ich begreife, gewissermaßen ein Bild Gottes und ihm ähnlich zu sein«. Es bedürfte gewiß eines Arguments, um einsichtig zu machen, daß ein unendliches Vermögen wie der Wille von einem begrenzten Vermögen, dem Intellekt, abhängig sein kann. Damit ist nicht gesagt, daß es solch ein Argument nicht gibt (es könnte beispielsweise darin bestehen, daß der Intellekt insofern eine Voraussetzung des Willens sei, als er ihm die Ideen bereitstelle, an denen der Wille dann erst tätig werden kann). Genausowenig offenkundig ist, daß ein willenloses Ich sich vorstellen läßt. Denn dies wäre ja ein denkendes Wesen, das nicht urteilen kann.

Mir ist keine Stelle bekannt, die endgültig Aufschluß über diese Frage gibt. Zweierlei spricht allerdings dafür, daß Descartes das Ich, was sein Wesen angeht, ausschließlich als eine begreifende Substanz aufgefaßt hat, und nicht als eine begreifende und wollende. Der erste Anhaltspunkt ist: Die *Sechste Meditation* wäre ein sehr passender Ort gewesen, um die diesbezügliche Gleichrangigkeit von Intellekt und Willen zu vermerken. Nichts dergleichen findet sich dort, Descartes spricht an dieser Stelle nur von seinem Ich als einer

[18] AT VII 57.

substantia intelligens. Den zweiten Anhaltspunkt liefert § 53 des ersten Teils der *Prinzipien*; dort reiht Descartes den Willen in eine Aufzählung von Modi des Denkens ein. Er schreibt: »Die bildliche Vorstellung, die Sinneswahrnehmung, der Wille, sie können nur als in einer denkenden Sache begriffen werden. Im Gegensatz dazu … ist es möglich, daß das Denken als ohne bildliche Vorstellung, Sinneswahrnehmung usw. begriffen wird«.[19] Wäre Descartes der Auffassung gewesen, daß der Wille ein für das Denken notwendiges Vermögen ist, dann hätte er sich an dieser Stelle besser anders ausgedrückt; denn natürlich bezieht der Leser das »usw.« des zweiten Satzes auch auf den im vorhergehenden Satz erwähnten Willen.

Mit Vorbehalt ergibt sich also: das Ich ist wesentlich eine begreifende Substanz; die *facultas intelligendi*, d. h. das Vermögen, das darauf beschränkt ist, Ideen zu perzipieren,[20] ist das charakteristische Vermögen des Ichs. Der zentrale Sinn von »denken«, in dem das Ich eine denkende Substanz ist, ist das Perzipieren von Ideen. Alle anderen Modi des Denkens könnten dem Ich fehlen.

Soweit meine erste Zusammenstellung wichtiger Cartesischer Auskünfte zu seiner Lehre vom Ich. Doch es gibt, wie eingangs schon angedeutet, noch eine weitere – eine un-

[19] AT IX 25. In der französischen Fassung wird ein wenig anders formuliert: »wir können aber die denkende Sache ohne bildliche Vorstellung oder Sinneswahrnehmung usw. begreifen« (AT IX-B 48). Auch wenn der sprachliche Ausdruck in beiden Fällen andere Lesarten zuläßt, so macht der Zusammenhang m. E. deutlich, daß dies folgendermaßen zu verstehen ist: Der Begriff des Denkens enthält oder präsupponiert nicht die Begriffe der bildlichen Vorstellung oder Sinneswahrnehmung usw.; anders gesagt: ein denkendes Wesen, das die genannten Vermögen nicht hat, ist begrifflich möglich. Vgl. dazu übrigens auch den dritten Abschnitt des Briefs an Arnauld vom 29. Juli 1648 (AT V 219).

[20] Vgl. *Vierte Meditation,* AT VII 56. – Man beachte allerdings, daß dies Vermögen der Ideenperzeption keineswegs arm, sondern reichhaltig strukturiert ist – falls das zutrifft, was ich oben in Anm. 17 ausgeführt habe.

übertreffliche – Charakterisierung dessen, was Descartes mit substantiviertem »ich« meint. Sie muß zu allem bisher Gesagten passen, wenn Descartes kohärent ist. Sie lautet:

Das Ich ist das, dessen Existenz
durch das *Cogito* bewiesen wird

Anders gesagt: Das Ich ist das, dessen Existenz so gewiß ist wie nichts sonst. Nicht einmal die Existenz Gottes ist jedem einzelnen so unmittelbar gewiß wie die des eigenen Ichs. Auf die Existenz des Ichs kann aus jeder Prämisse des Typs »Ich γ-e« geschlossen werden, wobei für »γ« jede Bezeichnung für einen reinen Geisteszustand eingesetzt werden kann.[21] Reine Geisteszustände sind dem Denker unmittelbar bewußt, d. h., wenn jemand in einem solchen Zustand γ ist, dann ist ihm (ohne die Vermittlung eines weiteren geistigen Akts oder Zustands) bewußt, daß er in γ ist. Und reine Geisteszustände sind keine Gegenstände sinnvollen Selbstzweifels; d. h. wenn es jemandem so scheint, als sei er in γ, dann ist er in γ. (Deshalb ist beispielsweise Herzschmerzen haben kein rein geistiger Zustand, jedenfalls dann nicht, wenn wir den Fall als möglich zulassen möchten, daß jemand glaubt, Herzschmerzen zu haben, und sich irrt. Etwas glauben, bezweifeln und vieles andere – soweit es sich dabei um Zustände handelt, deren wir uns bewußt sind – sind hingegen reine geistige Zustände.)

Aufrichtige Selbstzuschreibungen reiner Geisteszustände sind unfehlbar wahr, mithin gewiß.[22] Aus ihnen folgt die

[21] In der *Zweiten Meditation* gibt Descartes eine Reihe von Beispielen für solche Geisteszustände: Zweifeln, Begreifen, Zustimmen, Verneinen usw. (AT VII 28). All dies sind Werte der Variablen »γ«.

[22] Das Epitheton »aufrichtig« ist dabei nur durch den Sinn, nicht durch den Wortlaut Cartesischer Texte gestützt. Descartes nimmt in den *Meditationen* die Perspektive der Ersten Person ein und setzt mithin Aufrichtig-

Existenz des Ichs, denn das Ich allein ist das Subjekt solcher Selbstzuschreibungen. Dies zeigt sich sprachlich daran, daß das Wort »ich« in solchen Selbstzuschreibungen nicht *salva certitudine* durch gewöhnliche Personenbezeichnungen ersetzbar ist. Descartes' Argument ist allerdings nicht sprachbezogen, zumindest stellt es sich nicht als ein sprachbezogenes Argument dar. (Descartes geht nicht den Weg, die Unbezweifelbarkeit von »Ich γ-e« mit der Bezweifelbarkeit von »Renatus γ-t« und ähnlichem zu kontrastieren.) Er argumentiert, grob gesagt, so: Eine Selbstzuschreibung wie z. B. »Ich zweifle daran, daß es körperliche Gegenstände gibt« ist auch unter den extremen Bedingungen des Großen Zweifels

keit und Ernsthaftigkeit aller Selbstzuschreibungen voraus. Er kümmert sich nicht um die Fälle, in denen sich die Frage erhebt, ob ein (anderer) Denker im Hinblick auf seine Selbstzuschreibungen wirklich ernsthaft und aufrichtig ist. Deshalb muß er Aufrichtigkeit und alles, was damit einhergeht, nicht erwähnen und tut es auch nicht.

Ich hingegen erwähne Aufrichtigkeit hier, um ein mögliches performatives Mißverständnis von vornherein auszuschließen. Denn würde Aufrichtigkeit hier nicht erwähnt, so könnte der sprechakttheoretisch gewitzte Zeitgenosse auf den Gedanken verfallen, Selbstzuschreibungen reiner Geisteszustände könnten ihre unfehlbare Wahrheit einfach daraus beziehen, daß sie gemacht werden. Aber die Selbstzuschreibung eines rein geistigen Prädikats (wie etwa »– zweifelt an der Existenz außenweltlicher Gegenstände«) ist nicht performativ; d. h. das Faktum des Selbstzuschreibens konstituiert nicht die Wahrheit der Selbstzuschreibung. *Selbstzuschreibungen reiner Geisteszustände werden nicht dadurch wahr, daß sie gemacht werden.* Und darin unterscheiden sie sich von performativen Selbstzuschreibungen (wie z. B. »Ich biete hiermit eine Wette über zehn Mark an, daß es morgen regnen wird«). Durch performative Selbstzuschreibungen kommen die Sachverhalte in die Welt, die sie anscheinend beschreiben (z. B. Wettangebote). Selbstzuschreibungen reiner Geisteszustände hingegen schaffen nicht die von ihnen beschriebenen Sachverhalte. Solche Selbstzuschreibungen sind deskriptiv – und somit interessantermaßen (falls tatsächlich) unfehlbar – ; sie sind nicht performativ, woraus sich ihre Unfehlbarkeit trivialerweise ergeben könnte.

Darauf – auf echte Deskriptivität, im Gegensatz zu jedweder Form von Performativität – soll das von mir hinzugesetzte Epitheton »aufrichtig« an dieser Stelle vornehmlich hinweisen. Ich werde es im folgenden beiseite lassen.

unantastbar; zu diesen extremen Bedingungen gehört allerdings gerade auch (die Annahme), daß es keine körperlichen Gegenstände gibt. Mit dem Wort »ich« wird – so folgert mein verkürzter Descartes – in einer unbezweifelbaren Selbstzuschreibung also etwas Nicht-Körperliches bezeichnet.

Weil Selbstzuschreibungen rein geistiger Zustände unbezweifelbar sind und aus ihnen die Existenz des Ichs folgt, ist auch die Existenz des Ichs, als einer geistigen Substanz, unbezweifelbar. Der wesentlich geistige Charakter des Ichs zeigt sich auch an der Besonderheit des Satzes »Ich existiere«. Dieser Satz ist unweigerlich wahr, wie Descartes in der *Zweiten Meditation* schreibt, wann immer ich ihn ausspreche oder geistig erfasse. Der Zusammenhang zwischen der Wahrheit dieses Satzes und meinem Denken ist sehr innig. Nur solange ich denke, ist gewiß, daß ich existiere. Und dies meint Descartes nicht in folgender sophistischen Lesart: »Nur im Denken kann ich mir meiner Existenz gewiß sein, denn nur im Denken gibt es ja Gewißheit; Gewißheit setzt voraus, daß der, der sie hat, denkt«. Nein, Descartes will nicht darauf hinaus, daß Gewißheit selbst ein geistiger Zustand sei und mithin Denken (in seinem besondern Sinn dieses Worts [*cogitatio*]) voraussetzt. Vielmehr geht es ihm darum, daß Denken konstitutiv für die Unbezweifelbarkeit der Existenz des Ichs ist. Es ist seines Erachtens möglich, daß das Ich aufhört zu existieren, sobald es nicht denkt. Seiner Existenz gewiß kann das Ich sich nur sein, insofern es sich als etwas begreift, das denkt. Die unweigerliche Wahrheit des Satzes »Ich existiere« rührt daher, daß er von einer denkenden Substanz zum Zwecke der Selbstzuschreibung benutzt wird. Bezöge sich das Wort »ich« in diesem Satz auf etwas, das nicht denkt, so wäre er nicht unweigerlich wahr, wann immer er gedacht wird.

Die Existenz des Ichs ist die erste Gewißheit, zu der der Denker im Großen Zweifel gelangt. Diese Gewißheit läßt sich, wie gesehen, auf zwei miteinander eng zusammenhängende Weisen erlangen. Erstens durch das *Cogito*, d. h. durch einen zwingenden Schluß aus einer an beliebigen Punkten des geistigen Geschehens zu Gebote stehenden unbezweifelbaren Selbstzuschreibung. (Was immer jemand tut oder unterläßt, er darf darüber – auch wenn es nur das vermeintliche Gewahrwerden eines vermeintlichen Tuns oder einer ebensolchen Unterlassung sein sollte – mit dem Wort »ich« beginnend berichten; und aus jedem Bericht, der mit »ich« beginnt, folgt die Existenz eines Berichtenden.) – Dies ist der Weg Nummer Eins zur ersten Cartesischen Gewißheit. Es ist der Weg, auf dem dem Denker die prinzipielle »ich«-Beginnlichkeit all seiner möglichen Berichte auffällt.

Der zweite Weg zur ersten Gewißheit verläuft ein wenig anders. Er führt über das *Ego existo*, d. h. über die Einsicht, daß just dieser ganz bestimmte Satz unweigerlich wahr ist, wenn er oder sein Inhalt gedacht wird. Hier wird ein ganz bestimmter Inhalt – der Inhalt von »*sum*«, »*existo*« und allen weiteren Synonymen – verstanden und somit als unbestreitbar wahr eingesehen. Auch diese Einsicht impliziert, daß es jedenfalls das gibt, was sie unbestreitbar wahr macht: mich bzw. mein Ich.

Beide Wege zur ersten Gewißheit werden von Descartes in der *Zweiten Meditation* beschritten. Zunächst fällt dem Meditierenden auf, daß jeder Schluß des Typs »Ich γ-e, also existiere ich« unbezweifelbar gültig und jede Selbstzuschreibung des Typs »Ich γ-e« unbezweifelbar wahr ist.

Erster Weg: Ich γ-e [unbezweifelbar wahr]
Wenn ich γ-e, dann existiere ich [unbezweifelbar wahr]
Also [auch unbezweifelbar wahr]: Ich existiere.

Dann aber fällt dem Meditierenden sofort auf, daß jede Prämisse überflüssig ist. Denn der Satz »Ich existiere«, richtig verstanden (und das heißt: geistig erfaßt), ist für jedermann eine pragmatische Tautologie und für Descartes darüber hinaus (in seiner reflexiven Lesart des Wortes »ich« als *der Denker dieses Gedankenvorkommnisses*) der Ausdruck eines evidentermaßen wahrheitsautonomen Gedankens.[23]

Zweiter Weg: Ich existiere [unbezweifelbar wahr]

Der zweite Weg hängt mit dem ersten eng zusammen, weil das Wort »ich« hier etwas bezeichnet, das sich in einem (sei's auch ganz ausgefallenen) reinen Geisteszustand befindet. (Die Extravaganz dieses Geisteszustands liegt darin, daß in ihm ein ausdrücklich selbstbezügliches Gedankenvorkommnis gedacht wird.) Bildlich gesprochen: die erste Prämisse des ersten Wegs ist nun, auf dem zweiten Weg, im Sinn des Wortes »ich« aufgegangen und somit von der Oberfläche verschwunden. – Ob Descartes wirklich beide Wege zur ersten Gewißheit geht oder ob er den ersten nur als Vorstufe des eigentlichen zweiten anklingen läßt (oder umgekehrt den zweiten nur als nachgeschobenen Vermerk zum eigentlichen ersten Weg bringt), ist eine müßige Frage.[24] Descartes zeigt uns beide Wege. Beide Wege führen zur Einsicht in die Unbezweifelbarkeit der Existenz von etwas, das durch nichts anderes wesentlich charakterisiert ist

[23] Evidente Wahrheitsautonomie ist eine extreme Form der Selbstbewahrheitung, die ich an anderer Stelle als das logische Faszinosum des Cartesischen Gedankengangs zu erweisen versucht habe. Siehe oben, S. 106 f.

[24] Zu der ähnlich gelagerten Frage, ob in der *Dritten Meditation* zwei Gottesbeweise geführt werden oder nur einer, schreibt Descartes in seinem Brief an Mesland vom 2. Mai 1644 (AT IV 140), es mache keinen großen Unterschied, ob man den zweiten Gedankengang (der von der eigenen Existenz seinen Ausgang nimmt) als einen eigenständigen Beweis oder nur als eine Erläuterung des ersten Gottesbeweises betrachtet. Man könnte sich daher denken, daß jedenfalls Descartes selbst gegenüber unserer vorliegenden Frage ähnlich gleichgültig gewesen ist oder gewesen wäre.

als durch die Ausübung seines Vermögens, reine Geisteszustände zu haben.

Die Idee vom Ich

Daß der Mensch in seiner Vorstellung das Ich haben kann, erhebt ihn unendlich über alle andere auf Erden lebende Wesen.
Immanuel Kant

Es ist vielleicht einer Bemerkung wert, darauf hinzuweisen, wie Descartes die Existenz des Ichs nicht beweist. Er beweist sie nämlich nicht mit Rückgriff auf die Idee meiner selbst, die mir angeboren ist [*innata idea mei ipsius*].[25] Worin diese Idee, die mir mich selbst zeigt [*quae me ipsum mihi exhibet*],[26] besteht, sagt Descartes nicht. Jedenfalls ist es kein in der Einbildungskraft gemaltes Bild [*imago in phantasia depicta*],[27] wie er gegenüber Hobbes bemerkt; solche Bilder sind erstens etwas Körperliches, und zweitens sind sie Bilder von etwas Körperlichem. Sicherlich ist es die unkörperliche Idee einer unkörperlichen Substanz. Aber »von einer Substanz selbst haben wir, genau genommen, keine andere Idee als daß sie die Sache sei, in der formal bzw. eminent existiert, was wir perzipieren (anders gesagt: was objektiv in einer unserer Ideen ist)«.[28] Die Idee, die dem Ich es selbst zeigt, müßte demnach wohl eine gleichsam sehr anonyme Idee sein und gar nichts höchst Privates; es ist die Idee von einer Sache, in der Gedanken formal bzw. eminent existieren; anders gesagt, es ist die Idee von einer Sache, in der Ideen sind, und das heißt: von einer Sache, die denkt.

[25] *Dritte Meditation*, AT VII 51.
[26] *Dritte Meditation*, AT VII 42.
[27] *Dritte Meditation*, AT VII 183.
[28] *Anhang zu den zweiten Erwiderungen*, AT VII 161.

Keine Idee vom ganz eigenen Ich?

> In der Tat: es gibt einen Punkt, einen einzigen Punkt in der weiten unermeßlichen Natur- und Geisteswelt, welcher jeder Wissenschaft … nicht nur praktisch, sondern auch logisch genommen unzugänglich ist und für immer unzugänglich bleiben wird: dieser Punkt ist das eigene Ich.
>
> Max Planck

Demnach hätten wir wohl alle dieselbe Idee vom Ich. Dies Ergebnis wirkt merkwürdig, denn wir sind doch verschiedene denkende Substanzen; zumindest sollte es dann wenigstens für jeden von uns noch eine weitere Idee von seinem ganz eigenen Ich geben, oder nicht? Wie sonst könnte jeder von uns den realen Unterschied zwischen sich selbst und einer andern geistigen Substanz erfassen? Wenn jemand sich eine rein geistige Eigenschaft selbst zuschreibt, so schreibt er sie doch seinem ganz eigenen Ich und nicht einfach irgendeiner denkenden Substanz zu, oder nicht? Ich bin nicht sicher, was der getreuliche Descartes-Interpret auf solche Fragen antworten sollte. Es gibt wenigstens die folgenden Möglichkeiten: (a) Es gibt keine Idee eines ganz eigenen Ichs, sondern nur die Idee vom Ich als einer denkenden Substanz. (b) Die Ich-Idee ist gar nicht so anonym wie gerade geschildert, denn es ist die Idee von einer Sache, in der nicht bloß irgendwelche, sondern gerade jene ganz bewußten Ideen sind. (c) Die Idee eines ganz eigenen Ichs haben wir zwar, aber sie ist undeutlich und kann auch nicht vom Intellekt zur Deutlichkeit gebracht werden, weil in ihr die Vereinigung der geistigen Substanz mit einem menschlichen Körper enthalten ist.

Ich denke, an allen drei Möglichkeiten ist etwas Richtiges. Es wäre wünschenswert, sie in einer kohärenten Interpretation miteinander zu verbinden. Dies könnte z. B. folgendermaßen geschehen: Wir unterscheiden zwischen zwei Ideen vom Ich, einer strikten Idee, der Idee vom Ich als etwas rein Geistigem einerseits und einer personalen Idee vom Ich andererseits, in der die Vereinigung des Geistes mit einem Körper (mit »jenem Körper, den ich mit irgendeiner besonderen Berechtigung als meinen bezeichnet habe«)[29] mit beinhaltet ist. Daß Descartes auch solch eine personale Idee vom Ich zuschreibbar ist, wird in der letzten *Meditation* deutlich. Descartes spricht dort von sich »als ganzem« oder seinem »ganzen Ich« [*me totum*][30] und erläutert diese Redeweise: »insofern ich aus Körper und Geist zusammengesetzt bin«.

Die personale Idee vom Ich ist die Idee vom eigenen, individuellen Ich; in ihr spielt jener besagte Körper eine Rolle, und er kann mithin bei der Individuation des Ichs hilfreich werden (»der Geist, der zu dem-und-dem Zeitabschnitt *mit dem-und-dem Körper verbunden* ist«). Eine solche Ich-Idee ist in der *Zweiten Meditation* natürlich gerade nicht thematisiert.

Die strikte Idee vom Ich hingegen ist nicht die Idee eines individuellen Ichs. Zwar *ist* jeder Geist gerade die individuelle Substanz mit jenen ganz besonderen Gedankenvorkommnissen. Aber die den Geist, insofern er nur Geist ist, individuierenden Modifikationen können nicht von einer Idee erfaßt werden.[31] Erstens ergäbe sich eine Ungereimtheit im Hinblick auf Ich-Kontinuität: der Repräsentationsgehalt solch einer Idee wäre einem beständigen Wechsel unterworfen (eben noch hatte ich die-und-die Gedanken, jetzt habe ich ganz andere); die Idee selbst würde sich also beständig ändern, während doch die zu repräsentierende Substanz dieselbe bliebe (oder doch zumindest tunlichst dieselbe zu bleiben hätte).[32] Wichtiger ist, daß das rein gei-

[29] *Sechste Meditation*, AT VII 75/76.

[30] AT VII 81.

[31] Lies sowohl: »nicht von *einer* Idee«, als auch: »nicht von einer *Idee*«. Ich gehe hier nur der ersten Lesart nach. Aber auch die zweite ist natürlich zutreffend.

[32] Das Problem der Ich-Kontinuität, um das es hier geht, gehört nicht zu der Familie von Fragen, die üblicherweise unter dem Stichwort »Personale Identität« behandelt werden. Es geht hier nicht um die Frage, nach welchen Kriterien sich bemißt, ob zwei so-und-so geartete Zeitabschnitte von Personen Zeitabschnitte derselben Person sind. Hier geht es um die

stige Ich sich sogar einer Moment-Repräsentation durch irgendeine seiner Ideen verweigert; diese Idee müßte ja *alle* Ideen repräsentieren, die der Geist in jenem Moment hat. Da sie selbst eine dieser Ideen ist, müßte sie sich selbst repräsentieren und führte den Denker mithin, statt zu sich selbst, in einen unendlichen Regreß.[33] Dieser Regreß kann

Frage, wie eine Idee das repräsentieren könnte, was an einer denkenden Substanz über die Zeit hin dasselbe bleibt, obwohl ihre Modi sich ändern. Bei dieser Frage hilft übrigens auch das intellektuelle Gedächtnis (s.o. Anm. 17) nicht weiter, denn auch der Bestand an Erinnerungen (wenn sie diesen Namen verdienen) ändert sich ja im Laufe der Zeit in quantitativer und qualitativer Hinsicht.

Könnte denn ein braver Cartesianer sich nicht mit dem Gedanken anzufreunden versuchen, daß das Ich halt einfach sehr viel flüchtiger ist als gemeinhin angenommen? So daß die von der Ich-Idee zu repräsentierende Substanz mit jedem neuen Gedanken wechselt, und sogleich wiederum mit einer Momentan-Idee von diesem neuen Ich daherkommt? Nein, solch ein Ausweg ist nicht gangbar. Der Grund dafür ist einfach und grundlegend: Ein Ich, dessen Identität vom Wechsel der Gedanken berührt würde, wäre – im Gegensatz zu dem, was die Cartesische Lehre besagt – keine Substanz, deren Modi die wechselnden Gedanken sind.

Die Schwierigkeit, die Kontinuität einer denkenden Substanz mittels einer Ich-Idee (vom Schlage: »derjenige Geist, der jetzt *justament die-und-die* Gedankenvorkommnisse hat«) überhaupt zu erfassen, weist auf einen sehr grundsätzlichen Konflikt zwischen vier theoretischen Optionen hin, die Descartes, wie es scheint, zugleich wahrnehmen wollte: (1) Reine Geistigkeit des Ichs, (2) Substantialität des Ichs, (3) Individualität des Ichs, (4) Solipsismus als Methode zur Gewinnung des rein Geistigen. Vieles spricht dafür, daß dieses Viergespann einfach nicht zusammengeht. – Hume verzichtet bekanntermaßen auf (2); er hat, offenbar als erster, diesen Konflikt bemerkt und seine Wahl explizit getroffen. Descartes hat, so spekuliere ich, diesen Konflikt immerhin gespürt und schillert zwischen dem Verzicht auf (3) in der *Zweiten Meditation* und dem Verzicht auf (1) und (2) in der *Sechsten Meditation* und in manchen seiner Briefe.

[33] Der Geist habe im Moment außer der Ich-Idee, nennen wir sie der Kürze halber *i*, jedenfalls noch die andere Idee *j*. Dann müßte zum Repräsentationsgehalt von *i* gehören, daß *j* momentan perzipiert wird; die Idee, mit der *j*s momentane Perzeption (oder mit der einfach *j* selbst – im Hinblick auf diesen Unterschied ist Descartes nicht zu fassen) repräsentiert wird, heiße *k*. *k* ist dann eine weitere Idee, die momentan perzipiert wird. Dann müßte zum Repräsentationsgehalt von *i* gehören, daß *k* mo-

durch eine extreme Form der Selbstrepräsentation vermieden werden: besonders ist daran, daß die dabei involvierte Idee sich explizit auf sich selbst bezieht und außerdem die einzige Idee ist, die im zu individuierenden Geist momentan perzipiert wird. Genau das geschieht im *Cogito.*[34] Kurzum, das *Cogito* liefert uns noch am ehesten, was wir suchen, wenn wir nach einem individuellen Ich bei Zugrundelegung der strikten Idee vom Ich suchen. Aber das ist natürlich nicht, was wir finden wollten. Denn solcherlei individuelles Ich ist allzu armselig. Es kennt nur einen Gedanken: *Cogito.*

Descartes' Schriften geben keinen endgültigen Aufschluß, ob diese Interpretation seine Meinung richtig wiedergibt. Eines ist durch die Cartesischen Texte allerdings gut belegt: All das sind Fragen, denen Descartes keine große Bedeutung zugemessen hat.

Arnaulds Alternative: Das individuelle Ich als eine Substanz mit zwei wesentlichen Attributen, zwischen denen nur ein Vernunftsunterschied besteht

Arnauld streift unser Problem ganz nebenbei im fünften Kapitel des ersten Teils seiner *Logik* (1685); es dient ihm zur Veranschaulichung einer bestimmten Art von Erkenntnis durch Abstraktion. Er schreibt dort:[35]

mentan perzipiert wird. Es bedürfte einer weiteren Idee, mit der *k* (bzw. *k*s momentane Perzeption) repräsentiert wird, … und so weiter. Der Versuch, die Ich-Idee (durch Spezifikation ihrer Teilideen) zu repräsentieren, muß scheitern, wenn der Geist außer der Ich-Idee noch eine weitere Idee enthält. Dann ergibt sich der beschriebene infinite Regreß – wohlgemerkt: auch dann, wenn zugelassen wird, daß die Ich-Idee selbstrepräsentational ist.

[34] Siehe dazu oben Kapitel 2.

[35] Zitiert nach der dt. Übersetzung von C. Axelos, Darmstadt 1972, S. 41. – Arnauld verwendet den Ausdruck »Attribut« übrigens gleichbedeu-

Die dritte Art, die Dinge durch Abstraktion zu erfassen, wäre die, von den verschiedenen Attributen eines Dings nur an das eine zu denken und nicht zugleich an das andere, obgleich es zwischen den verschiedenen Attributen nur eine verstandesmäßige Unterscheidung gibt. Das geschieht folgendermaßen: wenn ich zum Beispiel darauf reflektiere, daß ich denke, und daß folglich ich es bin, der denkt, so könnte ich in der Idee, die ich von mir als denkendem Ich habe, mich der Betrachtung eines denkenden Dings zuwenden, ohne die Aufmerksamkeit darauf zu richten, daß ich dieses Ding bin, obgleich in mir ich und das denkende Etwas nur ein und dasselbe sind, und so könnte die Idee, die ich in der Vorstellung von einer denkenden Person habe, nicht nur mich darstellen, sondern auch alle anderen denkenden Personen.

Wenn man den ersten Satz dieses Zitats in seinem Wortlaut ernst nimmt, dann sagt Arnauld: Zur Idee, die jemand von sich als einem denkenden Wesen hat, – oder, wie wir kurz sagen wollen: zur Ich-Idee einer Person – gehört die Idee zweier Attribute der durch diese Idee repräsentierten Sache: das Denken einerseits und irgendein weiteres Attribut andererseits; diese beiden Attribute sind (»in mir«) nicht (sc. »real oder modal«) verschieden, zwischen ihnen besteht nur ein Vernunftsunterschied. Was könnte das zweite Attribut sein? Hierauf scheint nur eine Antwort möglich zu sein: das Attribut, ich zu sein. Indem in der Ich-Idee vom Attribut, ich zu sein, abstrahiert wird, gelangt man zur Idee eines denkenden Dings, und diese allgemeine Idee repräsentiert alle denkenden Dinge. Offenbar will Arnauld genau darauf hinaus; es geht ihm, wie sich im Fortgang zeigt, darum, ein Beispiel dafür zu geben, wie durch Abstraktion aus der Idee eines Einzeldings eine allgemeine Idee gebildet wird. Die Abstraktion besteht darin, daß der Geist bei der Betrachtung der Idee eines Einzeldings gewisse Attribute ausblendet, die dem Einzelding zukommen. Im Falle der vorliegenden Art der Abstraktion ist dies besonders heikel, denn es wird ein Attribut ausgeblendet und die Aufmerksamkeit auf

tend mit »Modus« und »Qualität«, wie ja Descartes selbst das auch häufig tut. (Siehe dazu in der *Logik* Teil I, Kap. 2.)

ein anderes gerichtet, obwohl zwischen den beiden Attributen nur ein Vernunftsunterschied besteht. Arnauld selbst erläutert hier nicht, was es heißt, daß zwischen zwei Attributen ein Vernunftsunterschied besteht, und so liegt es nahe, Descartes' eigene Erläuterung heranzuziehen. Der schreibt in Abschnitt 62 der *Prinzipien*: »Ein Vernunftsunterschied besteht ... zwischen zwei Attributen einer Substanz, wenn die Substanz weder ohne das eine noch ohne das andere Attribut begriffen werden kann [*intelligi non potest*]. Und dieser Unterschied ist daran zu erkennen, ... daß wir von keinem der beiden Attribute eine klare Idee haben [*ideam clare percipere*] können, wenn wir es von dem andern abtrennen« (AT VIII 30).

Gemäß dieser Erläuterung ist jedoch die von Arnauld beschriebene Art der Abstraktion besonders heikel: sie lieferte uns keine klare Idee eines denkenden Dings. Das Denken und das Ichsein als zwei Attribute des Ichs wären nur um den Preis der Klarheit auseinanderzuhalten. Unser Problem – den individuellen Aspekt der Ich-Idee herauszuschälen – hätte eine dubiose Lösung gefunden, die neue Probleme nach sich zöge. Die Idee eines von mir verschiedenen denkenden Dings wäre nun unweigerlich dunkel. – Diese Konsequenz ist übrigens gerade für Arnauld selbst schwer zu schlucken. Denn an anderer Stelle (*Des Vraies et des Fausses Idées*, 1683, Kap. 25) hatte er kurz zuvor mit Nachdruck die Auffassung verfochten, wir könnten mittels einer klaren Idee wissen [*connoître par une idée claire*],[36] daß andere Menschen eine Seele haben; wir könnten das zwar nicht durch bloßes Hinschauen [*à la simple vue*][37] wissen, wohl aber mit Gewißheit und folglich mittels einer klaren Idee. Doch Arnauld-Exegese ist hier nicht das Thema. (Arnauld trifft, dies sei noch angemerkt, keine Unterscheidung zwischen strikter

[36] *Œuvres de Messire Antoine Arnauld*, Bd. 33, Köln 1753, S. 332.
[37] Ebd.

und personaler Idee des Ichs, aber es ist klar, daß die Ich-Idee, um die es hier geht, die strikte ist.)

Wenn wir von dieser Schwierigkeit – es gäbe keine klare Idee einer von meinem Ich verschiedenen, denkenden Substanz – einmal absehen, so bleibt immer noch fraglich, ob Arnaulds zitierte Ausführungen überhaupt als eine alternative Lösung unseres Problems betrachtet werden können. Denn der Einwand liegt ja nahe, daß unser Problem nur verlagert und nicht gelöst worden ist. Unsere Frage war, was an der (strikten) Ich-Idee, die ein bestimmter Geist von sich selbst hat, die Idee zu einer macht, die ihn in seiner wesentlichen Einzigkeit repräsentiert. Arnaulds Antwort darauf ist offenbar: Das Gesuchte ist ein zweites Attribut des betreffenden Geistes, nennen wir es weiterhin das Ichsein. Zwischen Denken und Ichsein besteht nur ein Vernunftsunterschied. Wie kann dann, so fragt sich, zwischen diesen beiden Attributen ein so gravierender logischer Unterschied bestehen, daß das erste von jedem Geist gehabt wird, während das zweite nur von einem einzigen Geist gehabt wird (und vermutlich auch nur von ihm allein gehabt werden kann)? Und muß andererseits denn nicht jeder Geist, der eine Idee von sich selbst hat, beide Attribute haben, so daß also immer noch die Frage bleibt, wie sich zwei solche Geister im Hinblick auf diese beiden Attribute (Denken und Ichsein) voneinander unterscheiden? Von einem zweiten Attribut des Ichs zu reden, beantwortet unsere Fragen nach der Möglichkeit einer individuellen Ich-Idee nicht, sondern erlaubt nur deren Reformulierung als Fragen nach der Möglichkeit, eine Idee vom Attribut des (individuellen) Ichseins zu haben.

Was Augustinus im 14. Buch von *De Trinitate* über den Geist des kleinen Kinds sagt, trifft auf den individuellen Geist in Arnaulds Auslegung der Cartesischen Lehre zu: »*non se ignorare potest, sed cogitare se non potest*«.

Zugabe: Heidegger über Descartes

Heidegger schreibt:[38]

Von außen nimmt es sich so aus, als sei die Ichheit nur die nachträgliche Verallgemeinerung und Abstraktion des Ichhaften aus den geeinzelten »Ichen« des Menschen. Vor allem denkt Descartes offenkundig an das »Ich« seiner selbst als der geeinzelten Person [*res cogitans* als *substantia finita*], wogegen allerdings Kant das »Bewußtsein überhaupt« denkt. Allein Descartes denkt auch sein eigenes einzelnes Ich bereits im Lichte der freilich noch nicht eigens vorgestellten Ichheit. ... Der verhüllte Bezug zur Ichheit als der Gewißheit seiner selbst und des Vorgestellten waltet schon. Nur aus diesem Bezug ist das einzelne Ich als dieses erfahrbar.

Heidegger scheint mit »Ichheit« hier etwas zu meinen, das ganz eng mit der strikten Ich-Idee zu tun hat. Er scheint einen Begriff des Ichs zu meinen, von dem jedenfalls nicht ausgeschlossen ist, daß mehrere Menschen unter ihn fallen. Angenommen, er meint dies tatsächlich. Dann spricht er hier gerade zu unserm Thema.

Aber dann ist falsch, was er sagt. Denn er sagt dann ja, Descartes denke offenkundig an das individuelle Ich, nehme dabei allerdings stillschweigend und ohne dessen gewahr zu sein auf das Ichsein Bezug. Falsch ist an dieser Auffassung jedenfalls, es sei offenkundig, daß Descartes dies tut.

Wenn die hier vorgetragene Interpretation zutrifft, denkt Descartes gerade nicht an das Ich »seiner selbst als der geeinzelten Person«. Dieser Sinn von »ich« – die personale Ich-Idee – ist für Descartes philosophisch zweitrangig. Dies wird im oben erwähnten Brief an die Prinzessin von Böhmen sehr fein dargelegt – höflich und einfühlsam in der Form, aber scharf in der Sache: Das personale Ich ist Domäne des Sinnlichen. Und im Sinnlichen gibt es nur Klarheit, aber keine Deutlichkeit. Über den personalen Begriff des Ichs verfügt jeder ohnehin schon, auch ohne zu philo-

[38] Überwindung der Metaphysik, in: Martin Heidegger, *Vorträge und Aufsätze*, Pfullingen 1954 (4. Aufl. 1978), S. 82.

sophieren. Descartes scheint der Auffassung zu sein, daß Philosophie nicht dazu taugt, diesen undeutlichen Begriff des Ichs zu verstehen.[39] *Man kennt sich persönlich sehr schlecht*, schreibt Ernst Mach.[40] Dem könnte ein Cartesianer kaum widersprechen.

Das ganz eigene Ich, dessen Gedanken sich ändern und das etwas wesentlich Individuelles, Einziges ist, kann mit der (für Descartes philosophisch vorrangigen und im *Cogito* involvierten) strikten Ich-Idee gar nicht angemessen repräsentiert werden. Erst wenn ich mich als etwas begreife, das meinen Körper mit umfaßt, habe ich kognitiven Zugang zu mir als etwas Individuellem, das über den Wechsel der Gedanken hinweg dasselbe bleibt.[41] Die dabei anzuwendende

[39] AT III 693/694. – Descartes lädt die Prinzessin an dieser Stelle ein, der Seele Materie und Ausdehnung zuzuschreiben [*attribuer*], dies sei nichts anderes als die Seele mit dem Körper vereinigt zu begreifen. Wenn dies das beste Verständnis der Einheit der personalen Einheit von Leib und Seele ist, dann gibt es – vom Standpunkt der Cartesischen Lehre betrachtet – guten Grund anzunehmen, daß Philosophie nicht dazu taugt, diese Einheit und entsprechend den personalen Begriff des Ichs zu verstehen.

[40] *Analyse der Empfindungen*, Jena 1885, 6. Aufl. 1911, S. 3.

[41] Ein weiterschauender Leser (Rainer Specht) hat mich darauf aufmerksam gemacht, daß demzufolge offenbar weder Gott noch die Engel kognitiven Zugang zu sich als etwas Individuellem haben könnten. Und er ließ durchklingen, daß dies doch wohl kaum als eine Cartesische Auffassung durchgehen könne.

Meine Antwort darauf lautet: (1) Bei Gott liegen diese Dinge für Descartes gewiß zum besten; (2) bei den Engeln hält er sich heraus.

Ad (1): Gott ist allwissend und für Descartes gewiß auch der einzige Gott. Allein dadurch schon hat er »kognitiven« Zugang zu sich selbst. – David Lewis (Attitudes *de dicto* and *de se*, in: *Philosophical Papers*, Oxford 1983, S. 139) schildert, nebenbei bemerkt, in unfrommer Fabulierlust die kognitive Lage zweier (in gewissem Sinn) allwissender Götter, die (wiederum: in gewissem Sinn) dennoch nicht wissen, welcher Gott sie sind.

Ad (2): Ob ein Engel als ein Geist-ohne-Körper oder als ein Geist-mit-Körper geschaffen ist, dazu mag Descartes nichts sagen (Brief an More, August 1649, AT V 401). Also ist er nicht auf die Konsequenz festgelegt, daß Engel keine Idee von sich selbst als singulären Substanzen haben können.

(personale) Ich-Idee kann, wie eingangs erwähnt, vom Verstand – selbst wenn er durch die Vorstellungsvermögen unterstützt wird – nicht deutlich perzipiert werden. Das personale Ich wird klar durch die Sinne erkannt. Jeder spürt, daß er eine einzige Person ist.[42] Aber das ist – im Gegensatz zu dem, wie Heidegger ihn liest – für Descartes selbst philosophisch belanglos.

Das Ich ist das, dessen Existenz durch das *Cogito* bewiesen wird. Nichts, denke ich, charakterisiert besser, was Descartes unter dem Ich verstanden wissen will. Ein Ich in diesem Sinn vermag seine Einzigkeit nicht angemessen zu denken. Die strikte Ich-Idee thematisiert nicht die Individualität des jeweiligen Geistes, der ein Exemplar dieser Idee hat. Als solcherlei Iche repräsentieren wir uns alle gleich. Im Lichte dieser Idee betrachtet, sind wir ununterschieden. Ich bin er, du bist er, und du bist ich. Das Ich im strikten Sinn ist das Walroß, könnte man in Abwandlung eines Wortes von John Lennon sagen. *Goo Goo G'joob.*

[42] AT III 694.

4. Zweifel an der eigenen Existenz

Homo mensura can't do without staffage.
Samuel Beckett

Im Folgenden geht es um die Frage, wie der Cartesische Denker in den *Meditationen* seine eigene Existenz bezweifeln kann. Daß er es kann und tatsächlich tut, wird in der Sekundärliteratur, soweit ich sehe, fast immer übergangen oder sogar bestritten.[1] Bis zum fünften Abschnitt handelt das vorliegende Kapitel von jenem merkwürdigen Zweifel und davon, wie es dem Denker gelingen möchte, ihn zu hegen – zumal nach der »*Cogito ergo sum*«-Argumentation –, ohne damit einen flagranten Widerspruch zu begehen. Ich werde versuchen zu zeigen, daß er es kann und wie er es macht. Im Rest dieses Kapitels wird es darum gehen, wie Descartes den allgemeinen »metaphysischen« Zweifel auflösen will, dessen Spezialfall jener an der eigenen Existenz ja nur ist. Im sechsten Abschnitt verteidige ich Descartes gegen gewisse Zirkularitätsvorwürfe. Ganz am Ende geht es schließlich um einen feinen Unterschied, den Descartes zwischen verschiedenen Weisen des völligen Gewißseins ziehen möchte – ein Unterschied, der sich daraus ergeben soll, ob man die Existenz eines guten Gottes eingesehen hat oder nicht.

Worum geht es also? – Zu Beginn der *Dritten Meditation* stellt Descartes eine bemerkenswerte Überlegung an. Er wirft die Frage auf, ob das, was ihm gewiß ist,[2] auch wirklich

[1] Die einzige Ausnahme, auf die ich gestoßen bin, ist Anthony Kenny (*Descartes – A Study of his Philosophy*, New York 1968, S. 183 ff.).

[2] Ja, tatsächlich: »gewiß *ist*« und nicht nur »gewiß zu sein *scheint*«. Bei den Dingen, in denen der Denker im Denken nicht auf die Sinne (inklusive bildliches Vorstellungsvermögen und Gedächtnis) angewiesen ist, kann es ihm nicht widerfahren, daß ihm etwas gewiß zu sein scheint, was ihm nicht gewiß ist (vgl. AT VII 146). Und nur um solche Dinge geht es im Folgenden.

wahr ist. Kurz zuvor, in der *Zweiten Meditation*, war er aus seinem Großen Zweifel zur ersten Gewißheit gelangt, zur Gewißheit seiner eigenen Existenz. Diese Gewißheit besteht in der Unbezweifelbarkeit des Satzes (oder des Inhalts des Satzes) »Ich existiere«. Schon in der *Zweiten Meditation*, in unmittelbarem Anschluß an diese Einsicht, hatte Descartes darauf hingewiesen, daß diese Gewißheit in gewisser Hinsicht unvollkommen ist. Denn er weiß nicht zu sagen, was genau das Wort »ich« eigentlich bedeutet bzw. bezeichnet. Dennoch – obgleich er an dieser Stelle noch nicht genau weiß, wer oder was er ist – ist er sich dessen gewiß, daß er existiert. Die erste Gewißheit ist unvollkommen, was das genaue Verständnis ihres Inhalts angeht; sie schien aber vollkommen gewiß zu sein.

Daran ist nichts Außergewöhnliches. Denn man weiß ja vielerlei, dessen Inhalt man nicht vollkommen versteht. Man weiß, daß Hasen Lebewesen sind, ohne *genau* zu wissen, was Hasen und was Lebewesen sind. Erst recht weiß man, auch ohne ein *genaues* Wissen darüber, was Hasen sind, daß Hasen Hasen sind. Daß Hasen Hasen sind, ist unbezweifelbar; um dies einzusehen, braucht man nicht zu wissen, was genau Hasen sind.

Nicht anders stehen die Dinge beim »Ich existiere«. Jeder Denker kann um seine eigene Existenz wissen, ohne genau zu wissen, wer oder was er ist. Dennoch weiß jeder mit höchster Gewißheit, daß er existiert. In welchem Grade an Genauigkeit das verstanden wird, was gewußt wird, das ist eines; welchen Grad an Gewißheit etwas hat, das ist ein anderes. Manches wird sehr genau verstanden (»Es gibt unendlich viele Primzahlzwillinge«), ist aber nicht gewiß (weder gewiß wahr noch gewiß falsch); manch anderes ist zwar gewiß, wird aber nicht genau verstanden.

Wir müssen bei der Gewißheit also wenigstens zweierlei Gradierung auseinanderhalten: zum einen gibt es den Exaktheitsgrad des Gewußten, zum andern den Intensitätsgrad der Gewißheit. Der ersten Gewißheit in den Cartesischen

Meditationen mangelt es von Anfang an an ersterem: ihr genauer Inhalt ist dem Denker unbekannt, wie er sofort einräumt. Es mangelt dem Wissen um die eigene Existenz jedoch schwerlich an Gewißheitsintensität. Jedenfalls klingt es im Text sehr danach, als sei in dieser Hinsicht ein Maximum erreicht; ich zitiere aus der *Zweiten Meditation*:

> Er täusche mich [er, der höchst mächtige Geist, der darauf aus ist, mich in möglichst allem zu täuschen], er täusche mich, soviel er kann, niemals wird er es jedoch schaffen, daß ich nicht existiere, solange ich denke, daß ich existiere.[3]

Man muß sich vor Augen führen, was der Cartesische Denker an dieser Stelle mit seinen beschwörenden Worten behauptet. Absolut niemand, nicht einmal der denkbar mächtigste Betrüger könnte es zustande bringen, daß er – der Denker in den *Meditationen* – nicht existiert, solange er nur denkt, daß er existiert. Anders gesagt: der Intensitätsgrad der Gewißheit, die der Denker von der eigenen Existenz hat, könnte nicht größer sein. Denn die Konstruktion jenes höchst mächtigen Betrügers ist von Descartes ja zu nichts anderem vorgesehen als gerade dazu, die äußerste Dehnung des Bereichs der bezweifelbaren Dinge anschaulich zu machen. Was auch unter dieser äußersten Dehnung nicht mehr in diesen Bereich hereinfällt, ist unbezweifelbar. Was ich auch dann noch glauben muß, wenn ich unterstelle, daß es ein bösartiges, allmächtiges Wesen gibt, das es darauf anlegt, mich in möglichst allem zu täuschen, das ist so gewiß, wie es gewisser nicht sein könnte. Das ist die Idee, die hinter dem Auftritt des *genius malignus* in der *Ersten Meditation* steckt.

Also ist die Gewißheit der eigenen Existenz eine des höchsten Intensitätsgrads. – Dem Leser, der die *Erste* und *Zweite Meditation* so liest, begegnet eingangs der *Dritten* eine arge Überraschung. Denn dort scheint es so, als wolle Descartes nun nachträglich doch noch, auch im Hinblick auf

[3] AT VII 25.

diese erste Gewißheit, Raum für Zweifel lassen. Jedenfalls für eine gewisse, sei's auch sehr blasse Art des Zweifels. Ich werde den Beginn dieses Cartesischen Gedankengangs vereinfachend zusammenfassen und das Herzstück dann zitieren.

Der Denker stellt sinngemäß folgende Überlegung an: Wenn ich jetzt, seitdem ich mich dem Großen Zweifel ergeben habe, einen schlichten arithmetischen Satz (wie z. B. »3+2=5«) bezweifelt habe, dann habe ich diesen Zweifel nur deshalb gehegt, weil es mir in den Sinn kam, es könnte einen Ganz Großen Betrüger geben. Solch ein Ganz Großer Betrüger könnte mich auch in den Dingen täuschen, die am augenfälligsten zu sein scheinen. Und nun zitiere ich ein Stück aus dieser Stelle:[4]

> Wann immer mir diese vorgefaßte Meinung von der Allmacht Gottes einfällt, muß ich einräumen, daß es ihm ein Leichtes ist, mich auch in den Dingen zu täuschen, die ich mit größter Evidenz einzusehen vermeine. Wann immer ich mich aber diesen Dingen selbst zuwende, die ich ganz klar zu perzipieren meine, bin ich von ihnen einfach derart überzeugt, daß aus mir spontan folgendes heraussprudelt:
>
> > Täusche mich, wer auch immer dazu in der Lage ist; niemals wird es ihm gelingen, daß ich nichts bin, solange ich ich denke, daß ich etwas bin. Er kann nicht bewirken, daß es jemals wahr sein wird, daß es mich nie gegeben hat, wo es doch jetzt wahr ist, daß es mich gibt. Er kann wohl auch nicht bewirken, daß 2+3 mehr oder weniger als 5 sind. Und er kann auch nichts anderes von dieser Art bewirken – Dinge, in denen ich eine offenkundige Widersinnigkeit erkenne [*repugnantiam agnosco manifestam*].

Der Denker redet in dem (von mir) eingerückten Textstück nicht mehr in propria persona. Er berichtet darüber, wie er zu reden geneigt ist, wenn er an gewisse Dinge – wie an das Faktum seiner eigenen Existenz oder an mathematische Banalitäten – denkt. Er nimmt nun kognitive Distanz ein zu dem, was er an Ähnlichlautendem in der *Zweiten Meditation*

[4] AT VII 36.

geschrieben hat. Auch dort hieß es ja: »Er täusche mich, soviel er kann, niemals wird er es schaffen ...«. Descartes sagt nun, an der gerade zitierten Stelle, sinngemäß: »Dergleichen bricht spontan aus mir heraus, wenn ich an etwas denke, dessen Gegenteil mir widersinnig vorkommt. Aber muß etwas dieser Art allein deshalb schon wahr sein, weil aus mir diese wahrheitsbeteuernden Worte spontan herausbrechen?«.

Der Text geht so weiter:

Nun habe ich gewiß keine Veranlassung zu der Annahme, daß es einen Täuschergott gibt. Ich weiß ja nicht einmal, ob es überhaupt irgendeinen Gott gibt. Mein Grund zum Zweifel [an den anscheinend völlig offenkundigen Sachverhalten] beruht allein auf jener Meinung [und zwar der erwähnten »vorgefaßten« Meinung, es gebe einen allmächtigen Gott]; das ist ein sehr schwacher oder sozusagen metaphysischer Zweifelsgrund.[5] Um jedoch auch diesen Zweifelsgrund zu beseitigen, muß ich möglichst bald untersuchen, ob es [einen] Gott gibt und ob er – wenn es ihn gibt – ein Betrüger sein kann. Denn solange ich das nicht weiß, scheint mir, werde ich über nichts anderes jemals echte Gewißheit [*plane certus*] haben können.

Descartes skizziert hier folgende erkenntnistheoretische Schwierigkeit. Einerseits kann man manche Dinge einfach nicht bezweifeln; denn wann immer man über sie nachdenkt, kommt man alsbald unweigerlich dazu, ihr Gegenteil für widersinnig zu halten. Andererseits könnte es sein. daß man an diesen Dingen deshalb nicht zweifeln kann, weil man einfach so gebaut ist, daß man an ihnen nicht zweifeln kann; vielleicht ist die menschliche Zweifelsfähigkeit an diesen Stellen sozusagen konstitutionell unterentwickelt. Die uns unbezweifelbaren Dinge könnten dennoch falsch sein. – Die Schwierigkeit besteht also darin, daß man an gewissen

[5] In den *Prinzipien der Philosophie* (Teil I, § 30, AT VIII 16) bezeichnet Descartes diesen sog. metaphysischen Zweifel als den größten Zweifel. Es wird später deutlich werden (Abschnitt 5), weshalb diese auf den ersten Blick schlecht miteinander verträglichen Charakterisierungen nicht unvereinbar sind.

Dingen einerseits nicht zweifeln kann; andererseits aber anscheinend doch.

Und hinter dieser Schwierigkeit liegt ein weitreichendes Problem: Wo verlaufen die Grenzen des Zweifels? Descartes hatte in den beiden ersten *Meditationen* dem Zweifel außerordentlich viel Raum zur Entfaltung gelassen. Er hatte dort eine Art Stufenleiter des Zweifels entwickelt – erste Stufe: vielleicht ist meine Sinneswahrnehmung defekt; zweite Stufe: vielleicht träume ich das alles nur; dritte Stufe: vielleicht werde ich von einem böswilligen allmächtigen Wesen an der Nase herumgeführt. Vielleicht, vielleicht, vielleicht – diese in Erwägung gezogenen Zweifelsgründe sind unter gewöhnlichen Umständen nicht sonderlich gravierend. Descartes nimmt sie zum Zwecke seiner philosophischen Betrachtungen dennoch möglichst ernst. Er tut mit wohlüberlegter Absicht so, als seien diese Zweifelsgründe ebenso gewichtig wie das, was gegen sie spricht (und das ist ja immerhin die ganze uns selbstverständliche Manier, in der wir leben). Es ist uns unter gewöhnlichen Umständen selbstverständlich, uns auf unsere Sinne zu verlassen. Wir denken nicht im Traum daran, unser gesamtes Leben für einen Traum zu halten. Und es würde die meisten von uns nicht kümmern, ob ein böser Dämon sie über die wirkliche Beschaffenheit der Welt täuscht; jedenfalls solange der Unterschied zwischen vermeintlicher und tatsächlicher Beschaffenheit der Welt für alle praktischen Zwecke keinerlei spürbaren Unterschied macht.

Aber die Umstände, in denen sich der Cartesische Denker befindet, sind erklärtermaßen nicht die gewöhnlichen. Er will an die Grenzen des möglichen Zweifels gehen, um von dort aus zu erkunden, ob es überhaupt etwas völlig Gewisses gibt. Ein schwacher Zweifelsgrund soll im Rahmen dieser Betrachtungen soviel gelten wie ein starker. Dazu später mehr.

1. Die eigene Existenz: bezweifelbar?

Wie steht es nun um die Gewißheit der eigenen Existenz? In der *Zweiten Meditation* schien alles ganz einfach und eindeutig. Descartes spricht dort, offenkundig mit Bezug auf das »Ich existiere«, von der gewissesten und evidentesten aller Erkenntnisse [*cognitio, quam omnium certissimam evidentissimamque esse contendo*].[6] Das sind starke Worte. Aber dann taucht in der *Dritten Meditation* plötzlich doch ein sei's auch kleiner und blasser Zweifel auf (der offenbar auch das »Ich existiere« mit einbegreift).

Wie ist das zu verstehen? Von der Möglichkeit, daß Descartes sich an diesen Stellen schlicht und ergreifend widerspricht, müssen wir absehen. Denn erstens würden wir damit bloß sagen, daß es da nichts zu verstehen, sondern einfach nur einen Widerspruch zu konstatieren gibt. Und zweitens wäre dieser Widerspruch zu krachend flagrant, als daß man ihn einem umsichtigen und scharfsinnigen Denker wie Descartes zutrauen könnte – und dazu noch an einer wichtigen Stelle einer Schrift, die er von scharfsinnigen und keineswegs nur wohlmeinenden Kritikern unterschiedlichster intellektueller Provenienz sozusagen öffentlich kommentieren ließ. Man muß gar keine allgemeinen Grundsätze der Nachsichtigkeit oder des Wohlwollens beim Interpretieren bemühen, um diese Deutung mit dem Widerspruch als offenkundig unbefriedigend beiseite zu lassen.

2. Drei unhaltbare Interpretationen

Welche anderen Deutungen bleiben? Ich möchte, ohne Anspruch auf Vollständigkeit, drei erwähnen.

(1) Es gibt unterschiedliche Begriffe von Gewißheit; einen psychologischen, der in der *Zweiten Meditation* eine Rolle

[6] AT VII 25.

spielt, und einen metaphysischen, der in der *Dritten Meditation* thematisiert wird. Und aus diesem Grund handelt es sich bei der Spannung, die zwischen den erwähnten Stellen aus der *Zweiten* und der *Dritten Meditation* besteht, gar nicht um die Bedrohung durch einen Widerspruch, sondern nur um eine sprachliche Mißlichkeit: die Begriffe des Zweifels und der Gewißheit haben unterschiedliche Lesarten. Das *Existo* ist im einen Sinne dieser Wendung *unbezweifelbar gewiß*; von diesem Sinn handelt die *Zweite Meditation.* In einem anderen Sinn ist es eben dennoch *bezweifelbar* und *nicht gewiß*; um solch einen anderen Sinn geht es in der *Dritten Meditation.*

(2) Das *Existo* ist von dem Zweifel ausgenommen, der in der *Dritten Meditation* mit Hilfe des Gottesbeweises beseitigt werden soll. Das *Existo* hat, wie in der *Zweiten Meditation* zu Recht gesagt wird, höchste Gewißheit. Das verbleibende Problem mit der metaphysischen Ungewißheit, das in der *Dritten Meditation* angesprochen wird, betrifft jedenfalls nicht das *Existo.*

(3) Der Denker hatte sich in der *Zweiten Meditation* verritten. Er hatte dort voreilig das *Existo* zur Gewißheit erklärt. Erst in der *Dritten Meditation* geht ihm auf, daß tags zuvor, in der *Zweiten Meditation*, sein Gedanke an die eigene Existenz noch einen Zweifel zuließ. Der *Existo*-Gedanke war ihm nur fälschlich als gewiß erschienen.

Der erste Ausweg ist typisch philosophisch und scheitert (wie das typisch Philosophische zumeist). Ein drohender Widerspruch soll dadurch vermieden werden, daß eine Mehrdeutigkeit postuliert wird. Doch Mehrdeutigkeiten sind nicht immer gar so billig zu haben, wie schlechte wohlmeinende Interpreten das gerne hätten. Bedenken wir, wessen es bedarf, damit wir Descartes zwei unterschiedliche Begriffe der Gewißheit zuschreiben können, die unser Dilemma beseitigen. Erstens müßten sie verschiedene Begriffe sein, und zweitens müßten sie einander logisch so fremd sein, daß sie nicht auf ein und derselben Intensitätsskala des Gewißseins vergleichbar wären. Aber das Wort »Gewißheit«

wird von Descartes nicht erkennbar ambig verwandt, so daß wir es vor der *Dritten Meditation* mit einem andern Sinn dieses Wortes zu tun hätten als in ihr. Zwar ist es (meines Erachtens) richtig, daß er einen Unterschied zwischen verschiedenen Arten von Gewißheit macht, aber damit unterscheidet er nicht zwischen zwei Begriffen von Gewißheit (zwischen zwei Bedeutungen des Wortes »Gewißheit«), sondern nur zwischen zwei Arten ein und derselben Gewißheit.[7] Zur Veranschaulichung dessen, worauf es mir hierbei ankommt, ein Beispiel: Wenn zwischen Bezirksligafußballern und Nationalmannschaftsfußballern unterschieden wird, dann werden zwei Arten von Fußballspielern unterschieden, die aber in ein und demselben Sinn Fußballspieler sind. Wird hingegen zwischen Damenbauern und Weinbauern unterschieden, dann geht es nicht nur um unterschiedliche Arten von Bauern, sondern um Bauern in unterschiedlichem Sinn des Wortes (um verschiedene Bauer-Begriffe).

Das Beispiel macht, wie ich hoffe, klar, weshalb es ziemlich schwierig sein dürfte, Descartes in der *Zweiten* und *Dritten Meditation* unterschiedliche Begriffe von Gewißheit zu unterstellen. Aber das ist ja noch nicht alles, was gegen den Ausweg mit dem Rekurs auf eine Mehrdeutigkeit spricht. Denn nehmen wir einmal an, der Cartesische Gewißheitsbegriff wäre in der Tat mehrdeutig. Dann käme noch ein anderes Problem.

Die beiden Gewißheitsbegriffe müßten hinsichtlich der auf sie anwendbaren Intensitätsgradierung unvergleichbar sein. Denn der Ausweg mit der Ambiguität funktionierte ja nur dann, wenn selbst die höchste psychologische Gewißheit zu irgendeinem Thema gar nichts über die metaphysische Gewißheit zum selben Thema besagte. (Genau darin besteht ja das Ausgangsdilemma: Die höchste sog. psychologische Gewißheit ist noch keine metaphysische.) Dieserlei

[7] Welche Arten der Gewißheit Descartes voneinander unterscheidet, erläutere ich in Abschnitt 8 dieses Kapitels. Siehe unten, S. 191 ff.

Unvergleichbarkeit wird durch die unterschobene Begriffsverschiedenheit noch nicht garantiert. Ich greife auf das gerade bemühte Beispiel zurück. Ein Damenbauer *a* und ein Weinbauer *b* sind zwar (als Bauern) begrifflich unterschieden, sie sind aber trotzdem z. B. hinsichtlich ihrer Größe vergleichbar. Bauer *a* ist eine ungefähr zwei Zentimeter große Schachfigur; Bauer *b* ist ein ca. einmeterachtzig großer Winzer. Keine Frage, *b* ist größer als *a*.

Doch selbst die größte psychologische Gewißheit (das *Existo*) ist für Descartes, so scheint es, nicht metaphysisch gewiß. So klingt es jedenfalls an den Stellen, die ich zitiert habe. Erst recht sollte dann keine andere psychologische Gewißheit für ihn metaphysisch gewiß sein. Wenn wir – wie es der Ambiguitätsausweg vorsieht – zwei Gewißheitsbegriffe voneinander semantisch trennen wollten, so müßten sie nicht nur verschieden sein, sondern auch in einer wesentlichen Hinsicht aneinander vorbeilaufen, die sich aus ihrer Verschiedenheit allein noch nicht ergibt.

Und gerade hier liegt der Grund, warum dieser Ausweg so wenig überzeugend ist. Denn eingangs der *Dritten Meditation* setzt Descartes ja die Vergleichbarkeit des metaphysischen Zweifels und der psychologischen Gewißheit voraus. Die psychologische Gewißheit (z. B. des *Existo*) ist sehr groß, der noch verbleibende metaphysische Zweifel sehr klein. – Aus diesem Grund ist die erste der drei genannten Deutungen sehr unbefriedigend.

Wenden wir uns der zweiten zu, wonach das *Existo* eine unüberbietbar große Gewißheit hat und also auch von jedem noch so kleinen, noch so metaphysischen Zweifel ausgenommen ist. Zunächst einmal: Was spricht für diese Deutung? Ganz einfach: die logische und erkenntnistheoretische Natur des *Existo*. Das *Existo* hat, im Lichte der von mir vorgeschlagenen Analyse,[8] eine erkenntnistheoretisch dramatische Besonderheit, die nicht einmal den mathemati-

[8] Vgl. oben Kapitel 2, insb. S. 106 f.

schen Wahrheiten und vielen anderen klaren&deutlichen Ideen zukommt. Das *Existo* – konstruiert als »Der Denker *dieses* Gedankenvorkommnisses existiert« – ist evidentermaßen wahrheitsautonom. Dieser Gedanke ist auf keinerlei Gewißheits- oder Wahrheitsvoraussetzungen außerhalb seiner selbst angewiesen. All seine Gewißheit steckt in ihm selbst; es bedarf, mit Frege zu sprechen, keiner »weiteren Erkenntnistat«, um seine Wahrheit einzusehen. Dieser Gedanke bewahrheitet sich gewissermaßen ganz aus eigener Kraft. Wird dieser Gedanke gedacht, dann ist der Denker sich unweigerlich der Wahrheit des Gedachten gewiß. Wann immer es ihm gelingt, an der Wahrheit des von ihm Gedachten zu zweifeln, ist dies allein schon Beweis dafür, daß er dann jedenfalls nicht *diesen* Gedanken denkt.

Und dieser Aspekt des *Existo*, seine evidente Wahrheitsautonomie, scheint ja einfach keinen logischen oder erkenntnistheoretischen Raum für einen sei's auch noch so blassen Zweifel zu lassen. Also muß die zweite Deutung doch wohl zutreffen.

Dennoch: Sie ist falsch. Sie ist exegetisch unhaltbar; sie verträgt sich schlicht und einfach nicht mit dem Text. Denn Descartes sagt am Ende der *Fünften Meditation* ganz explizit, was er am Ende unseres ausführlichen Zitats als Vermutung äußert: ohne Wissen um die Existenz Gottes überhaupt kein echtes Wissen.[9] Außerdem bezieht er das *Existo* eingangs der *Dritten Meditation* in den Bereich derjenigen Dinge mit ein, um die es im metaphysischen Zweifel geht. Ich zitiere noch einmal zur Erinnerung: »Ich muß einräumen, daß es einem allmächtigen Gott ein Leichtes ist, mich auch bei *den Dingen* [und er macht keinerlei Einschränkung im Hinblick auf das *Existo*] zu täuschen, die ich mit größter Evidenz einzusehen vermeine.« Und wenn er dann Beispiele für solche höchst klaren Dinge nennt, dann kommt als allererstes dies: »Niemals wird er zustande bringen, daß ich nichts bin,

[9] AT VII 71.

solange ich denke, daß ich etwas bin«, und das ist eine Variante des *Existo.* Es steht also im Cartesischen Text, und nicht gerade zwischen den Zeilen: Der metaphysische Zweifel erstreckt sich auch auf das *Existo.*[10]

Doch wie kann das sein? Ist also doch ein Zweifel an Einsichten mit evidenter Wahrheitsautonomie möglich? Oder ist mein Vorschlag zum Verständnis des *Existo* falsch? Habe ich zu hoch gegriffen, als ich im zweiten Kapitel sagte, das *Existo* bringe unweigerlich mit sich, daß der Denker sich der Wahrheit des Gedachten bewußt ist? Widerlegt der Auftakt der *Dritten Meditation* also vielleicht die skizzierte Analyse des *Existo*?

Nein, ganz und gar nicht. Die evidente Wahrheitsautonomie des *Existo* ist verträglich damit, daß das *Existo* in metaphysischen Zweifel gezogen werden kann. Wie dies möglich ist, werden wir alsbald betrachten. Zunächst einmal wollen wir festhalten, daß die zweite Deutung mit dem Text offenkundig unvereinbar ist, und uns der dritten zuwenden.

Die dritte Deutung besagt, daß der Denker den Mund in der *Zweiten Meditation* zu voll genommen hat, als er den Großen Zweifel durch das *Existo* für in wenigstens diesem Punkt überwunden erklärte. In Wirklichkeit sei auch das *Existo* ohne hinzukommende Gewißheit von der Existenz Gottes nicht gewiß, der Große Zweifel auch im Hinblick auf die eigene Existenz noch nicht ganz überwunden. – Zunächst einmal müssen wir auf die kleine Finesse achten, durch die verhindert wird, daß diese Deutung darauf hinausläuft, daß Descartes hier ein eklatanter Widerspruch zugeschrieben wird. Wir machen mit dieser Deutung nämlich den feinen Unterschied zwischen dem Denker, von dem in den *Meditationen* in der Ersten Person Singular die Rede ist, und dem philosophischen Autor, also Descartes selbst. Wir schreiben Descartes hier keinen Widerspruch zu, sondern

10 Wir werden unten, in Abschnitt 4, noch einmal auf die Frage zurückkommen, wie zwingend diese Textbelege sind.

betrachten die *Meditationen* gewissermaßen als Descartes' Bericht über den Gedankengang des meditierenden Denkers. Der Denker, so besagt die Deutung, bemerkt in der *Dritten Meditation*, daß seine Begeisterung in der *Zweiten Meditation* über die Entdeckung einer ersten Gewißheit, mit der sich der Große Zweifel überwinden lasse, vorschnell war. Jetzt, in der *Dritten Meditation*, läßt Descartes ihn die Einsicht erlangen, daß da immer noch ein Rest Zweifel ist, auch am *Existo*. Kurz, der Denker irrte in der *Zweiten Meditation* und korrigiert diesen Irrtum in der *Dritten*; Descartes hingegen irrte weder an der einen noch an der andern Stelle.

Auch diese Deutung ist nicht akzeptabel. Zunächst einmal wäre Descartes ein sehr schlechter Autor, wenn er uns auf eine derartige Selbstkorrektur seines Denkers nicht deutlicher hingewiesen hätte. Denn gewiß wäre es für den mitdenkenden Leser ja ausgesprochen instruktiv zu erfahren, daß in der *Zweiten Meditation* ein derartig wichtiger und wuchtiger Fehler begangen worden ist. Doch Descartes erwähnt diesen Fehler mit keinem Wort, und das paßt überhaupt nicht zu dem Stil der Gedankenführung in den *Meditationen*. Wäre unsere dritte Deutung richtig, dann hätte man eher ein Textstück wie das Folgende erwartet (ich trage es in meiner eigenen Übersetzung vor):

Zwar habe ich keine Veranlassung [*nullam causam*] zu der Annahme, daß es einen Täuschergott gibt. Insofern ist der folgende Zweifel sehr schwach oder sozusagen metaphysisch: »Hat mich jener höchst mächtige und verschlagene Betrüger denn auch darin getäuscht, daß ich mir meines Existierens tatsächlich ganz und gar gewiß war, als ich dachte, daß ich bin?« Doch wie schwach auch immer dieser Zweifel ist, jedenfalls lag es in seiner Macht, mich auch darin zu täuschen. Und wenn es ihn gibt, so wird er von dieser Macht wohl Gebrauch machen. Doch nur ein Wesen, das höchst mächtig und arglistig ist, vermag es, mich sogar darüber zu täuschen, ob ich mir einer Sache wirklich ganz und gar gewiß bin oder ob sie mir bloß momentan gewiß erscheint. Deshalb muß ich möglichst bald untersuchen, ob es einen Gott gibt und ob er – wenn es ihn gibt – ein Betrüger sein kann. Denn solange ich das nicht weiß, werde ich selbst im Gefühl höchster Gewißheit jenen letzten Rest an Zweifel [*illud reliquum dubitationis ultimum*], auf den ich jetzt erst aufmerksam geworden bin, nicht überwunden haben. ... Und so weiter, und so weiter.

Nichts dergleichen findet sich in den *Meditationen.* Doch das ist natürlich kein vernichtender Einwand gegen diese Deutung. Wichtiger ist, daß dieses Zitat, auch wenn es sich im Cartesischen Text fände, uns bei unserm Verständnisproblem gar nicht weiterhülfe.

Und zwar aus folgendem Grund. In der dritten Deutung wird das Problem mit dem Cartesischen Text mißverstanden. Es wird so getan, als bestehe das Problem darin (wie dem Denker erst in der *Dritten Meditation* bewußt wird), daß es Gewißheit im höchsten Intensitätsgrad erst dann geben könne, wenn die epistemische Möglichkeit der Existenz eines Täuschergotts ausgeschaltet ist. Und die mit der dritten Deutung vorgeschlagene Lösung lautet: Dann gab es in der *Zweiten Meditation* eben doch noch kein Maximum an Gewißheitsintensität, obwohl es dem Denker so schien; also kann der Denker sich über den Grad der Gewißheitsintensität irren. Doch dies ist *nicht* das Problem. Es geht nicht darum, ob der Denker sich darüber irren kann, wie intensiv sein Fürwahrhalten ist. Der dritten Deutung liegt eine Fehldeutung des Problems zugrunde; deshalb hilft die von ihr angebotene Lösung nicht weiter.

3. Das Problem

Was genau ist also das Problem? Die Ausgangsfrage für Descartes ist bei dieser Überlegung, die er eingangs der *Dritten Meditation* anstellt:

> Sind die Dinge, die mir im höchsten Intensitätsgrad gewiß sind, denn auch garantiert wahr?

In dieser Frage geht es um den Zusammenhang zwischen Gewißheit und Wahrheit. Gewißheit ist für Descartes, um es plakativ zu sagen, ein Geisteszustand.[11] Wahrheit ist etwas anderes. Gewißheit ist im Geiste; sie ist eine besondere Art des Fürwahrhaltens. *Höchste* Gewißheit liegt vor, wenn etwas in der Weise für wahr gehalten wird, daß sein Gegenteil offenkundig widersinnig wäre. (Diese offenkundige Widersinnigkeit des Negats ist eine hinreichende Bedingung dafür, daß die betreffende Sache »höchst klar&deutlich« – oder »mit größter Evidenz« – perzipiert wird.)[12] *Wenn* höchste

[11] Sehr deutlich wird dies in den *Siebten Erwiderungen* (AT VII 475). Dort wirft Descartes dem verhaßten Bourdin gerade vor, er behandele Gewißheit wie etwas, das in den Dingen selbst (*in obiectis* – im Gegensatz zu: *in nostra cogitatione*) anzutreffen sei.

In diesem Zusammenhang entschlüpft ihm übrigens eine für die Grundlagen seiner Vorgehensweise sehr aufschlußreiche Bemerkung: »Denn allein dadurch, daß etwas als zweifelhaft hingestellt wird, ist es auch schon zweifelhaft« [*cum ex hoc solo, quod proponatur ut dubium, dubium reddatur*]. Ob man dieser These Descartes' auch nur den mindesten Anflug von Plausibilität zubilligen kann, hängt davon ab, wieviel dazu gehört, etwas als zweifelhaft hinzustellen. Und davon, wie wenig dazu gehört, zweifelhaft zu sein. »Zweifelhaft«, das kann sich auf die eher psychische Seite des Zweifelns beziehen (eher unbestimmte Gefühle der Unsicherheit und dergleichen), oder aber auch auf die eher rationale Seite (formulierbare Gründe, die einsichtigermaßen gegen eine Annahme sprechen). Selbst wenn man *das Zweifeln*, bloß als psychischen Akt betrachtet, als eine Geistestätigkeit gelten ließe, die jedenfalls von einem hinreichend starken Denker ad libitum vollzogen werden kann, ist *ein Zweifel*, als das logische Objekt (oder Resultat) dieses Akts, etwas anderes und kognitiv viel Anspruchsvolleres, das sich im Feld der Abwägung von Gründen und Gegengründen bewähren muß. Wir werden darauf in Abschnitt 6 zurückkommen.

[12] Descartes ist alles andere als klar und deutlich, was seinen Begriff des Klaren&Deutlichen angeht. Seine Definitionen in den *Prinzipien* (Teil I, § 45, AT IX 21/22) sind wenig hilfreich. Doch für unsere Zwecke hier ist dies nicht weiter schlimm, denn uns interessiert hier nur *höchste* Klarheit&Deutlichkeit, und dafür findet sich an der oben zitierten Textstelle der *Meditationen* (AT VII 36) ein leidlich handhabbares Kriterium: Etwas ist dann im höchsten Maße klar&deutlich, wenn seine Negation offenkundig widersinnig ist. Auch wenn der Begriff der offenkundigen Wider-

Gewißheit vorliegt, ist für Zweifel an der betreffenden Sache keinerlei epistemischer Raum übrig. Höchste Gewißheit überwindet (gewissermaßen per definitionem) jeden Zweifel. Hören wir dazu wieder Descartes selbst, der in den *Zweiten Erwiderungen*, wie er sich ausdrückt, »noch einmal das Fundament darlegt, auf das sich alle menschliche Gewißheit seines Erachtens gründen läßt«. Er schreibt dort:[13]

> Sobald wir glauben, etwas richtig [*recte*] zu perzipieren, sind wir spontan davon überzeugt, daß es wahr ist. Wenn nun aber diese Überzeugung derart fest ist, daß wir keinerlei Grund haben könnten, an ihr [...] zu zweifeln, dann gibt es nichts, wonach wir außerdem noch Ausschau halten könnten; wir haben dann alles, was man vernünftigerweise wünschen kann. ... Denn wir nehmen hier ja an, daß die Überzeugung derart fest ist, daß sie auf keinerlei Weise erschüttert werden kann; und daher ist solch eine Überzeugung offenkundig nichts anderes als die vollkommenste Gewißheit.

Mit der Gewißheit der klarsten&deutlichsten Perzeption haben wir für den Moment alles, woran uns sinnvollerweise gelegen sein könnte. Mehr gibt es da nicht zu holen. Und die Frage ist: Ist das genug, um Wahrheit zu garantieren? – Descartes' Antwort ist: Nein; das ist nicht genug, solange wir es für möglich halten, daß es einen Täuschergott gibt.

Und daraus ergibt sich dann unser Verständnisproblem. Denn Descartes spricht eingangs der *Dritten Meditation* ja nicht nur von der Möglichkeit, daß selbst das Gewisseste falsch ist, sondern auch davon, daß – solange die Möglich-

sinnigkeit nicht ohne Schwierigkeiten und Zweifelsfälle ist, so ist er doch nicht so abgelegen oder unklar, daß man gar nicht mit ihm arbeiten könnte. (Es wäre übrigens sehr problematisch, wenn man diesen Begriff präzisieren wollte als »offenkundige *logische oder analytische Falschheit*«; denn ein Satz wie »Ich denke jetzt nicht« oder »Ich existiere jetzt nicht« ist ja – im Lichte derzeitiger Standardauffassungen – weder eine logische Kontradiktion noch analytisch falsch. Unter der ins Auge gefaßten Präzisierung ließe sich also nicht einmal einsehen, daß das *Cogito* und das *Existo* im höchsten Maße klar&deutlich sind.)

[13] AT VII 144.

keit der Existenz eines Täuschergotts nicht ausgeräumt ist – auch das Gewisseste noch einen Raum für Zweifel läßt. Unser Problem ist also dies:

> Wie kann es sein, daß mir etwas, an dem ich zweifeln kann, dennoch im höchsten Intensitätsgrad gewiß ist?

Darauf möchte ich nun im Rahmen der Cartesischen Auffassungen eine kohärente Antwort zu geben versuchen. Mein Beispiel für eine Gewißheit mit höchstem Intensitätsgrad bleibt weiterhin das *Existo*. Unser Problem lautet dann, in Anwendung auf dieses Beispiel:

> Wie kann ich an meiner Existenz zweifeln, wo ich mir ihrer doch im höchsten Maße gewiß bin?

Meine Antwort wird ergeben, daß zwei der drei vorgestellten und verworfenen Deutungen – und zwar die erste und die dritte – gar nicht so ganz schlecht waren; an beiden ist etwas Richtiges, auch wenn sie strenggenommen falsch sind.[14]

Doch zuvor möchte ich noch einmal auf eine Voraussetzung eingehen, die ich hier mache – und zwar, daß Descartes zu Beginn der *Dritten Meditation* tatsächlich auch die eigene Existenz in metaphysischen Zweifel zieht. Diese Voraussetzung wird vielerseits für falsch gehalten; deshalb

[14] In der ersten Deutung wird richtig gesehen, daß es für Descartes zwei relevante Arten von Gewißheit gibt; der Fehler liegt darin, daß diese Unterarten zu Extensionen unterschiedlicher Begriffe erklärt werden: es wird Ambiguität diagnostiziert, wo es sich in Wirklichkeit um Subkategorisierung eines einheitlichen Begriffs handelt (siehe dazu Abschnitt 8). In der dritten Deutung wird richtig gesehen, daß der Denker in der *Zweiten Meditation* eine gewisse Form der Zweifelsanfälligkeit unbeachtet läßt; der Fehler liegt darin, daß in dieser Deutung die Sachlage so dargestellt wird, als habe der Denker dort behauptet, er könne auch dann keinen Zweifel am *Existo* hegen, wenn er nicht diesen Gedanken hat (siehe dazu Abschnitt 5).

möchte ich sie noch einmal begründen, diesmal ein wenig ausführlicher als oben in Abschnitt 2.

4. Exkurs über die Frage, ob aus dem Text der *Meditationen* wirklich hervorgeht, daß auch die eigene Existenz dem metaphysischen Zweifel ausgesetzt ist

Oben hatte ich gesagt, es sei mit dem Text der *Meditationen* unvereinbar anzunehmen, Descartes habe die eigene Existenz vom metaphysischen Zweifel ausnehmen wollen. Für diese Behauptung habe ich dreierlei ins Feld geführt. Erstens spricht Descartes in den *Meditationen* wiederholt ausdrücklich davon, daß jedes vollkommene Wissen bzw. jede vollständige Gewißheit nur möglich ist, nachdem die Existenz Gottes erkannt wurde.[15] Zweitens schreibt Descartes an der entscheidenden Stelle (AT VII 36):

[15] Vgl. *Dritte Meditation*, AT VII 36, und *Fünfte Meditation*, AT VII 69 und 71. Simon Dierig hat mich mit dankenswerter Beharrlichkeit darauf aufmerksam gemacht, in welch bemerkenswerter Weise Descartes seine Formulierungen der *Fünften Meditation* in den *Zweiten Erwiderungen* (und auch gerade im Hinblick auf die Gewißheit der eigenen Existenz) eingeschränkt hat. Mersenne hatte eingewandt (AT VII 125), daß wenn alles Wissen von der Erkenntnis der Existenz Gottes abhängt, der Denker vor dem Gottesbeweis noch nicht wisse, daß er ein denkendes Ding ist. Descartes entgegnet darauf (AT VII 140 f.), er habe an der betreffenden Stelle in der *Fünften Meditation* (AT VII 69) ausdrücklich kenntlich gemacht – und das hat er übrigens nicht –, daß es ihm dort nur um einen ganz speziellen Fall von Wissen gegangen sei – und zwar um den Fall, wo jemand zwar die Konklusion eines Beweises noch weiß, obwohl ihm der Beweisgang mit seinen Prämissen nicht mehr präsent ist. Dieser Fall sei bei dem Schluß »Ich denke, also bin ich« aber gerade nicht gegeben; denn dabei handele es sich nicht um einen Syllogismus, in dem die eigene Existenz (unter Heranziehung der allgemeinen Prämisse, daß alles, was denkt, existiert) aus dem Denken hergeleitet wird, sondern um die Kenntnis eines Prinzips. Solch eine Kenntnis [*notitia*] werde in Fachkreisen aber nicht als Wissen [*scientia*] bezeichnet.

Ich muß einräumen, daß es einem allmächtigen Gott ein Leichtes ist, mich auch bei den Dingen zu täuschen, die ich mit größter Evidenz einzusehen vermeine.

Da er hier keinerlei Einschränkung macht, geht es ihm offensichtlich um *alle* Dinge, die er mit höchster Evidenz einzusehen vermeint. Und die eigene Existenz ist eines dieser Dinge. Also will er mit dem zitierten Satz offensichtlich auch sagen, daß es einem allmächtigen Gott ein Leichtes ist, mich auch im Hinblick auf meine eigene Existenz zu täuschen.

Und drittens nennt er anschließend eine Reihe von Beispielen für solche Dinge, die er mit höchster Evidenz einzusehen vermeint und im Hinblick auf die er sich – solange er an sie denkt – selbst vom mächtigsten Täuscher nicht für täuschbar hält; und sein erstes Beispiel ist gerade:

Niemals wird er es zustande bringen, daß ich nichts bin, solange ich denke, daß ich etwas bin. (AT VII 36)

Dies habe ich als eine Variante des *Existo* bezeichnet, weil es ein wörtliche Wiederholung des beim Beweis des *Existo* in

Es fällt auf, daß Descartes auf Mersennes Einwand keine eindeutige Antwort gibt. Weder sagt er: Ja, das stimmt, vor dem Gottesbeweis weiß ich nicht einmal, daß ich ein denkendes Ding bin; noch sagt er: Nein, ich weiß dies auch vor dem Gottesbeweis schon klar&deutlich. Statt dessen finassiert er mit terminologischen Subtilitäten [»*notitia*«/»*scientia*«] und weicht auf Nebenthemen aus (die Nichtsyllogizität der *Cogito*-Argumentation). Es fällt weiterhin auf, daß dieses Ausweichen nicht verfangen kann, wenn es um die für die hier angestellten Überlegungen maßgebliche Textstelle in der *Dritten Meditation* (AT VII 36) geht. Denn dort ist ganz gewiß nicht von dem Problem der gewußten Konklusionen und vergessenen Prämissen die Rede, auf das Descartes Mersennes Einwand abbiegt.

Doch es fällt letztlich am meisten auf, daß Descartes in seiner Replik auf die *Zweiten Einwände* nicht einfach das sagt, was die vorliegende Interpretation ihm als seine Ansicht zuschreibt. Deshalb spricht es gegen diese Interpretation, daß Descartes in seiner Antwort auf Mersennes Frage ausweicht und laviert.

der *Zweiten Meditation* Gesagten ist[16] und weil »ich bin etwas« (bzw. »ich bin nichts«) für Descartes ja bloß eine sprachliche Variante von »ich existiere« (bzw. »ich existiere nicht«) ist. Was er im letztgenannten Zitat sagt, heißt also genau dasselbe wie Folgendes:

> Niemals wird er es zustande bringen, daß ich nicht existiere, solange ich denke, daß ich existiere.

Doch gerade dieser dritte Beleg, den ich vorgestellt habe, könnte gegen meine Auslegung gewendet werden. Jemand könnte einwenden:[17] Descartes spricht hier eben nicht von der Bezweifelbarkeit der gegenwärtigen eigenen Existenz, sondern von etwas anderem, und zwar von der Bezweifelbarkeit des *Existo-dum-Cogito*; und damit, daß er hier nicht von der gegenwärtigen eigenen Existenz spricht, gibt er seinen Lesern einen Wink, daß jedenfalls sie selbst vom metaphysischen Zweifel ausgenommen ist.

Diesen Einwand halte ich für ein interessantes Mißverständnis, interessant genug, um es aufzulösen. Überlegen wir uns, wie Descartes hätte formulieren müssen, um im Stile dieser »Niemals wird er ...«-Formulierung die Bezweifelbarkeit der gegenwärtigen eigenen Existenz selbst zu thematisieren. Besonders einfach wäre jedenfalls dies:

(1) Niemals wird er es zustande bringen, daß ich nicht existiere.

Aber das würde Descartes' Denker natürlich nicht sagen wollen, weil er es einem allmächtigen Wesen allemal zutraut, daß es bewirken kann, daß er (der Denker) nicht existiert. – Betrachten wir nun:

[16] Vgl. AT VII 25.

[17] Rolf-Peter Horstmann hat es in einer Diskussion sinngemäß getan.

(2) Niemals wird er es zustande bringen, daß ich jetzt nicht existiere.

Das ist besser, aber noch nicht gut genug. Es gibt nämlich verschiedene Möglichkeiten, wie sich »jetzt« durch eine Zeitangabe ersetzen läßt, die den Moment angibt, zu dem der Denker (2) denkt. Ein Beispiel ist:

(2a) Niemals wird er es zustande bringen, daß ich am 22. 2. 1639 nicht existiere.

Jedes Beispiel dieses Typs ist nicht gut genug, weil es keineswegs offenkundig widersinnig ist, daß der Denker von (2) an einem bestimmten Kalenderdatum nicht existiert. Besser ist eine ganz andere Zeitangabe – eine, die auf das Denken bestimmter Gedanken (oder auf das Haben gewisser Gedankenvorkommnisse) verweist. Die für das *Existo* charakteristische Zeitangabe ist: »während ich hiermit denke, daß ich existiere«; denn das *Existo* besagt ja: »Ich – als der, der dieses (selbstbezügliche) Gedankenvorkommnis hier hat – existiere«, es nimmt also auch auf den Moment seines Gedachtwerdens Bezug.

Genauer gesagt: *Jeder* Fall des *Existo* – d. h. jeder einzelne Denkakt, in dem der *Existo*-Gedanke gedacht wird – nimmt auf sich selbst (und damit auf den Zeitpunkt seines Stattfindens) Bezug. Nehmen wir an, der Cartesische Denker habe am 22. 2. 1639 dreimal das *Existo* gedacht, einmal morgens, einmal mittags, einmal abends. In einem gewissen Sinn hat er dann dreimal dasselbe gedacht; in einem gewissen andern Sinn hat er dann jedesmal etwas anderes gedacht, denn seine drei Gedanken handelten ja von zeitlich verschiedenen Denkakten. Wenn Descartes den metaphysischen Zweifel in größtmöglicher Schärfe auf die eigene Existenz ausdehnen will, dann muß er Folgendes als möglich erklären: daß jeder Fall des *Existo*-Denkens falsch ist. Gegen das Bestehen dieser Möglichkeit könnte der Denker dann, in der vertrauten Manier, so protestieren:

(2b) Niemals wird er es zustande bringen, daß der Denker eines beliebigen Falls von *Existo*-Denken zum Zeitpunkt des Stattfindens dieses Falls nicht existiert.

Wenn wir dem Denker gestatten, sich auf sich selbst zu konzentrieren (und andere mögliche *Existo*-Denker außer acht zu lassen), dann könnte er einfacher sagen:

(2c) Niemals wird er es zustande bringen, daß ich zum Zeitpunkt eines beliebigen Falls, in dem ich das *Existo* denke, nicht existiere.

Kürzer gesagt:

(2d) Niemals wird er es zustande bringen, daß ich jemals nicht existiere, wenn ich gerade das *Existo* denke.

Und genau das ist es, was wir sinngemäß bei Descartes vorfinden:

(2e) Niemals wird er zustande bringen, daß ich nicht existiere, solange ich denke, daß ich existiere.

(2e) ist das Ergebnis unseres Versuchs, auf die von Descartes gewählte »Niemals wird er …«-Manier deutlich zu machen, daß der metaphysische Zweifel sich auch auf die eigene Existenz erstreckt – und zwar in denkbar allgemeiner Weise: der Zweifel erstreckt sich auf die Wahrheit des klaren&deutlichen Gedanken, den der Denker gestern (am Tage der *Zweiten Meditation*) hatte, als er das *Existo* dachte; er erstreckt sich auf die Wahrheit des *Existo*-Gedankens, wenn der Denker ihn jetzt dächte; ja, er erstreckt sich auf die Wahrheit des *Existo*-Gedankens, für beliebige Fälle seines Auftretens. Und (2 e) besagt dasselbe wie das, was sich im Text der *Meditationen* findet:

Niemals wird er zustande bringen, daß ich nichts bin, solange ich denke, daß ich etwas bin.

Aus alledem ist der Schluß zu ziehen, daß Descartes eingangs der *Dritten Meditation* den metaphysischen Zweifel ausdrücklich auch auf die eigene Existenz (bzw. auf die Wahrheit des *Existo* – ja sogar auf die Wahrheit beliebiger Fälle, in denen er den *Existo*-Gedanken denkt) bezieht. Es ist nicht leicht zu sehen, wie er dies (im stilistischen Rahmen des »Niemals wird er ...«-Schemas) noch deutlicher hätte tun können.

Eines ist allerdings klar. Der metaphysische Zweifel an der eigenen Existenz kann nicht ohne alle Umschweife sein. Der Denker kann nicht einfach denken:

(3) Vielleicht existiere ich jetzt nicht.

Denn dieser Gedanke ist offenkundig widersinnig. (3) ist die Negation des evident wahrheitsautonomen *Existo*-Gedankens, und die Hinzufügung des Wörtchens »vielleicht« ändert nichts an ihrer Widersinnigkeit. Es stellt sich also die Frage, wie – mit welchen Umschweifen – Zweifel an der eigenen Existenz möglich ist.

5. Die Lösung des Problems

Die Lösung unseres Problem lautet: Ich kann an meiner Existenz nicht zweifeln, wenn ich in einer bestimmten Weise an sie denke (z. B. vermittels des *Existo*-Gedankens); wohl aber kann ich an meiner Existenz zweifeln, wenn ich sie in anderer Weise gedanklich thematisiere. Zur Erläuterung: Wenn ich den *Existo*-Gedanken habe, ist mir unweigerlich bewußt, daß *ich* diesen Gedanken habe; und weil sich dies unmittelbare Bewußtsein dem Gedankeninhalt verdankt, bin ich mir – wenn ich diesen Gedanken habe – meiner momentanen Existenz auch sozusagen ausdrücklich bewußt; ich bin dann, wenn ich diesen Gedanken habe, *ohne weiteres* aufs festeste davon überzeugt, daß ich existiere; denn solange ich diesen Gedanken habe, erkenne ich in seiner Negation einen offenkundigen Widerspruch. Wenn ich hingegen einen Gedanken habe wie den, daß es einen höchst mächtigen Betrüger gibt, der jedermann sogar in den klarsten&deutlichsten Gedanken irren lassen kann, dann wird auch in diesem Gedanken wiederum meine eigene Existenz thematisiert, allerdings auf eine nur mittelbare und nicht ausdrückliche Weise. Nur weil der Denker beim Denken dieses Gedankens nicht direkt an die eigene Existenz denkt, sondern sie nur vermittels anderer Begriffe als der im *Existo*-Gedanken enthaltenen thematisiert, kann er eine gewisse Form des Zweifels an seiner eigenen Existenz hegen.

*

Wir müssen also zwischen zweierlei Zweifel unterscheiden. Da wäre zum einen *der unmittelbare Zweifel*, der im Hinblick auf die eigene Existenz unmöglich ist. Um unmittelbaren Zweifel an der eigenen Existenz zu hegen, müßte der Denker denken können, daß er existiert, ohne dabei von der Wahrheit dessen, was er da denkt, überzeugt zu sein. Das geht aber nicht. Meint Descartes. Und hat recht. Meine ich. Zum andern gibt es *mittelbare Zweifel*. Der Denker zweifelt mittelbar an einer Sache x, wenn er an ihr zwar nicht unmittelbar zweifelt, wohl aber eine andere Sache, y, für möglich hält, die mit x unverträglich ist.

Descartes stellt eine besondere Art des mittelbaren Zweifels vor, nämlich einen Zweifel, der über einen Gedanken höherer Stufe vermittelt ist.[18] Der Gedanke, vermittels dessen der Denker an seiner Existenz zweifelt, handelt selber von Gedanken: »Alle Gedanken des Typs so-und-so sind falsch«, und der *Existo*-Gedanke ist vom Typ so-und-so.[19]

Betrachten wir nun einmal, was los ist, wenn ein Denker den Gedanken hat, daß er sich vielleicht sogar auch immer dann irrt, wenn er ein Evidenzerlebnis von größter Intensität hat, oder in Cartesischer Terminologie gesprochen: auch immer dann irrt, wenn er klarste&deutlichste Perzeptionen hat. Über diesen Gedanken wird nun ziemlich oft gesprochen werden; geben wir ihm also einfach einen kurzen Namen, ich schlage *Summa* vor:[20] es ist der erkenntnispessimistische Gedanke, daß vielleicht sogar die klarsten&deutlichsten Perzeptionen falsch sind.

Ein paar Beobachtungen dazu, was der Fall ist, wenn ein Denker *Summa* hat. Erstens: Wenn jemand diesen Gedanken hat, denkt er nicht an seine eigene Existenz. Er denkt an etwas ganz anderes – nämlich an den Zusammenhang von

[18] Es gibt natürlich auch mittelbare Zweifel, die nicht auf die gedankliche Metaebene Rekurs nehmen. Wenn jemand denkt: »Vielleicht sind alle braunäugigen Entertainer geistig beschränkt«, dann zweifelt er mittelbar an Harveys Geistesstärke, ohne einen Gedanken über Gedanken zu haben. Auch mittelbarer Zweifel an der eigenen Existenz muß sich nicht auf höherer Stufe bewegen. (Der Denker denkt z. B.: »Vielleicht gibt es das gar nicht, was mir am wichtigsten ist«, und de facto ist ihm zu diesem Zeitpunkt nichts so wichtig wie seine eigene Existenz). Der springende Punkt des metaphysischen Zweifels ist seine Mittelbarkeit oder Indirektheit, nicht – wie Kenny (a.a.O., S. 183 ff.) offenbar meint – seine Höherstufigkeit.

[19] Es ist übrigens nicht nötig, daß der Gedanke höherer Stufe allgemeiner Natur ist. Auch ein singulärer Gedanke wie »Der Gedanke, den ich am 22. 2. 1994 Schlag Mitternacht hatte, ist vielleicht falsch« tut es, vorausgesetzt natürlich, daß ich zu besagtem Zeitpunkt gerade den *Existo*-Gedanken hatte. Kurz, es kommt darauf an, in irgendeiner Weise gedanklich auf den *Existo*-Gedanken Bezug zu nehmen, ohne dabei ihn selbst zu denken.

[20] Descartes nennt diesen Gedanken ja »*Summa illa dubitatio*« (*Principia Philosophiae* I, § 30, AT VIII 16).

Gewißheit und Wahrheit. Zweitens: Wenn ein Denker *Summa* hat, muß er (meint Descartes) in diesem Gedanken auch keinen offenkundigen Widerspruch erkennen; *Summa*, allein für sich genommen, ist prima facie nicht widersinnig, wirkt prinzipiell wahrheitsfähig. Die Konstruktion mit dem Täuschergott illustriert ja anscheinend, wie *Summa* wahr sein könnte. Drittens: Die Wahrheit von *Summa* läßt die Wahrheit des *Existo*-Gedankens als zweifelhaft erscheinen, denn der *Existo*-Gedanke ist gerade eine jener klarsten&deutlichsten Perzeptionen, von denen *Summa* besagt, sie seien vielleicht falsch.

Auf folgende Weise kann demnach *Summa* dem Denker die eigene Existenz als zweifelhaft erscheinen lassen. Man nehme einen Gedanken zweiter Stufe, der ganz allgemein von der möglichen Falschheit irgendwelcher Gedanken erster Stufe handelt, zu denen der *Existo*-Gedanke gehört. Man wähle diesen allgemeinen Gedanken zweiter Stufe so, daß er nicht offenkundig widersinnig wirkt. Insbesondere darf der Inhalt des *Existo*-Gedankens nicht in die Charakterisierung der betreffenden Gedanken erster Stufe eingehen. Der nach dieser Anweisung gefundene Gedanke zweiter Stufe macht – innerhalb des Großen Zweifels – auch die eigene Existenz zweifelhaft.

Das ist Descartes' Rezept zur Gewinnung eines metaphysischen Zweifels, der sich auch auf die eigene Existenz erstreckt. Doch fragen wir uns, wie dieses absonderliche intellektuelle Kunststück in seinen Augen eigentlich funktionieren soll. Nun, letztlich so: Alles, was mit Zweifel und Gewißheit zu tun hat, ist für ihn eine Sache des bewußten Denkens. Das bewußte Denken wiederum ist für Descartes eine sequentielle Angelegenheit. Jeder einzelne Schritt in der Abfolge der bewußten Gedanken des Denkvorgangs steht erkenntnistheoretisch für sich allein. Wenn es epistemisch ganz hart auf hart geht, wie im Großen Zweifel, dann kann kein künftiger und kein vergangener Gedanke etwas für oder gegen einen gegenwärtigen ausrichten. Dann zählt nur das Hic-Rhodus des momentanen Geisteszustands. Dieser umfaßt zwar mehrere Gedanken gleichzeitig. Aber pro Bewußtseinstakt gibt es immer höchstens einen einzigen Gedanken, der im Zentrum der Aufmerksamkeit steht. Und nur der eine Gedanke, der im Zentrum der Aufmerksamkeit steht, kann jene höchste Evidenz zur Geltung bringen, die *innerhalb des betreffenden Bewußtseinstakts* alle anderen Gedanken ausblendet.[21]

Von diesem sequentiellen Bild lebt der Große Zweifel, seine scheinbare Auflösung durch den *Existo*-Gedanken in der *Zweiten Meditation* und dessen scheinbare Korrektur durch *Summa* in der *Dritten Meditation*. Im Bewußtseinstakt Nummer 1 (*Zweite Meditation*) konzentriert der Denker sich auf den *Existo*-Gedanken; die eigene Existenz ist dem Denker, solange Takt 1 dauert, im höchsten Maße gewiß, denn der *Existo*-Gedanke, auf den er sich während dieses Takts konzentriert, läßt jedes seiner Negate als widersinnig erscheinen. Der erkenntnistheoretische Punktestand nach Takt 1: Der *Existo*-Gedanke führt deutlich gegen jeden Gedanken, der ihm widersprechen könnte. Eingangs der *Dritten Meditation* steht nun aber *Summa* im Zentrum der Aufmerksamkeit. Wir schreiben hier den Bewußtseinstakt *n*. *Summa* – der Gedanke, der impliziert, daß der *Existo*-Gedanke womöglich falsch ist – kommt jetzt durch, weil der *Existo*-Gedanke nun im unausgeleuchteten Hintergrund des Bewußtseins steht. Im Bewußtseinstakt *n* wird der *Existo*-Gedanke nicht mehr vom Intellekt perzipiert, sondern ist nur noch im Gedächtnis vorhanden.

Der springende Punkt liegt also, wenn ich das richtig sehe, in Folgendem. Im Bewußtseinszustand 1 perzipiert der Denker den *Existo*-Gedanken; dieser Gedanke entfaltet, sobald er im Zentrum der Aufmerksamkeit steht, seine spezifische epistemische Unwiderstehlichkeit: Er läßt nun, *so-*

[21] Besonders deutlich formuliert Descartes dies in einem Brief an Mesland (2. Mai 1644, AT IV 116).

lange er gedacht wird, keinen Zweifel zu. Im Bewußtseinszustand *n* hingegen perzipiert der Denker den Gedanken, den wir *Summa* nennen; der *Existo*-Gedanke ist dem Denker nur als Erinnerung präsent und steht nicht im Zentrum der Aufmerksamkeit; der *Existo*-Gedanke kann seine epistemische Unwiderstehlichkeit jetzt nicht entfalten, nicht einmal dann, wenn zu der Erinnerung an ihn gehört, daß er dem Denker zuvor höchst klar&deutlich erschienen war. Nun steht der Denker gewissermaßen unter dem Einfluß von *Summa*; und da dieser Gedanke nicht offenkundig widersinnig ist, beschreibt er doch anscheinend einen möglichen Sachverhalt; und die Möglichkeit des Bestehens dieses Sachverhalts wirft einen Schatten des Zweifels auf jeden noch so klaren&deutlichen Gedanken, also auch auf den *Existo*-Gedanken.

Damit haben wir eine Erklärung dafür, was der metaphysische Zweifel ist. Es ist ein Zweifel, der sich aus dem Anschein der Nichtwidersinnigkeit des *Summa*-Gedankens ergibt. Und wir haben eine Lösung für unser Problem (»Wie kann ich an meiner Existenz zweifeln, wo ich mir ihrer doch im höchsten Maße gewiß bin?«). Die Lösung besteht darin, daß der Denker zwar nicht in ein und demselben Bewußtseinszustand sich sowohl seiner Existenz gewiß sein als auch an ihr zweifeln kann, wohl aber zu verschiedenen Zuständen, in denen verschiedene Gedanken im Zentrum der Aufmerksamkeit stehen. Und selbst nachdem der Denker den *Existo*-Gedanken hatte und dadurch zur höchsten Gewißheit über seine Existenz gelangt ist, kann es ihm auf die beschriebene Weise widerfahren, daß er indirekten Zweifel an seiner eigenen Existenz hegt.[22]

[22] Es gibt allerdings wenigstens eine Stelle, die sich auf den ersten Blick nicht gut mit der hier vorgeschlagenen Interpretation verträgt. In den *Zweiten Erwiderungen* spricht er über jene Dinge, die so durchsichtig und einfach [*perspicua simulque … simplicia*] sind, daß man an sie nicht denken kann, ohne sie für wahr zu halten. Und wiederum nennt er ausdrücklich das *Existo* als Beispiel (in einer aufschlußreichen Variante:

Man könnte also, wenn man derlei Cartesische Subtilitäten terminologisch festzurren wollte, eine Unterscheidung einführen zwischen einem *Eigenexistenz*-Zweifel des Denkers (Zweifel des Denkers an der gegenwärtigen Existenz seiner selbst) und seinem *Existo*-Zweifel (Zweifel am gegenwärtig gedachten *Existo*). Ein Zweifel der ersten Art besteht darin, daß der Denker irgendeinen beliebigen Gedanken hat und für nicht offenkundig widersinnig erachtet, der sich nicht mit dem Gedanken verträgt, daß er (der Denker) existiert. Ein Zweifel der zweiten Art besteht darin, daß der Denker den *Existo*-Gedanken bezweifelt, also zumindest seine Negation für nicht offenkundig widersinnig hält. Zweifel der ersten Art sind möglich, obgleich solche der zweiten unmöglich sind.

Mein exegetisches Ziel habe ich damit erreicht. Descartes widerspricht sich nicht, wenn er in der *Zweiten Meditation* den *Existo*-Gedanken als erste unbezweifelbare Gewißheit präsentiert und in der *Dritten Meditation* dennoch auf einen nicht

Solange ich denke, bin ich). Daran schließt er folgende Bemerkung an: »*Wir können* nämlich *an diesen Dingen nicht zweifeln, wenn wir nicht an sie denken*; wir können aber – nach Voraussetzung – nicht an sie denken, ohne sie zugleich für wahr zu halten; also können wir nicht an ihnen zweifeln, ohne sie zugleich für wahr zu halten; und das heißt: wir können überhaupt nicht an ihnen zweifeln« (AT VII 145/146, meine Hervorhebung). Die hervorgehobene Formulierung scheint mittelbaren Zweifel gar nicht als Zweifel zuzulassen; denn wenn man, um x zu bezweifeln, an x selbst denken muß, wie soll dann mittelbarer Zweifel überhaupt möglich sein?

Doch in Wirklichkeit liegt hier kein Problem. Denn es geht Descartes an dieser Stelle überhaupt nur um direkten Zweifel. Er möchte an dieser Stelle nur zeigen, daß es Dinge gibt, »an die wir nicht denken können, ohne sie für wahr zu halten« (AT VII 145). An ihnen ist kein direkter Zweifel möglich. Descartes spricht hier nicht als der Denker der *Dritten Meditation*, der den Großen Zweifel noch nicht überwunden hat, sondern als der Philosoph, der die Existenz eines gütigen Gottes bewiesen hat. Von dieser Position aus versucht er zu zeigen, daß es unbezweifelbare Gewißheiten gibt; der indirekte metaphysische Zweifel ist durch den Nachweis, daß es einen Täuschergott nicht geben kann, längst hinfällig geworden.

ausgeräumten Zweifel unter anderm auch an seiner eigenen Existenz hinweist. Descartes macht uns vielmehr darauf aufmerksam, daß der Denker trotz seiner ersten Gewißheit den Großen Zweifel noch nicht entscheidend überwunden hat. Denn die Gewißheit eines Gedankens ist zwar intensiv, aber ohne Gottesbeweis flüchtig: jeder Gedanke vor dem Gottesbeweis ist nur momentan gewiß, nur für den Moment seines Gedachtwerdens. Sobald der *Summa*-Gedanke (oder ein anderer geeigneter Gedanke)[23] gedacht wird, reicht selbst die Erinnerung daran, daß man ein Evidenzerlebnis hatte, nicht aus, um den kleinen metaphysischen Rest des Großen Zweifels zu vertreiben.

Als Zwischenresümee können wir die beiden folgenden exegetischen Schwierigkeiten auflösen:

(1) Wie kann die eigene Existenz für Descartes sowohl unbezweifelbar (*Zweite Meditation*), als auch bezweifelbar (*Dritte Meditation*) sein?

(2) Wie kann Descartes den metaphysischen Zweifel in der *Dritten Meditation* als sehr schwach [*valde tenuis*] und in den *Prinzipien* als den größten Zweifel bezeichnen?[24]

Nun:

(1a) Das *Existo* ist *unbezweifelbar*, solange es gedacht wird.

(1b) Die eigene Existenz ist indirekt *bezweifelbar*, solange die Existenz eines Täuschergotts für möglich gehalten wird.

(2a) Der metaphysische Zweifel an den klarsten&deutlichsten Perzeptionen (und mithin auch an der eigenen Existenz) ist *sehr schwach* (bzw. schwach begründet), insofern überhaupt nichts anderes für ihn spricht, als daß die Existenz eines Täu-

[23] Geeignet ist solch ein Gedanke insbesondere nur dann, wenn er nicht offenkundig widersinnig ist.

[24] Siehe dazu Anmerkung 5 in diesem Kapitel.

schergotts anscheinend nicht offenkundig widersinnig ist. (Bei genauerer Betrachtung wird sich dann allerdings herausstellen, daß es einen Täuschergott gar nicht geben kann.)

(2b) Der metaphysische Zweifel an der Wahrheit der klarsten&deutlichsten Perzeptionen ist der *größte* Zweifel, insofern er sich auch auf Perzeptionen bezieht, die deshalb am gewissesten zu sein scheinen, weil sie einem direkten Zweifel nicht ausgesetzt werden können.

6. Die zwei Gesichter des Cartesischen Zweifels

Betrachten wir nun für einen Moment das seltsame Bild vom Zweifeln und der Gewißheit, das Descartes mit alldem malt. Der *Existo*-Gedanke gleicht einer epistemischen Droge (ein Upper), deren Wirkung – der Hochzustand der Gewißheit – nur sehr kurz anhält. Diesem epistemischen High entspricht auf der andern Seite der schlechte Trip, auf den der Denker dadurch kommt, daß er den *Summa*-Gedanken denkt. Er befindet sich dann in einem Zustand epistemischer Depressivität; jeder Upper gilt nun als verdächtig, ein Halluzinogen zu sein.

Was dieses Bild so seltsam macht, ist die Vermischung des Psychischen mit dem Rationalen. Descartes schildert die psychische Seite des Zweifels, das Hin- und Hergerissensein zwischen zwei Annahmen. Die eine ist von überwältigender Evidenz. An einer berühmten Stelle (in seinem offenen Brief an Voetius) nennt Descartes das *Existo* den »evidentesten Satz, den es in einer beliebigen Wissenschaft geben könnte«.[25] Die andere ist nicht sonderlich plausibel, für sie spricht eigentlich nur, daß sie prima facie nicht widersinnig

[25] AT VIII-B 166.

ist. Hin- und hergerissen ist der Denker zwischen der unwiderstehlichen und der unbegründeten Annahme eigentlich nur deshalb, weil er sich einem besonderen Grundsatz der epistemischen Bewertung seiner Gedanken unterworfen hat: Jeder Zweifel – gleichgültig, wie klein oder groß, wie gut oder schlecht begründet er dem Denker auch erscheinen mag – soll jetzt den gleichen Rang haben.[26] Das ist natürlich eine Verarmung der epistemischen Bewertungsmöglichkeiten; im Grunde gibt es jetzt nur noch zwei Qualitätskategorien für Gedanken: »unbezweifelbar«/»bezweifelbar« bzw. »nicht manifest widersinnig«/»manifest widersinnig«. Insbesondere alle Zwischenstufen, auf denen es um verschiedene Grade der Plausibilität von Gedanken geht, fallen hier ganz weg. Descartes ist sich darüber völlig im klaren; er meint aber, für seine metaphysische Betrachtung sei diese Verarmung von großem Vorteil. Denn ihm geht es ja, wie er an vielen Stellen betont, nicht um die Einschätzung der Wahrheitsträchtigkeit von Gedanken zum Zwecke erfolgreichen Handelns unter normalen Lebensbedingungen (um Wissen im lebenspraktischen Sinn),[27] sondern um metaphysisches oder echtes Wissen, das nur dann vorliegt, wenn kein Zweifel daran möglich ist.[28] Durch eine Willensanstrengung ge-

[26] Anders gesagt, Descartes operiert im Großen Zweifel mit einem rein qualitativen Begriff der Zweifelhaftigkeit, komparative Begriffe (wie »Der Zweifel an *x* ist gewichtiger als der an *y*«) hat er sich explizit versagt. Siehe dazu AT VII 18.

[27] In den *Siebten Erwiderungen* spricht Descartes vom »Wissen im handlungsrelevanten Sinn [*moralis sciendi modus*], das zur Lebensführung ausreicht« im Gegensatz zum »Wissen im metaphysischen Sinn«, um das es in den *Meditationen* gehe. Vgl. AT VII 475.

[28] Siehe hierzu insbesondere die *Zweiten Erwiderungen* (AT VII 140 ff.), wo Descartes ausführt, daß der Atheist wegen seines Unglaubens selbst über die Dinge kein echtes Wissen hat, die ihm völlig evident zu sein scheinen. Denn – und das ist hier interessant – obgleich der Atheist keinen Zweifel an dem hegt, was ihm völlig evident zu sein scheint, sei er dennoch dem metaphysischen Zweifel ausgesetzt, und der lasse sich nur durch Einsicht in die Existenz Gottes ausräumen.

lingt es dem Denker, alles, was sich überhaupt in Zweifel ziehen läßt, als kognitiv gleichwertig anzuerkennen. Zwar kann er nicht ganz ohne Grund zweifeln,[29] aber es liegt für Descartes offenbar in der Macht des Denkers, mit Hilfe eines Willensakts aus jedem noch so weit hergeholten Zweifelsgrund einen ernsthaften Zweifel zu gewinnen. – Solch eine Konzeption von Zweifel als Willensbetätigung ist, wie die Spatzen es seit langer Zeit von den Dächern pfeifen, höchlich dubios. Doch lassen wir all das beiseite.

Der entscheidende Punkt für den hier gegebenen Zusammenhang ist, daß *Summa* durch die Gewißheit des *Existo*-Gedankens ausgeschlossen wird. Aus der Unmöglichkeit des *Existo*-Zweifels folgt ja die Nichtexistenz eines *allmächtigen* Täuschers, also die Nichtexistenz eines Täuschergotts. Denn der Denker könnte doch folgendermaßen schließen: »Ich existiere; diese Wahrheit ist evident wahrheitsautonom und mithin unbezweifelbar gewiß. Also kann es kein allmächtiges Wesen geben, das mich an *allem* zweifeln lassen kann. An jedem Gedanken, der nur davon handelt, daß es mich (jetzt) gibt, kann ich (jetzt) nicht zweifeln.[30] Also gebe ich die Hypothese auf, es könne einen Täuschergott geben«.

[29] »Es bedarf irgendeines Zweifelgrundes, bevor man sich dazu entscheiden kann zu zweifeln« (AT IX 204).

[30] Das »nur« ist nicht überflüssig. Wenn ein Gedanke nicht *nur* vom eigenen momentanen Existieren handelt, kann er Anlaß zu anderweitigem Zweifel geben. Darin liegt natürlich auch ein Problem für den Interpreten. Denn angenommen, ich dachte in einem gewissen Moment m, daß es mich in diesem Moment gibt, und ich dachte damals *nur* dies. Nun gibt es aber immer unzählig viele Weisen, auf die ich an mich selbst (und an m) denken konnte. Ich mußte damals auf irgendeine bestimmte Weise an mich (und an m) gedacht haben. Und jede dieser Weisen macht einen gedanklichen Unterschied; sie konstituiert einen eigenen Gedanken. Die Schwierigkeit taucht auf: Welchen dieser unendlich vielen Gedanken hat der Cartesische Denker, wenn er im Großen Zweifel *nur* an seine eigene momentane Existenz denkt? (Eine Antwort darauf habe ich in Kapitel 2 zu geben versucht: Er denkt an sich als den Denker eines bestimmten Gedankenvorkommnisses und an m als den Moment, zu dem dieses Gedankenvorkommnis gedacht wird.)

Wenn so gefolgert wird, dann stellt sich kein Problem mit einem metaphysischen Zweifel mehr, zu dessen Beseitigung es eines gesonderten Beweises für die Nichtexistenz des Täuschergottes bedarf.

Warum schließt der Denker in den *Meditationen* nicht so? Es wäre langweilig und leichtfertig, Descartes hier außerphilosophische Motive zu unterstellen. Mit so etwas sind die Interpreten rasch bei der Hand, wenn sie nicht weiterwissen. »Descartes wollte sich bei den Jesuiten einschmeicheln«, »er wollte theologischen Streit vermeiden«, »er wollte besonders fromm wirken« – das sind Bösartigkeiten, mit denen Interpreten ihre Unfähigkeit, eine philosophische Pointe zu finden, als überlegene Decouvrierung allzumenschlicher Beweggründe des Autors kaschieren möchten.

Eine philosophische Antwort auf die Frage, weshalb der Denker nicht von der ersten Gewißheit sofort auf die Nichtexistenz des Täuschergottes weiterschließt, wäre wünschenswert. Solch eine Antwort möchte ich nun zu geben versuchen.

Mein Versuch setzt bei der gerade erwähnten Vermischung des rationalen und des psychischen Aspekts kognitiver Prozesse an. Die Pointe des nichtgezogenen Schlusses könnte in Folgendem liegen: Es ist kein Zufall, daß der Denker an dieser Stelle den psychischen und den rational-kognitiven Aspekt geistiger Prozesse heillos miteinander vermengt. Die Dimension des Rational-Kognitiven – d. h. die Dimension, in der es um Wahrheit und gute Gründe und nicht nur um Erscheinung und Glaubensursachen geht – hat der Denker sich immer noch nicht erobert. Vielleicht ist die Dimension des Rational-Kognitiven selbst nur eine Fiktion, und es gibt in Wirklichkeit nur die Dimension des Psychischen, d. h. die Dimension, in der eine Überzeugung nichts weiter ist als eine psychische Befindlichkeit und eine Folgerung nur ein Übergang von einer solchen Befindlichkeit zu einer andern. Die einzigen Gewißheiten wären dann vom Schlage des *Cogito*-Gedankens; und auch diese Gewißheiten wären nichts weiter als psychische Befindlichkeiten der intensiveren Art.

Selbst wenn der Denker also vom *Existo*-Gedanken bis zur Nicht-Existenz eines Täuschergottes weiterfolgerte, so wäre auch dieser ganze Prozeß für ihn an dieser Stelle noch nicht als zwingendes Schließen erwiesen, sondern könnte einfach eine Nachwirkung der epistemischen Droge sein. Anders gesagt, der Zweifel an der Wahrheitsträchtigkeit der klaren&deutlichen Gedanken hat eine Entsprechung auf Seiten der geistigen Prozesse: nämlich den Zweifel an der Wahrheitsträchtigkeit von anscheinend gültigen Folgerungen. Kurz, der Schluß vom *Existo* auf die Nicht-Existenz eines Täuschergottes wäre dem metaphysischen Zweifel nicht weniger ausgesetzt als das *Existo* selbst. Wenn der Denker diesen Schluß nicht zieht, entgeht ihm also kein Weg zur unmittelbaren Vermeidung des metaphysischen Zweifels. Der Schluß, den er da ziehen würde, wäre selbst Gegenstand des Zweifels.

Diese Deutung des Cartesischen Gedankengangs paßt meines Erachtens gut zu einem wichtigen Thema der *Dritten Meditation*. Denn dort geht es gerade auch um die – wie man vielleicht sagen könnte – Überwindung einer bloß naturalistisch psychologischen Betrachtungsweise des eigenen geistigen Geschehens zugunsten einer rational-kognitiven. Auch dazu soll der Gottesbeweis dienen. Die klare&deutliche Einsicht, daß Gott – und zwar einer, dem Täuschung wesensfremd ist – existiert, soll die Wahrheitsträchtigkeit aller klaren&deutlichen Gedanken ergeben. Von damals bis heute hat man Descartes den Vorwurf gemacht, diese Beweisidee enthalte einen Zirkel. Es gibt viel gelehrten Streit darum, ob Descartes solch einen Zirkel begeht oder nicht. Auf die feinen exegetischen Einzelheiten will ich hier nicht eingehen, sondern nur eine eher allgemeine Betrachtung anstellen.

Vergegenwärtigen wir uns, wo der Denker zu Beginn der *Dritten Meditation* mit seinen Überlegungen steht. Zur Diskussion stehen der optimistische Gedanke, daß die eigenen klaren&deutlichen Gedanken wahr sind, einerseits und der pessimistische Gedanke, daß auch sie falsch sind, andererseits. Der optimistische Gedanke wird durch die Beobachtung (1) unterstützt; der pessimistische Gedanke – (3), eine kategorischere Fassung von *Summa* – ist wegen (2) noch nicht vom Tisch.

(0) Meine klaren&deutlichen Gedanken sind wahr.
(1) Solange ich einen klaren&deutlichen Gedanken wie *Existo* denke, kann ich gar nicht anders als ihn für wahr halten.
(2) (a) Nur ein Täuschergott kann mich auch in meinen klaren&deutlichen Gedanken täuschen; und
(b) der Gedanke, daß es keinen Täuschergott gibt, ist selbst nicht klar&deutlich.
(3) Meine klaren&deutlichen Gedanken sind falsch.

Die Balkenwaage neigt sich, wie der Denker meint, deutlich zur optimistischen Seite; doch die Gefahr besteht, daß auch diese Neigung bloß eine psychische Erscheinung ist. Der in der dritten Meditation sich anschließende Gottesbeweis soll nun in folgender Weise helfen: Es soll bei näherer Betrachtung klar&deutlich werden, daß es einen Täuschergott nicht geben kann (daß die Idee eines Täuschergotts letztlich inkohärent ist). Damit gibt es auf der pessimistischen Seite nichts mehr von Gewicht; denn statt (2) erhalten wir dann:

(2*) (a) Nur ein Täuschergott kann mich auch in meinen klaren&deutlichen Gedanken täuschen; aber
(b*) es gibt keinen Täuschergott.

Damit ist der Erkenntnispessimismus erledigt; die Waage neigt sich ganz und gar zur optimistischen Seite. Aber liegt denn nicht darin ein Zirkel, daß die Klarheit&Deutlichkeit

eines einzelnen Gedankens (nämlich des Gedankens von der unmöglichen Existenz eines Täuschergottes) verwendet wird, um die Wahrheitsträchtigkeit solcher Gedanken zu erweisen? Kann es denn nicht sein, daß auch dieser klare&deutliche Gedanke von der Nichtexistenz des Täuschergottes falsch ist?

Descartes' Antwort darauf könnte sein: Jedenfalls kann der Denker es nun nicht mehr für möglich halten. Um dies einzusehen, machen wir eine Fallunterscheidung. Erster Fall: Der Denker denkt gerade diesen Gedanken (daß es einen Täuschergott nicht geben kann); dann kann er ihn wegen seiner Klarheit&Deutlichkeit nicht für falsch halten. Zweiter Fall: Der Denker denkt einen anderen Gedanken *X*, der auf irgendeine mittelbare Weise die Wahrheitsträchtigkeit klarer&deutlicher Gedanken in Abrede stellt. Doch wie auch immer *X* im einzelnen aussieht, der Denker muß *X* für falsch halten. Denn *X* kann wegen (2a) höchstens dann wahr sein, wenn es einen Täuschergott gibt; die Existenz eines Täuschergotts hält der Denker jetzt aber für widersinnig; also muß er *X* – weil dieser Gedanke eine Widersinnigkeit impliziert – für falsch halten.

Kurz, sobald dem Denker klar&deutlich ist, daß es keinen Täuschergott gibt, kann er *diese* Einsicht selbst *nicht einmal mittelbar* in Zweifel ziehen. Der springende Punkt ist hier natürlich, daß jedes mittelbare Bezweifeln eines klaren&deutlichen Gedankens (laut Descartes) die Annahme voraussetzt, es könne einen Täuschergott geben. Deshalb hat die klare&deutliche Einsicht, daß es ihn nicht geben kann, jene besondere Eigenschaft: sie räumt nicht nur den unmittelbaren, sondern auch jeden mittelbaren Zweifel aus, der an ihr selbst (oder einem andern klaren&deutlichen Gedanken) gehegt werden könnte. Und damit ist insbesondere der metaphysische Zweifel an der Wahrheitsträchtigkeit der klaren&deutlichen Gedanken ausgeräumt.

Wenn das, was ich hier skizziere, richtig (oder jedenfalls als Interpretation haltbar) ist, dann liegt hier kein Zirkel von der Art vor, wie er Descartes gerne vorgeworfen wird. Der Denker muß nämlich beim Gottesbeweis seinen Erkenntnisoptimismus – also Annahme (0) – nicht voraussetzen. Es reicht ihm, klar&deutlich einzusehen, daß ein Gott existiert und kein Täuscher sein kann; der Denker muß während dieses Beweisgangs nicht voraussetzen, daß seine klaren&deutlichen Gedanken auch wahr sind. Er spielt im Anschluß an seinen Beweis die Klarheit&Deutlichkeit der Unmöglichkeit der Existenz eines Täuschergottes gegen den nun als konfus&obskur erkannten Gedanken von dessen möglicher Existenz aus. *Wahrheit oder Wahrheitsträchtigkeit wird dabei an keiner Stelle vorausgesetzt.* (Auf der Waage wird alles sozusagen nur nach seiner Klarheit&Deutlichkeit gewogen. Weil sich die optimistische Seite nun ganz nach unten neigt, spricht alles für und nichts mehr gegen die Wahrheitsträchtigkeit der Klarheit&Deutlichkeit.)

7. Glaubt der Denker (und wenn ja, warum), daß nur ein allmächtiges Wesen ihn in seinen klarsten und deutlichsten Gedanken täuschen kann?

So weit, so gut. Aber wenn das, was ich hier skizziert habe, in die richtige Richtung geht, dann hängt in der Cartesischen Argumentation sehr viel von der Annahme ab, die ich eben als (2a) abgekürzt hatte:

(2a) Nur ein Täuschergott kann mich auch in meinen klaren&deutlichen Gedanken täuschen.

Auffallend ist zunächst einmal, daß Descartes diese These, soweit ich sehe, niemals explizit aufstellt. Eine gewisse Berechtigung, sie ihm dennoch zuzuschreiben, besteht aufgrund der eingangs zitierten Stelle in der *Dritten Meditation*, wo zu lesen ist:

Mein Grund zum Zweifel [an der Wahrheit der klarsten&deutlichsten Gedanken] beruht *allein* auf jener Meinung [es gebe einen allmächtigen Gott, der mich in allem täuschen kann] … (AT VII 36, meine Hervorhebung).

Doch wird hier wirklich (2a) behauptet? Dieses Zitat läßt sich auch anders verstehen, nämlich als ein Bericht, mit dem der Autor den Leser daran erinnert, wie der Denker in der *Ersten Meditation* dazu gelangt ist, auch die einfachsten mathematischen Wahrheiten für (zumindest indirekt) bezweifelbar zu halten.

Betrachten wir also kurz, was an jener Stelle der *Ersten Meditation* geschehen war.[31] Descartes hatte dort auf zweierlei Weise motiviert, daß der Große Zweifel auch auf mathematische Wahrheiten auszudehnen ist. Erstens gibt es dort den Hinweis auf »seine alte Überzeugung«, daß es einen allmächtigen Gott gibt, der ihn geschaffen hat und zwar womöglich so geschaffen hat, daß er sich auch beim Addieren von 2 und 3 oder beim Abzählen der Seiten eines Quadrats immer irrt. Und zweitens findet sich dort – interessanterweise, wie mir scheint – auch eine für Atheisten geeignete Variante; auch ihnen soll es vergönnt sein, an dieser Ausdehnung des Großen Zweifels bis hin zur Mathematik teilzuhaben. Descartes sagt sinngemäß: Gestehen wir ihnen einmal zu, daß die Annahme von der Existenz eines Gottes falsch ist. Doch auch sie müssen irgendeine Auffassung darüber haben, wo sie selbst letztlich herkommen (Schicksal, Zufall oder ähnliches); und sie können nicht bestreiten, daß Irrtum eine Unvollkommenheit ist. Und eines ist klar: Je weniger Macht dem Urheber des Denkers zugeschrieben wird, desto wahrscheinlicher ist es, daß der Denker so unvollkommen ist, daß er sich immer täuscht. Damit ist die

[31] Siehe dazu AT VII 12 f.

atheistische Begründungsvariante zu Ende; es ist nicht sonderlich klar, wie sie letztlich funktionieren soll.[32]

Doch die Stoßrichtung der Cartesischen Argumentation scheint deutlich genug. Für den gottgläubigen Leser bietet er den Zweifelsgrund:

(*T*) Vielleicht sind selbst meine klarsten&deutlichsten Gedanken falsch, denn mein Urheber könnte ja so mächtig und bösartig sein, daß er mich in allem täuscht;

dem Atheisten wird folgende Alternative angeboten:

(*A*) Vielleicht sind selbst meine klarsten&deutlichsten Gedanken falsch, denn mein Ursprung könnte ja derart unvollkommen sein, daß ich mich in allem täusche.

Die theistische Variante des Zweifelsgrunds wird, wie wir gesehen haben, eingangs der *Dritten Meditation* wiederholt und soll dann durch den sich anschließenden Gottesbeweis beseitigt werden. Wie steht es um die atheistische Variante?

Descartes ignoriert sie im Fortgang der *Meditationen.* Hat er sie bloß vergessen, oder gibt es etwas sachlich Erhebliches, das erklärlich machen könnte, weshalb er vielleicht meinte, sie übergehen zu dürfen?

Es gibt etwas Derartiges. Denn der Gottesbeweis demonstriert ja auch die Hinfälligkeit des atheistischen Zweifelsgrunds. Der Gottesbeweis zeigt ja – wie Descartes meint – unter anderm auch, daß der Ursprung des Denkers höchst vollkommen ist: mithin widerlegt er den atheistischen Zweifelsgrund. Im nachhinein besehen – d. h. vom Cartesischen Standpunkt nach dem Gottesbeweis – ist die atheistische Variante des metaphysischen Zweifels also genauso verfehlt und genauso schlagend widerlegt wie die theistische. Durch

[32] Die Exposition dieses Gedankengangs in den *Prinzipien* (Teil I, § 5, AT VIII 6) ist zu ähnlich, um besser verständlich zu sein.

den Gottesbeweis wird der metaphysische Zweifel demnach vollständig ausgeräumt, falls es außer dem theistischen und dem atheistischen keinen weiteren Zweifelsgrund gibt.

Doch wodurch ist ausgeschlossen, daß es einen weiteren metaphysischen Zweifelsgrund gibt? Könnte es nicht sein, daß sich die Wahrheit meiner klaren&deutlichen Perzeptionen durch einen weiteren Grund – außer (*T*) und (*A*) – in Zweifel ziehen läßt?

Zwei Fragen müssen hier auseinandergehalten werden.

(1) Gibt es metaphysische Zweifelsgründe *außer den bisher genannten*?
(2) Gibt es metaphysische Zweifelsgründe, *die nicht durch den Gottesbeweis ausgeräumt werden*?

Descartes beantwortet, soweit ich sehe, nur die zweite Frage. Die erste bleibt ohne eine ausdrückliche Antwort. Vielleicht meinte er, eine Antwort auf die erste Frage erübrige sich, sobald die auf die zweite verneinend sei.

Jedenfalls hat Descartes (2) mit einem deutlichen »Nein« beantwortet. Er war tatsächlich der Meinung, sein Gottesbeweis beseitige jede Form des metaphysischen Zweifels.[33] Ein Beweis, den er dafür anbietet, geht, verkürzt gefaßt, so:

(a) Urteile, die darin bestehen, daß einem klarsten&deutlichsten Gedanken zugestimmt wird, sind nicht durch den Intellekt korrigierbar. (Es kann ja keinen noch evidenteren Gedanken geben, mit dessen Hilfe eine derartige Korrektur vor sich gehen könnte).
(b) Unsere Neigung, solchen Gedanken zuzustimmen, ist auch auf keinem andern natürlichen (als dem intellektuellen) Weg überwindbar.
(c) Die in (b) erwähnte Neigung hat uns Gott gegeben.

[33] Und er glaubte übrigens auch, daß sich der metaphysische Zweifel anders gar nicht beseitigen lasse.

(d) Wenn Gott uns eine auf natürlichem Wege unüberwindliche Neigung gegeben hätte, falsche Sachen zu glauben, dann wäre er ein Betrüger.
(e) Gott ist, wie der Beweis seiner Existenz zeigt, unmöglich ein Betrüger.
(f) Also sind diejenigen Gedanken, die nicht auf natürliche Weise korrigierbar sind, wahr.

Descartes selbst formuliert das Ergebnis seiner Argumentation so:[34] »Also seht ihr, sobald wir der Existenz Gottes gewahr geworden sind, müssen wir Gott als einen Betrüger hinstellen, wenn wir das in Zweifel ziehen wollen, was wir klar&deutlich perzipieren. Und weil es unmöglich ist, Gott als Betrüger hinzustellen, muß das, was wir klar&deutlich perzipieren, als vollständig wahr und gewiß akzeptiert werden.«

Diese Argumentation nimmt gar nicht auf einen Zweifelsgrund (erst recht nicht auf einen ganz speziellen) Bezug; vielmehr wird in ihr die Wahrheit der klaren&deutlichen Gedanken ganz allgemein aus der Existenz Gottes hergeleitet. Und damit ist, so meint Descartes, jedweder Zweifelsgrund zurückgewiesen – sei er theistischer, atheistischer oder sonstiger Art.

Durch den Gottesbeweis wird also der metaphysische Zweifel ausgeräumt. Aber gibt es nicht auch für den standfesten Atheisten eine Möglichkeit, diesen Zweifel zu überwinden? Descartes meint, daß dies nicht geht. Der Gottlose gelangt aus dem metaphysischen Zweifel nicht hinaus.[35] Bestenfalls bemerkt er gar nicht, daß er diesem Zweifel ausgesetzt ist, und sieht mit der Klarheit&Deutlichkeit seiner Perzeptionen alles zum besten bestellt. Doch dieses Gefühl der epistemischen Geborgenheit trügt den Atheisten. Descartes sagt dies mehrfach ganz ausdrücklich:

[34] AT VII 144.
[35] Siehe dazu insbesondere auch *Sechste Erwiderungen* (AT VII 428).

... als Atheist kann er sich nicht dessen gewiß sein, daß er selbst in den Dingen, die ihm am evidentesten zu sein scheinen, keinem Irrtum unterliegt ...; und selbst wenn dieser Zweifel sich vielleicht niemals in ihm regt, so gilt dennoch: er *könnte* sich regen (z. B. wenn er diese Dinge genauer Betrachtung unterzieht oder wenn jemand anders ihn damit konfrontiert). Er wird vor diesem Zweifel niemals sicher sein, bevor er nicht Gott anerkennt. (*Zweite Erwiderungen*, AT VII 141; Hervorhebung von mir)

Ein Atheist kann zwar aufgrund der Erinnerung an sein bisheriges Leben zu dem Schluß gelangen, daß er wach ist. Er kann aber nicht wissen, daß dieses Kriterium [*hoc signum*] ausreicht, um sich dessen gewiß zu sein, daß er nicht irrt – es sei denn, er weiß, daß er von einem nichttäuschenden Gott geschaffen wurde. (*Vierte Erwiderungen*, AT VII 196)

Es sieht so aus, als habe Descartes allen Ernstes sagen wollen: Ein Atheist weiß letzten Endes gar nichts; er weiß sensu stricto nicht einmal, daß er existiert.

8. Höchste Gewißheit und vollkommenes Wissen: die innere und die äußere Seite des Wissens

Läßt sich Descartes' Lehre im Lichte der hier entwickelten Interpretation vor dieser absurden Konsequenz bewahren? Ja, weil in ihr (der Lehre, der Interpretation) eine begriffliche Unterscheidung zwischen echtem Wissen und einer darüber hinausgehenden Art des Wissens angelegt ist, auf die ich nun zum Abschluß noch kurz eingehen möchte. Echtes Wissen, Wissen sensu stricto, liegt vor, wenn jemand etwas hinreichend klar&deutlich perzipiert (und nicht nur zu perzipieren vermeint).[36] Über dieses Wissen verfügt auch

[36] Man kann sich zwar darüber irren, ob eine Perzeption, die man hat, klar&deutlich ist. Descartes räumt dies verschiedentlich ein. Ein derartiger Irrtum könne aber nicht auftreten, wenn die Evidenz der Perzeption vom Intellekt allein herrührt (AT VII 146) – anders gesagt: wenn es um Dinge geht, die nichts mit sinnlicher Wahrnehmung, bildlicher Vorstellung und körperlicher Erinnerung zu tun haben. Ein Atheist kann jedoch zwischen intellektuellen und andern Dingen unterscheiden; und die eigene Existenz gehört zu den intellektuellen Dingen, die der reine Intellekt

der Atheist, der eine klare&deutliche Perzeption hat. Denn Gott garantiert ja auch dem Atheisten die Wahrheit seiner klaren&deutlichen Perzeptionen.

Oder vielleicht nicht? Angenommen, Gott machte seine Wahrheitsgarantie vom guten Glauben seiner Geschöpfe abhängig; was der Gläubige klar&deutlich perzipiert, ist garantiert wahr, und was der Ungläubige klar&deutlich perzipiert, wäre – halten wir die Dinge einfach – falsch. Und nehmen wir außerdem an, der Gläubige und der Ungläubige perzipieren in ihren klaren&deutlichen Perzeptionen immerhin dieselben Dinge, zumindest gelegentlich.[37] Dann müßte es wenigstens zweierlei Wahrheit geben: Wenn der Atheist klar&deutlich perzipiert, daß *p*, und der Gottgläubige genau dieselbe klare&deutliche Perzeption hat, dann müßte es dennoch so sein können, daß der eine etwas Wahres glaubt und der andere etwas Falsches. Wir müßten also, wenigstens bei gewissen Perzeptionen, zwischen zweierlei Wahrheit (bzw. Falschheit) unterscheiden können: Wahrheit$_1$/Falschheit$_1$ (die den Gläubigen betrifft) und Wahrheit$_2$/Falschheit$_2$ (die den Ungläubigen betrifft).

Doch solch eine Unterscheidung (zwischen Gottgläubigenwahrheit und Atheistenwahrheit) läßt Descartes nicht

begreift. – Angesichts dieser Auffassung regt sich natürlich die Frage, ob der Umstand, daß die Klarheit&Deutlichkeit einer Perzeption allein vom Intellekt herrührt, denn selbst unbezweifelbar ist. Denn das setzt Descartes offenbar voraus: der Denker muß sich gelegentlich *ganz* sicher sein können, daß seine gegenwärtige Perzeption ihre Klarheit&Deutlichkeit dem Intellekt allein verdankt. (Andernfalls wäre er ja immer dem Zweifel ausgesetzt, daß die Klarheit&Deutlichkeit jener Perzeption auch aus einer andern Quelle stammen und mithin bloß scheinbar sein könne.) Und diese Voraussetzung ist gewiß nicht trivial, wie uns das Scheitern vieler Versuche gelehrt hat, eine saubere Grenze zwischen der rein theoretischen und der beobachtungsgetränkten Begrifflichkeit von Theorien zu ziehen.

[37] Nichts deutet, soweit ich sehe, darauf hin, daß Descartes der gegenteiligen Auffassung war. Und diese gegenteilige Auffassung wäre auch schwer zu schlucken. Denn sonst wären der Gottgläubige und der Atheist von vornherein kognitiv separiert.

zu. Dagegen spricht, daß er von dergleichen nicht spricht. Dagegen spricht noch stärker, daß er eine verwandte Unterscheidung in den *Zweiten Erwiderungen* aufs nachdrücklichste verwirft – und zwar die Unterscheidung zwischen Gottwahrheit und Menschenwahrheit.

> Denn was würde es für uns schon bedeuten, wenn jemand sich womöglich ausmalte, daß selbst das, von dessen Wahrheit wir fest überzeugt sind, Gott oder einem Engel falsch erscheint und mithin absolut gesprochen falsch ist? Was sollte uns jene absolute Falschheit kümmern, wenn wir nicht im mindesten an sie glauben und diesbezüglich nicht den geringsten Verdacht hegen? … die Evidenz unserer Perzeption läßt es gar nicht zu, daß wir einer derartigen Ausmalung auch nur Gehör schenken.[38]

Zwischen Mensch und Gott gibt es also nur *eine* (dem Menschen vernehmliche) Wahrheit. Eine Gleichrangigkeit, die Descartes dem Gottgläubigen gegenüber Gott und den Engeln einräumt, gesteht er gewiß auch dem Atheisten gegenüber dem Gottgläubigen zu. Sonst hätte er begründen müssen, daß zwischen Gott und dem gläubigen Menschen ein geringerer kognitiver Abstand besteht als zwischen einem gläubigen und einem ungläubigen Menschen.

Auch zwischen Mensch und Mensch gibt es für Descartes also nur *eine* Wahrheit. Wenn Descartes von der »Evidenz *unserer* Perzeption« spricht, dann sind damit alle Menschen gemeint, nicht nur die Gottgläubigen. Gottes Wahrheitsgarantie gilt auch für den Atheisten. Der epistemische Unterschied zwischen dem Gläubigen und dem Atheisten besteht also nicht darin, daß nur im Falle des ersteren die Klarheit&Deutlichkeit einer Perzeption Wahrheit garantieren würde. *Jedermanns* klare&deutliche Perzeptionen sind garantiert wahr.

Descartes unterscheidet letztlich nur zwischen zweierlei Arten des Wissens, aber er jongliert mit drei Begriffen. Zum

[38] AT VII 145/46.

einen gibt es das Wissen im handlungsrelevanten Sinn, zum andern das Wissen im metaphysischen Sinn.[39] Ersteres ist kein Wissen sensu stricto, denn es besteht nicht in Perzeptionen höchster Klarheit&Deutlichkeit; es ist aber ausreichend für die vernünftige Verrichtung der alltäglichen Dinge. Mit dem Wissen der zweiten Art ist die epistemisch anspruchsvollere Stufe der wissenschaftlichen Erkenntnis erreicht. Bei diesem sog. metaphysischen Wissen – bei der höchst klaren&deutlichen Perzeption – unterscheidet Descartes allerdings zwischen zwei Fällen:

(a) der Denker hat den letztlich inkohärenten, ›metaphysisch‹ nannten Zweifel durchdacht und durch den Gottesbeweis behoben;

(b) der Denker hat sein metaphysisches Wissen, ohne den metaphysischen Zweifel behoben zu haben.

Wenn ein Denker, der sich in der Lage (b) befindet, klar&deutlich perzipiert, daß *p*, dann unterscheidet er sich in epistemisch relevanten Hinsichten nicht von einem Denker, der sich in der Lage (a) befindet und dieselbe klare&deutliche Perzeption hat. Beide haben dann eine Einsicht, die auf natürlichem Wege nicht zu korrigieren ist; beide haben dann eine Einsicht, der sie – zumindest sobald und solange sie ihnen geistig präsent ist – unweigerlich zustimmen; beide befinden sich – während der Momente, zu denen sie auf ihre Perzeption aufmerksam sind – im höchsten Intensitätsgrad der Gewißheit. Was die innere Seite des Wissens angeht, so sind die beiden (auf nichts außer sichere Erkenntnis bedachten) Denker in diesen bewußten Momenten epistemisch gleichgestellt: sie haben alles, was sie sich vernünftigerweise wünschen können.

[39] Siehe oben, Anm. 27.

Doch Descartes möchte auch eine äußere Seite des Wissens anerkennen, die über das momentan bewußt Präsente hinausgeht. Metaphysisches Wissen hat für ihn wenigstens zwei Außenseiten; eine hat mehr mit der Vergangenheit zu tun, eine andere mehr mit der Zukunft. Auf der einen geht es um die gegenwärtigen Erinnerungen an *ehemals* Klares&Deutliches, auf der andern um jetzt Klares&Deutliches und dessen Anfälligkeit gegenüber *künftigen* Erschütterungen. Die Gottesbeweise in den *Meditationen* deuten in beide Richtungen. Mich interessiert hier die zweite.

In dieser (auf die Zukunft gerichteten) Hinsicht sind die beiden im vorletzten Absatz erwähnten Denker nicht mehr gleich. Der Denker, der den Gottesbeweis geführt hat, ist zu endgültiger unerschütterlicher Gewißheit über alles gelangt, was ihm klar&deutlich ist; der andere Denker hingegen hat mit seinen klaren&deutlichen Gedanken zwar eine Gewißheit des höchsten Intensitätsgrads, aber keine, die unerschütterlich wäre. Er hat noch nicht erkannt, daß Allmacht und Täuschung unverträglich sind; er hält deshalb – auch wenn ihm das noch nicht aufgefallen ist – die Existenz eines Täuschergotts für prima facie möglich und ist mithin für den metaphysischen Zweifel anfällig. Auch wenn dieser Zweifel letztlich inkohärent ist, so ist es doch ein Zweifel, der ihn in seinem unbedingten Zutrauen zu den eigenen klaren&deutlichen Einsichten irritieren kann – und zwar so lange, bis er (durch den Gottesbeweis) dieser Inkohärenz gewahr wird. Der Denker, der den Gottesbeweis noch nicht vollzogen hat, kann einen bestimmten irrigen Zweifel an seinem Wissen nicht ausräumen; und selbst wenn er diesen Zweifel de facto nicht hegt, dann tut dies nichts zur Sache, sobald es darum geht, ob sein Wissen vollkommen ist.

Kurz, die höchste Gewißheit, die das Wissen im metaphysischen Sinn auszeichnet, ist für sich allein noch kein vollkommenes Wissen. *Vollkommenes Wissen* besitzt ein Denker nur dann, wenn er nicht nur höchste Gewißheit über irgendeine Sache besitzt, sondem darüber hinaus auch noch höchste Gewißheit um die göttlich garantierte Wahrheit seiner klaren&deutlichen Perzeptionen.[40] Vollkommenes Wissen läßt sich also sehr einfach durch Wissen im metaphysischen Sinn definieren; »*D* hat vollkommenes Wissen um *p*« heißt »*D* weiß$_{m}$, daß *p* & daß alles Wissen$_{m}$ garantiert wahr ist«. In diesem Sinn handelt es sich bei vollkommenem Wissen um Wissen derselben Art wie beim Wissen im metaphysischen Sinn; ersteres ist ja eine Unterart des letzteren. Dennoch handelt es sich natürlich um eine erkenntnistheoretisch interessante Unterart des metaphysischen Wissens; denn wenn ein Denker vollkommenes Wissen um *p* besitzt, dann hat er gleichsam einen zusätzlichen kognitiven Schutzwall um *p* herumgelegt. Dieser weitere Wall ist zwar in den Momenten überflüssig, in denen der Denker perzipiert, daß *p*; solange diese Perzeption andauert, ist sie ja durch ihre Klarheit&Deutlichkeit vor jedem Zweifel geschützt. Aber das ist, wie gesagt, nur die Innenseite der momentanen Gewißheit. Der weitere Wall erlaubt es dem Denker, gewissen indirekten Angriffen auf *p* offensiv und mit endgültigem Erfolg zu begegnen, statt sich nicht nur in die Innenseite der Gewißheit, daß *p*, zurückzuziehen, wodurch diese Angriffe immer nur für den Moment abzuwehren sind.

Der Schlußsatz des vorigen Abschnitts gibt demnach die Cartesische Auffassung nicht korrekt wieder. Der Atheist weiß sehr vieles, und zwar alles, was er klar&deutlich perzipiert. Sein Wissen ist echtes (»metaphysisches«) Wissen im strengen Sinn des Wortes; der Intensitätsgrad seiner Gewiß-

[40] An den beiden einschlägigen Stellen der *Fünften Meditation* (AT VII 69 und 71) spricht Descartes von »*perfecte scire*«. Daß er dies eingangs der *Dritten Meditation* nicht tut (der Ausdruck dort ist »*plane certus*«), könnte seinen Grund darin haben, daß der Denker vor dem Gottesbeweis noch gar keinen Begriff vom Unterschied zwischen der Innenseite und der Außenseite des Wissens haben kann – und mithin auch keinen Begriff des vollkommenen Wissens. (Ich gebe zu, daß diese Erklärung ein wenig bemüht wirkt.)

heit steht dem des Gottgläubigen nicht nach. Was er gemäß Descartes nicht hat, nicht einmal von seiner eigenen Existenz, das ist vollkommenes Wissen. Wer vollkommenes Wissen hat, der ist, bildlich gesprochen, über den Bodensee des Zweifels geritten und hat sich, am Ufer angelangt, erst nachträglich der hinreichenden Dicke des Eises versichert. Wer nicht um die Existenz Gottes weiß, befindet sich immer noch auf dem Eis. Er gleitet dahin, dreht gut gelaunt seine Pirouetten. Ihm wird vielleicht niemals bewußt, in welcher Gefahr er schwebt. – Kurz, der Atheist bleibt für Descartes selbst in dem, was ihm momentan am gewissesten ist, letztlich epistemisch ungeborgen.

Und damit mag er recht haben, sowohl Descartes als auch der Atheist.

5. Bewußtsein

Für Carli und Monsieur Grat

Ein Thema, das ich in den vorausgegangenen Kapiteln nicht behandelt habe, ist Bewußtsein. Für Descartes ist das kein Thema. Insofern ist es völlig passend, daß der *Index général* der Gesamtausgabe zwischen »*Conoïde parabolique*« und »*Conservation et création*« keinen Eintrag enthält. Descartes ist über das Bewußtsein eher wortkarg, auch wenn seine Übersetzer es offenbar darauf abgesehen haben, uns das Gegenteil glauben zu machen. Es finden sich in den Cartesischen Schriften zwar Definientia und Hypothesen, in denen der Begriff des Bewußtseins verwendet wird, es fehlt aber – so weit ich sehe – jedwede Erläuterung oder gar Definition. Das ist bemerkenswert. Denn die meisten wichtigen Begriffe seiner Philosophie des Geistes hat Descartes an irgendeiner Stelle erläutert (wie dürr auch immer diese Explikationen ausgefallen sein mögen): Geist, Denken, Idee, Wille, Intellekt, Perzeption, Sinneswahrnehmung, Vorstellung, Erinnerung und so weiter. Zum Begriff des Bewußtseins gibt es jedoch nichts dergleichen – nichts explizit Explikatives.

Statt dessen finden wir bei Descartes einige ungemein stark klingende Behauptungen, in denen der Bewußtseinsbegriff, unerläutert, verwendet wird. Alles, was im Geiste ist, sei diesem unweigerlich bewußt – das klingt doch schon sehr stark. Er sagt dies in Antwort auf Arnauld.[1] Der hatte ihn (unter Hinweis auf eine Stelle in der *Dritten Meditation*, an der Descartes sich noch gar nicht *so* weit aus dem Fenster gelehnt hatte) höflich daran zu erinnern versucht, daß be-

[1] In den *Vierten Erwiderungen* (AT VII 246).

reits jene mildere These in den *Meditationen* nicht sonderlich plausibel klingt.[2]

Es lohnt sich, diesen Streitpunkt zwischen Descartes und seinem Lieblingskritiker schon eingangs ein klein wenig sorgfältiger zu betrachten. Descartes hatte in der *Dritten Meditation* – sei's auch nur allem Anschein nach[3] – implizit die These vertreten, daß eine geistige Fähigkeit dem betreffenden Geist zweifellos bewußt ist, solange er über sie verfügt. Gegen genau diese These wendet Arnauld ein,[4] daß ein Kind im Mutterleib zwar die Fähigkeit zum Denken habe, sich dieser Fähigkeit aber nicht bewußt sei.

In diesem Streitpunkt geht es, bei Lichte besehen, um Fähigkeiten. Descartes hatte sich, anscheinend, in der *Dritten Meditation* auf eine These über die unfehlbare Bewußtheit bezüglich geistiger Fähigkeiten festgelegt. Genau dagegen wollte Arnauld dann ein Beispiel präsentieren. In seiner Erwiderung auf Arnauld ignoriert Descartes nun aber das Thema der Fähigkeiten und spricht höchst allgemein von allem Beliebigen, das »im Geiste« ist.

Hierin liegt ein bemerkenswerter »struktureller« Zug der Cartesischen Lehre vom Bewußtsein. Descartes erläutert diesen Begriff nicht; er verficht aber sehr weitreichende Thesen, in denen er zentral ist. Wird ihm ein konkreter Einwand gegen eine seiner Bewußtseinsthesen gemacht, argumentiert er gar nicht dagegen. Vielmehr verkündet er einfach eine noch stärkere These (»Nichts kann im Geiste

[2] Vgl. die *Dritte Meditation* (AT VII 49) und *Vierte Einwände* (AT VII 214).

[3] Descartes hätte sich gegen die nachfolgende Interpretation der Textstelle in der *Dritten Meditation* (AT VII 49) leicht dadurch wehren können, daß er die Allgemeinheit der ihm damit zugeschriebenen These bestreitet und die Besonderheit jener (wahrlich absonderlichen) speziellen geistigen Fähigkeit hervorhebt, um die es ihm in der *Dritten Meditation* geht. Verblüffenderweise tut er nichts dergleichen. Er wehrt sich nicht im mindesten gegen die verallgemeinernde Interpretation Arnaulds, sondern begegnet ihr mit einer noch allgemeiner gehaltenen Gegenthese.

[4] AT VII 214.

sein, dessen er sich nicht bewußt ist«), mit dem hinzugefügten Bemerken, dies erscheine ihm selbstevident [*per se notum*].[5] Doch das ist noch nicht alles; selbst diese These ist ihm offenbar noch zu schwach. Am 31. Dezember 1640 antwortet er Mersenne, der ihm einige stilistische Verbesserungen für die Druckfassung der *Meditationen* vorgeschlagen hatte; und in diesem Zusammenhang läßt er einfließen, er hätte diese stärkere These in den *Meditationen* bewiesen.[6] (Bewiesen!)

In modischem Jargon gesprochen: Descartes hatte »starke Intuitionen« zum Thema Bewußtsein. Er hatte aber keine ausgeführte Lehre darüber. Sein sparsam benutztes »*conscien-*

[5] AT VII 246. Diese Auseinandersetzung mit Arnauld wirft, bei genauerem Betrachten, auch ein interessantes Licht auf Descartes' fintenreichen Umgang mit seinen Kritikern. Denn obwohl es an der Oberfläche des Wortlauts so klingt, als weise er Arnaulds Kritikpunkt mit ganzer Entschiedenheit und in vollem Umfang zurück, gibt er im nächsten Absatz genau das zu, was inhaltlich der Kern des Einwandes war. Geistige Fähigkeiten sind dem Geist, auch wenn er sie hat, nicht immer »aktuell« bewußt. Genau das hatte Arnauld eingewandt: »Der Geist des Kindes im Mutterbauch hat Denkfähigkeit, aber er ist sich ihrer nicht bewußt« (AT VII 214). Descartes räumt dies in der Sache ein; geistige Fähigkeiten, so drückt er sich nun aus, seien oft nur »potentiell« bewußt. Jedoch gibt er seinem Gegner nicht recht; er versucht, das Ganze so darzustellen, als ergebe sich hier – bei der vollständigen Zurückweisung der Kritik Arnaulds – eine gute Gelegenheit, um ganz beiläufig eine kleinere Unterscheidung einzuführen.

Stephen Gaukroger hat in seinem schönen Buch *Descartes – An Intellectual Biography* (Oxford 1995, S. 354) kürzlich bemerkt: »Es ist einfach so, daß Descartes Kritik nicht mochte«. Der gerade betrachtete Austausch zwischen Arnauld und Descartes spricht jedenfalls nicht gegen die Richtigkeit dieser Beobachtung.

[6] AT III 273. Die stärkere These folge daraus, daß Körper und Geist verschieden sind und das Wesen des Geistes im Denken besteht. – Interessant daran ist für unsern Zusammenhang auf jeden Fall, daß Descartes hier implizit Bewußtsein und Denken gleichsetzt. Ohne eine derartige Gleichsetzung ließe sich der von Descartes an dieser Briefstelle behauptete Folgerungszusammenhang kaum herstellen; und selbst mit ihr scheint das nicht ganz leicht. (Zu dieser Gleichsetzung siehe auch Abschnitt 1 des vorliegenden Kapitels.)

tia« taucht hie und da wie selbstverständlich auf.[7] Was bedeutet es? Nicht ganz das, was heutzutage darunter verstanden wird.

Cartesisches Bewußtsein hat, wie mir scheint, nicht allzu viel mit dem zu tun, was heutzutage unter dieser Rubrik vorzugsweise diskutiert wird. Insbesondere hat es, wie wir gleich sehen werden, mit dem gerade nichts zu tun, was von vielen Zeitgenossen in der Philosophie und den Neurowissenschaften für den zentralen Aspekt des Bewußtseins gehalten wird: das sog. phänomenale Bewußtsein, jenes charakteristische Gefühl, mit dem manche Geisteszustände (insbesondere Empfindungen) einherkommen. Auch wer heute dem Körper/Geist-Dualismus zuneigt, verweist mit Vorliebe auf das phänomenale Bewußtsein: darauf, wie von vorneherein abwegig es sei, Empfindungen in ein rein materialistisches Weltbild integrieren zu wollen. Den Erfinder des neuzeitlichen Dualismus hätten derartige Argumentationen wohl nicht sonderlich beeindruckt; für Descartes gehört der »phänomenale« Aspekt des Empfindens eher der körperlichen Welt an. Mehr dazu im Folgenden (insbesondere in Abschnitt 2).

Ein ganz anderer Grund für mich, ein paar Bemerkungen über den Cartesischen Begriff des Bewußtseins zu verlieren, ist der: Verblüffenderweise wird Descartes von seinen Übersetzern im Hinblick auf das Wort »bewußt« und seine Substantivierung irreführend, leichtfertig und willkürlich

[7] Das französische »*conscience*« wird noch viel sparsamer verwendet; wohl hauptsächlich deshalb, weil die übliche Bedeutung des Worts (nämlich: *Gewissen*) beim Leser falsche Assoziationen hätte hervorrufen können. Für die Übersetzer der *Meditationes* und der *Principia* ins Französische ergaben sich daraus beträchtliche Schwierigkeiten, die sie versuchten, mithilfe umständlicher Konstruktionen zu lösen. Diese Schwierigkeiten waren allerdings kleine Fische im Vergleich zu denen, vor denen Pierre Coste stand, als er John Lockes *Essay Concerning Human Understanding* ins Französische übersetzte. Siehe dazu Catherine Glyn Davies, *Conscience as consciousness: the idea of self-awareness in French philosophical writing from Descartes to Diderot*, Oxford 1990, insbesondere Kap. 1 und 2.

übersetzt. Das gilt für die ursprüngliche Übersetzung von Artur Buchenau,[8] die leider immer noch das einzige Buch ist, in dem die *Meditationen* samt den Einwänden und Erwiderungen auf deutsch zu haben sind. Das gilt auch für die Neubearbeitung von Lüder Gäbe (1959) und das Ergebnis der Durchsicht von Hans Günter Zekl (1977). Noch immer findet sich »Bewußtsein« an zahllosen Stellen, wo bei Descartes anderes zulesen ist als »*conscientia*«; besonders gerne wird auch »*mens*« von diesen Übersetzern als »Bewußtsein« übersetzt.[9] Doch das ist einfach falsch, wie wir gleich sehen werden. Die Fahrlässigkeit der Übersetzer in diesem Punkt ist übrigens keine deutsche Eigenheit; auch die neueste englische Übersetzung[10] ist gelegentlich wahllos mit ihrer Verwendung von Wörtern wie »*consciousness*« und »*awareness*«. Vielleicht liegen diesen übersetzerischen Fehlleistungen inhaltliche Mißverständnisse zugrunde. Und vielleicht tragen die nachfolgenden Bemerkungen dazu bei, einige davon aufzulösen.

[8] Band 27 der philosophischen Bibliothek des Verlags Felix Meiner in Hamburg; erstmals erschienen 1915.

[9] In dieser Hinsicht besser ist die in einer wohlfeilen zweisprachigen Ausgabe des Reclam-Verlags enthaltene Übersetzung von Gerhardt Schmidt (Reclam Universal-Bibliothek, Band 228, Stuttgart 1986). Doch auch er stilisiert Descartes zum Bewußtseinsphilosophen, indem er nicht müde wird, das häufige »*cogitatio*« mit »Bewußtsein« zu übersetzen. Er tut das erstaunlicherweise auch an solchen Stellen, wo er in hilfreichen Fußnoten Parallelstellen der französischen Übersetzung heranzieht und dort »*pensée*« als »Gedanke« übersetzt. Das drollige Resultat im deutschen Text ist dann, daß Descartes in der lateinischen Fassung vom Bewußtsein spricht, in der französischen hingegen von einem Gedanken. Wie schön, daß die Ausgabe zweisprachig ist.

[10] *The Philosophical Writings of Descartes*, drei Bände, übersetzt und hrsg. von John Cottingham, Robert Stoothoff und Dugald Murdoch, Cambridge 1984.

1. Bewußtsein ist nicht dasselbe wie Geist.

In der *Zweiten Meditation* faßt Descartes in einer kurzen Liste zusammen, was er, als ein denkendes Etwas, genaugenommen ist. »*Conscientia*« taucht in dieser Liste nicht auf. *Mens*, *animus*, *intellectus*, *ratio* sind dasselbe wie die *res cogitans*. Das Bewußtsein glänzt durch Abwesenheit. Offenbar ist Bewußtsein, für Descartes, nicht der Geist.

In der Tat ist Bewußtsein für Descartes etwas kategorial anderes: keine Substanz, in der das Denken sich abspielt, sondern eher etwas von der Art des Denkakts selbst. Dies wird deutlich, wenn er in seinen Erwiderungen auf die Einwände von Thomas Hobbes schreibt: »Es gibt gewisse Akte, die wir körperliche nennen; ... all diese Akte fallen unter den einen gemeinsamen Begriff der Ausdehnung. Es gibt aber auch andere Akte, die wir Denkakte [*actus cogitativos*] nennen ... und die allesamt unter den gemeinsamen Begriff des Denkens, Wahrnehmens oder Bewußtseins fallen; und die Substanz, in der sie sich befinden, bezeichnen wir als *denkende Sache* oder *Geist*«.[11] Descartes setzt Geist, Seele, Intellekt, Verstand und denkende Sache gleich; und er setzt ebenfalls Denken, Perzipieren und Bewußt-Sein gleich; aber er hält das auseinander, was da in beiden Fällen gleichgesetzt wurde. Geist ist Substanz; Bewußtsein ist Attribut. Geist und Bewußtsein hängen aufs engste miteinander zusammen, logisch gesehen besteht zwischen ihnen ein kategorialer Unterschied. Auch wenn er, metaphysisch betrachtet, für Descartes in gewissen Verwendungen des Wortes »Denken« nur ein Vernunftsunterschied ist.

[11] AT VII 176. – Wenn Descartes sagt, Denken, Perzipieren und Bewußtsein bildeten einen gemeinsamen Begriff [*ratio communis*], dann sollte man dies wohl am besten so verstehen, daß die Begriffe des Denkens, Perzipierens und Bewußtseins den gleichen Umfang haben. Dadurch bliebe genügend logischer Spielraum, um einzuräumen, daß diese drei Begriffe dennoch unterschiedliche Aspekte des Denkens akzentuieren.

Denn wollte man genau sein, müßte man berücksichtigen, daß Descartes den Begriff des Denkens mehrdeutig verwendet; er selbst weist mehrfach darauf hin, z. B. in den *Dritten Erwiderungen* (AT VII 174) und in seinem letzten Brief an Arnauld (AT V 221). Zum einen kann »*cogitatio*« das bezeichnen, was das Wesen [*natura*] der denkenden Sache ausmacht; und dann besteht zwischen dem Denken und der denkenden Sache nur ein Vernunftsunterschied. Zum andern kann »*cogitatio*« auch als Sammelbezeichnung aller Denkmodi verwendet werden; dann besteht zwischen dem Denken und der denkenden Sache ein modaler Unterschied. Die wichtigste Stelle dazu findet sich in den *Principia Philosophiae* §§ 60–64 (AT VIIIA 28–31). Ich verstehe Descartes dabei so: Es gibt Unterschiede, die logisch erheblich sind, metaphysisch aber belanglos; und die heißen Vernunftsunterschiede. Ein passendes Beispiel ist vielleicht der Unterschied, der zwischen

(a) Harvey

und

(b) der Eigenschaft, mit Harvey identisch zu sein

besteht. Logisch gesehen, gibt es hier natürlich einen Unterschied, der sich allein daran schon zeigt, daß man die Eigenschaft von etwas aussagen kann, Harvey hingegen nicht. Hingegen besteht, metaphysisch gesehen (so Descartes, wie ich ihn zu lesen vorschlage), zwischen (a) und (b) kein Unterschied. Wo immer (b) exemplifiziert ist, ist (a); und umgekehrt.

Ein Vernunftsunterschied ist für Descartes ein echter Unterschied. Er ist zwar fein, aber nicht nur scheinbar; es ist kein Unterschied in der Sache (kein, wie es in der Cartesischen Terminologie heißt: »realer Unterschied«), aber dennoch ein Unterschied. Sonst hätte er in seiner Lehre von den verschiedenen Unterschieden nicht ohne Wimpernzukken dasselbe Substantiv verwandt.[12]

Wenn William James sagt, »Bewußtsein« sei der Name einer Nicht-Entität,[13] dann könnte ein Cartesianer diese Formulierung vielleicht ruhigen Bluts akzeptieren.[14]

Christian Wolff, der im Jahre 1719 die deutsche Sprache um das Substantiv »Bewußtsein« bereicherte,[15] wollte damit anscheinend genau das einfangen, was Descartes als »*conscientia*« bezeichnete. Und dann war sein substantivierter Infinitiv, den er übrigens ganz am Anfang noch getrennt schrieb (»das Bewust seyn«), eine Wahl, die – für dieses Mal zumindest – gutes Sprachgefühl bezeugt: denn es geht um

[12] Es mag zwar verlocken, die Bedeutungsnuancen zwischen »Unterschied« und »Unterscheidung« auszubeuten und »*distinctio realis*« zu übersetzen als *Unterschied in der Sache* und »*distinctio rationis*« als *Unterscheidung der Vernunft.* Aber Descartes verwendet beide Male »*distinctio*«. Die unterschiedlichen Nuancen von »*differentia*« und »*distinctio*« standen ihm zur Verfügung; auf sie kam es ihm also offenbar nicht an. Also wohl auch nicht auf den Unterschied – oder sollte man sagen: die Unterscheidung? – zwischen einer Unterscheidung und einem Unterschied.

John Cottingham übersetzt »*distinctio rationis*« übrigens als »*conceptual distinction*« (siehe *The Philosophical Writings of Descartes*, Vol. 1, Cambridge 1985, S. 213 ff.) Das ergibt einen brauchbaren Sinn. Dergleichen muß der Leser entbehren, der sich Artur Buchenaus Übersetzung anvertraut; in der einzigen verfügbaren deutschen Übersetzung der *Principia* ist »*distinctio rationis*« übersetzt als *Beziehungsunterschied.* Zwischen dem Denken und dem Geist besteht also ein Beziehungsunterschied. Was fällt uns dazu ein? Eigentlich nur, daß der Übersetzer sich mit Beharrlichkeit verlesen hat und eine »*relatio*« übersetzt, wo Descartes eine »*ratio*« geschrieben hat. Vielleicht erbarmt sich der Meiner-Verlag und läßt diese schlampige Übersetzung nach beinahe 75 Jahren endlich einmal durchsehen.

[13] William James, Does ›Consciousness‹ Exist?, in: *Essays in Radical Empiricism*, London 1912 (Neuauflage Cambridge, Mass. 1976, S. 3).

[14] Jedenfalls dann, wenn für Descartes nur Substanzen eine *entitas* haben. Das ist allerdings nicht sicher. In der dritten Definition im *Anhang zu den Zweiten Erwiderungen* (AT VII 161) spricht er nur von der *entitas* einer Substanz [*res*]. Zwar sagt er nicht, daß nur Substanzen eine *entitas* haben, er legt es an dieser Stelle allerdings nahe.

[15] *Vernünfftige Gedancken von Gott, der Welt und der Seele des Menschen, auch allen Dingen überhaupt*, I, Kap. 3, § 194.

eine Sammelbezeichnung für die Vorgänge des Denkens, nicht um die Sache, in der sie sich abspielen.

A propos. Das Bild vom Bewußtsein als einer Bühne, auf welcher uns keine Darbietung entgehen kann – dies ist nicht Descartes' Bild. Descartes hat, soweit ich sehe, kein Bild vom Bewußtsein. Er vergleicht das Bewußtsein nicht.

Wer die Bühnen-Metapher partout zur Veranschaulichung der Cartesischen Philosophie des Geistes verwenden wollte, dürfte das Bewußtsein nach dem bisher Gesagten nicht auf die Bühne beziehen, sondern höchstens auf Aspekte der Darbietungen, die auf ihr stattfinden. Doch die Bühnen-Metapher paßt ohnehin nicht gut zur Cartesischen Auffassung; sie ist ja nur da sinnvoll anwendbar, wo es auch etwas gibt, das sich als Entsprechung zum Zuschauer betrachten läßt. Doch nichts dergleichen findet sich in der Cartesischen Lehre. Wenn man den Cartesischen Geist mit der Bühne und das Cartesische Bewußtsein mit dem Geschehen auf der Bühne vergleichen wollte, dann müßte man einräumen, daß alle Vorstellungen vor leeren Rängen gegeben werden. Oder man müßte sagen, daß es die Bühne ist, die dem Schauspiel zuschaut. Aber das heißt eben nur: die Bühnen-Metapher paßt nicht.

Besonders aufschlußreich an der Liste »*mens*, *animus*, *intellectus*, *ratio*, *res cogitans*« ist für unseren Zusammenhang die Gleichsetzung von Geist und Intellekt. Hierin liegt etwas Verräterisches, weil in der Liste etwas anderes fehlt: und zwar der Wille. Wenn es um den Geist geht, dann ist der Intellekt bei Descartes gewöhnlich nur ein Kollege des Willens. Die beiden sind eine stereotypische Einheit, wie das Klare und das Deutliche, wie Dick und Doof: zwei unterscheidbare Sachen, die aber in den interessanten Zusammenhängen vorzugsweise gemeinsam genannt werden. Solch eine stereotypische Ko-Okkurrenz ist natürlich keine ontologische Untrennbarkeit. Dennoch stellt sich die Frage: Warum wird in dieser Liste von Bezeichnungen für die geistige Substanz der Intellekt erwähnt und der Wille nicht?

Weil Descartes letztlich eine durch und durch intellektualistische Konzeption des Geistigen hat. Am Ende ist der Intellekt für Descartes der eigentliche Geist; alles andere – das Empfinden, das Wollen, das Fühlen, das Sich-Erinnern, das sinnliche Wahrnehmen – wird zwar keineswegs als etwas Geistiges geleugnet, ist aber, soweit es etwas Geistiges ist, auf den Intellekt angewiesen. – Was ich damit meine, möchte ich mit einem etwas ausführlicheren Zitat deutlich machen. In den *Sechsten Erwiderungen* unterscheidet Descartes drei Stufen der sinnlichen Gewißheit:[16]

Zur ersten gehört nur das, was von den äußeren Gegenständen unmittelbar auf ein Körperorgan einwirkt; und dabei kann es sich um nichts weiter handeln als um eine Bewegung der Teilchen des betreffenden Organs und um eine Veränderung der Figur oder Lage, die sich aus dieser Bewegung ergibt. Die zweite Stufe umfaßt das, was sich im Geiste unmittelbar daraus ergibt, daß er mit einem körperlichen Organ vereint ist, das in dieser Weise affiziert wird. Und von dieser Art sind die Perzeptionen des Schmerzes, der Erregung, des Durstes, des Hungers, der Farben, des Klangs, Geschmacks, Geruchs, der Wärme, Kälte und gleichartiger Perzeptionen, die aus der Einheit [*unio*] und gleichsam Vermischung [*permistio*] des Geistes mit dem Körper entstehen, wie das in der *Sechsten Meditation* ausgeführt worden ist. Die dritte Stufe schließlich enthält all die Urteile, die wir … auf Grund [*occasione*] der Bewegungen des Körperorgans über außer uns befindliche Dinge zu machen gewöhnt sind.

Ein Beispiel. Wenn ich einen Stock sehe …, dann lösen Lichtstrahlen, die vom Stock reflektiert werden, eine bestimmte Bewegung im Sehnerv aus und dadurch mittelbar auch im Hirn; das habe ich in der *Dioptrik* ausführlich erläutert. Und in dieser Bewegung des Hirns, die uns mit den Tieren gemeinsam ist, besteht die erste Stufe des sinnlichen Empfindens [*sentiendi gradus*]. Aus ihr ergibt sich die zweite Stufe, die ausschließlich bis zur Perzeption der Farbe bzw. des vom Stock reflektierten Lichts reicht. Sie entsteht dadurch, daß der Geist derart innig mit dem Körper verbunden ist, daß er von Bewegungen, die im Körper stattfinden, affiziert wird. Und nichts anderes darf man als das Vermögen der Sinneswahrnehmung [*sensus*] bezeichnen, wenn man es *gewissenhaft vom Intellekt unterscheiden* möchte. Denn würde ich auf Grund dieser Farbempfindung [*ex isto coloris sensu*] urteilen, daß sich außerhalb meiner ein farbiger Stock befindet, und würde ich auf Grund der Ausdehnung und Begrenzung dieser Farbe und

[16] AT VII 436 f. (meine Hervorhebungen).

auf Grund ihrer Lage relativ zu den Teilen meines Hirns die Größe, Form und Entfernung des betreffenden Stocks erschließen [*ratiociner*: auch »errechnen«], dann würde man zwar gewöhnlich auch das zur Sinneswahrnehmung rechnen (und deshalb bezeichne ich es hier als dritte Stufe des sinnlichen Empfindens), aber es liegt dennoch auf der Hand, daß es dabei *einzig und allein auf den Intellekt ankommt.*

Diese Stelle ist aufschlußreich, weil darin anklingt, daß die eigentliche Geistigkeit für Descartes erst da erreicht ist, wo der Intellekt (im wesentlichen) allein tätig wird: urteilt, folgert, rechnet.[17] Soweit die Sinneswahrnehmung etwas Geistiges ist, ist sie intellektuell. Sie hat zwar *auch* eine rein animalische Seite (Stufe 1), sie hat *auch* einen gemischten Aspekt, und zwar dort, wo bei der Sinneswahrnehmung Geistiges und Körperliches undeutlich ineinanderfließen (Stufe 2),[18] doch der entscheidende Schritt ins Geistige ist erst dort vollzogen, wo der Intellekt mit sich allein ist (Stufe 3).

[17] Der Intellekt ist nur »im wesentlichen« allein: denn beim Urteilen ist nach Descartes strenggenommen auch der Wille involviert. Doch der Wille, soweit er zum Urteil beiträgt, erweist sich in der Cartesischen Lehre bei genauerem Betrachten als etwas, das fast schon eine Komponente des Intellekts ist: und zwar diejenige, die schließlich – nach Abwägung des Abzuwägenden – eine Entscheidung darüber trifft, ob etwas nun geglaubt wird oder nicht. Der Wille bleibt zwar allein schon deshalb immer außerhalb des Intellekts, weil er sich, dank seiner grenzenlosen Freiheit, bei solchen Entscheidungen jederzeit irrational verhalten könnte. Aber seiner Willkür ist durch den Intellekt ein Grenze gesetzt: Klaren&deutlichen Gedanken des Intellekts muß der Wille zustimmen. Und in einer noch grundlegenderen Hinsicht ist der Wille auf den Intellekt angewiesen: der Wille hat beim Urteilen keine eigenen Ideen; der Intellekt muß sie ihm vorgeben. – Daß Descartes den Willen an dieser Stelle, an der er vom Urteilen spricht, einfach übergeht, scheint mir für seine intellektualisierende Konzeption des Geistigen bezeichnend zu sein.

[18] Soweit sich im Hinblick auf Stufe 2 überhaupt schon von Gedanken sprechen läßt, sind es jedenfalls noch keine »reinen Gedanken« [*purae cogitationes*]. Vgl. dazu den Brief an Regius vom Januar 1642, AT III 493.

2. Bewußtsein ist nichts von der Art eines Gefühls oder einer Empfindung.

Gefühle wie Schmerzen, Empfindungen wie z. B. Farbempfindungen und alle weiteren sog. phänomenalen oder qualitativen Zustände rechnet Descartes, wie wir gerade gesehen haben, gar nicht einfach dem Geist zu. Für derlei hat er ein Dreistufenmodell. Daß Gefühle uns bewußt seien, ist im Lichte seiner Lehre zunächst einmal nur eine unklare These, deren Sinn im Rahmen dieses Modells erst einmal zu präzisieren wäre – und sicher keine »Intuition«, von der alles Nachdenken über das Bewußtsein auszugehen habe. Heute hingegen scheint für jedermann, der in der Philosophie oder den Neurowissenschaften von »Bewußtsein« redet,[19] von vornherein ausgemacht, daß Schmerzen und Farbempfindungen geradezu Paradigmata von Bewußtseinszuständen sind. Dies ist ein Hinweis darauf, wie weit sich der heute geläufige Bewußtseinsbegriff, »*for better or worse*«, von seinem Ursprung in der Cartesischen Philosophie entfernt hat.

Descartes unterscheidet, wenn auch nicht mit der zu wünschenden Deutlichkeit, zwischen einem *sensus doloris* und einer *idea doloris*.[20] Besser gesagt: Er möchte solch einen

[19] Zwei eher willkürlich gewählte Beispiele der jüngsten Vergangenheit seien genannt: John Searle (*The Rediscovery of the Mind*, Cambridge 1992) und Francis Crick (*The Astonishing Hypothesis*, New York 1994). Was sie zu guten Informanten über den heutigen Bewußtseinsbegriff macht, ist ihr dezidiertes Desinteresse an allem Begriffsgeschichtlichen; beide wollen einfach über das Bewußtsein (im heutigen Sinn des Worts) sprechen. An dieser Einstellung habe ich nichts auszusetzen.

[20] Vgl. dazu insbesondere die *Sechste Meditation* (und speziell AT VII 74-90). Man achte nur einmal darauf, wann Descartes zu »*sensus*« und »*sentire*« greift, wann zu »*perceptio*« und »*percipere*«. Anschließend lese man in den *Sechsten Erwiderungen* (AT VII 436 f.) über die drei Stufen der sinnlichen Gewißheit nach. Schmerzempfindungen [*sensus doloris*] werden erlebt, gefühlt oder erfahren; soweit sie geistige Akte sind, sind sie aber noch unrein. Sie werden bestenfalls »komprehendiert« (vgl. AT VII 80), aber nicht vom Intellekt erfaßt. Die Schmerzidee hingegen ist, trotz ihres

Unterschied wohl machen; das geht allein schon aus dem letzten Absatz des Zitats im vorangegangenen Abschnitt hervor, in dem er unterstellt, daß der *sensus* sich »gewissenhaft vom Intellekt unterscheiden« läßt, wenn man solch eine Unterscheidung nur machen will. Jede Schmerz-Idee (gemeint ist hier: Idee eines datierbaren Schmerzes) ist etwas Geistiges und mithin etwas Bewußtes. Doch was da bewußt ist, ist kein »*raw feel*«, kein sog. Quale oder dergleichen. Eine Schmerz-*Idee* à la Descartes ist eine Information vom Schlage »Mein Knie ist verletzt« oder »Ich sollte schleunigst etwas für mein Knie tun«. Diese Information selbst tut nicht weh: Ist sie bloß im Intellekt, so zeigt sie dem Geist eine Verletzung (in der Weise, in der ihm die Idee eines Hasen einen Hasen zeigt); ist der Wille tätig geworden, dann ist aus ihr der Wunsch geworden, das Knie zu kühlen oder gewisse andere hilfreiche Dinge zu tun. Wie gesagt, die Schmerz-Idee schmerzt nicht. Eine Schmerz-*Empfindung* [*sensus*] – wenn man sie »gewissenhaft vom Intellekt unterscheiden« wollte – wäre hingegen für Descartes wohl so etwas wie eine Zwischenstation im Hirn, durch die eine derartige Information zustande gebracht wird. Sie wäre ein Vorgang im Hirn, der den Geist informiert; sie überführt eine Befindlichkeit des Körpers in eine Information bzw. Willenstätigkeit. In ihr hätten wir am ehesten das, was (laut Descartes)[21] eigentlich wehtut. Einerseits sitzt es im Hirn und ist somit etwas Körperliches; andererseits macht es eine Meldung an den

Mangels an Klarheit&Deutlichkeit, eine Idee des Intellekts. – All dies ließe sich recht einfach in die Cartesische Lehre einfügen, wenn es dort Platz gäbe für angeborene Ideen, die sich grundsätzlich nicht zur Klarheit&Deutlichkeit bringen lassen. Dann könnte die *idea doloris* solch eine angeborene Idee im Intellekt sein, und der *sensus doloris* wäre entsprechend eine sinnlich erworbene Aktivierung dieser Idee. Insgeheim neige ich dieser Lesart zu, doch ist sie nicht ohne Schwierigkeiten, und jedenfalls kenne ich keine Textstelle, die das wirklich hergibt.

[21] Schöner wäre: »leise Descartes«. Doch leider fehlt dem Deutschen diese Wendung, um auf bei einem Autor implizit Vorhandenes zu verweisen.

Intellekt und hat mithin einen Zug zum Geistigen. Die Cartesische Schmerz-Empfindung sitzt an der Körper/Geist-Grenze, und Descartes scheint sich nicht so recht schlüssig zu sein, welcher Seite sie eigentlich zuzurechnen ist. Vielleicht war ihm die Frage, ob der Schmerz letztlich etwas Geistiges oder doch etwas Körperliches ist, am Ende gar nicht so wichtig. Daß er, wie John Cottingham erwägt, kein Dualist, sondern ein Trialist war, ist im Hinblick auf seine Metaphysik gewiß unhaltbar.[22] Descartes erkannte nur zwei Grundtypen endlicher Substanzen an: materielle und geistige. Menschen sind für ihn ein metaphysischer Mischtyp, aber keine dritte Sorte von Substanzen.

3. Tiere haben Empfindungen, sind sich ihrer aber nicht bewußt.

Dennoch ist an Cottinghams Trialismus-These etwas Richtiges. Denn unter den geistlos körperlichen Gegenständen gibt es welche, die Descartes zufolge Sinnesempfindungen haben. In dieser Hinsicht gibt es also eine Dreiteilung: geistige Substanzen, empfindende Substanzen, empfindungslose Substanzen. Tiere gehören in die zweite Rubrik dieser Dreiteilung. Ihnen gesteht Descartes zwar keinen Geist, aber dennoch Empfindungen zu – Empfindungen, »insofern sie von einem körperlichen Organ abhängen«.[23] Er läßt also auch fühlende materielle Dinge gelten; Dinge, die zwar nicht denken, die aber nicht einfach nur Maschinen sind. Wenn Tiere Gefühle haben, aber keinen Geist – was fehlt ihnen? Descartes hat anscheinend keine bessere Auskunft als: Sie denken nicht; ihnen fehlen die (rein geistigen) Ideen, die unweigerlich bewußt sind. Tiere haben Empfindungen,

[22] Siehe John Cottingham, Cartesian Trialism, *Mind* 84 (1985), S. 218–230.

[23] Siehe seinen Brief an Henry More vom 5. Februar 1649 (AT V 540).

aber keine Ideen; es klingelt bei ihnen sozusagen an der Tür, aber niemand ist zu Hause. (Wäre jemand – und zwar müßte es ein Intellekt sein – zu Hause, wäre dies Klingeln eine Information; so ist es nur ein Klingeln.) Solch ein Vergleich ist immer ein bißchen gefährlich. Deswegen will ich hier ausdrücklich dazusagen, wie ich ihn verstanden haben möchte: Der Schmerz-Empfindung entspricht das Klingelgeräusch, soweit es nichts weiter ist als physischer Schall; der Schmerz-Idee entspricht die Neigung eines Hausbewohners, aus vernommenem Klingeln passende Schlüsse zu ziehen.

Besser als dieser Vergleich hilft uns meines Erachtens die Annahme weiter, daß Descartes im Hinblick auf Sinnesempfindungen einem dualistischen Funktionalismus zuneigte,[24] den er im Falle der Tiere zu einem materialistischen zu verkürzen bereit war. Ich stelle mir seine Position so vor: Der Schmerz eines Hasen ist derjenige Hirnzustand des Hasen, der typischerweise durch ähnliche Ursachen hervorgerufen wird wie menschlicher Schmerz (äußere und innere Verletzungen z. B.) und typischerweise ähnliche Wirkungen hat (Klagelaute, Vermeidung der Schmerzquelle usw.). Tierschmerz wäre demnach durch eine funktionale Rolle charakterisiert, die grob gesagt dadurch zu gewinnen ist, daß man von der funktionalen Rolle des Menschenschmerzes ausgeht und in ihr die Verbindung ins Geistige und aus dem Geistigen entfernt.

Was hat der Menschenschmerz dann, was der Tierschmerz nicht hat? Nach Descartes wohl hauptsächlich dies: er informiert den Intellekt in undeutlicher Form über die Beschädigung eines Körperteils; aus dieser Information zieht der Intellekt seine Schlüsse und veranlaßt (zusammen mit dem Willen) das seines Erachtens Angemessene. Der Intellekt ist das Begriffsvermögen des Geistes, in dem nicht erlebt und empfunden, sondern begriffen wird (hier wird

[24] Vgl. dazu auch Kapitel 4, Abschnitt XII, 1.

gefolgert, analysiert, abstrahiert und dergleichen mehr). Die intellektive Komponente des Schmerzes ist für Descartes des Schmerzes geistige Seite. Heutzutage wird zu diesem Thema gerne eine Spezial-Entität namens »Das Wie-es-ist-Schmerzen-zu-Haben« (kürzer und sprachlich weniger anstößig: »das Schmerz-Quale«) herbeigeredet. Dergleichen findet sich bei Descartes nicht. Der Gedanke, es sei gerade das Besondere am Schmerz (oder einer sonstigen Sinnesempfindung), daß dabei Bewußtsein ohne Begriffe vorliege – dieser Gedanke liegt ihm völlig fern. Unmittelbares Bewußtsein ist kein begriffsloses Wissen, denn sonst wäre es einfach nur eine *contradictio in adiecto.* Unmittelbares Bewußtsein ist für Descartes weder begriffslos noch ist es, strenggenommen, ein Wissen. Mehr dazu weiter unten, in den Abschnitten 9–11.

Wenn Descartes den Tieren zugesteht, daß sie Empfindungen ohne eine geistige Seite haben, dann liegt darin kein Selbstwiderspruch. Er sagt damit nichts Absurdes vom Schlage »Sie haben Schmerzen, aber weil sie keinen Geist haben, tut ihnen dabei nichts weh«. Vielmehr stellt er die Hypothese auf, daß Tiere keinen Intellekt besitzen und ihre Schmerzen erleiden, ohne dies gedanklich thematisieren zu können. (Und dies ist für ihn übrigens eindeutig eine empirische Hypothese, nicht etwa eine Hypothese über begriffliche Zusammenhänge, die er nicht hinreichend durchschaut.)[25] Ihrem Schmerz fehlt nichts, um Schmerz zu sein; ihre rein körperliche Natur gestattet ihnen allerdings keinen Zugang zur geistigen, sprich: intellektiven, sprich: einer begrifflichen Seite.

Sollen wir Mitleid mit geschundenen Tieren haben? Ein braver Cartesianer könnte – ja müßte vielleicht – so antworten: »Geschundene Tiere verdienen sogar mehr Mitleid als geschundene Menschen; denn der Mensch hat immerhin

[25] Dies geht aus seinem Brief an More vom Februar 1649 eindeutig hervor; siehe AT V 276/277.

einen Geist, der ihm vielerlei ermöglicht. Der Mensch kann denken; er kann sich also mit Gedanken trösten und auf Wege sinnen, seine Schmerzen loszuwerden. Ein Tier kann gegen den Schmerz nur das Wenige tun, das ihm sein begriffsloser Instinkt eingibt.«

Muß unser braver Cartesianer dann aber nicht, zumindest unter gewissen Umständen, auch mit Uhren (lies neuerdings: PCs) Mitleid haben? Denn sind sie nicht in allem, worauf es ankommt, mit Tieren gleichgestellt? Auch Uhren haben keinen Geist, und auch sie können »ernsthaft beschädigt« werden. Was könnte ein verletztes Tier haben, das eine beschädigte Uhr nicht hat?

Diese Frage hat sich Descartes offenbar nicht gestellt. Sie ist in seinen Augen aber auch einfach zu dumm. Denn Tieren fehlt nur das Geistige (also das Intellektive, und das heißt letztlich: das Begriffliche) am Schmerz. Daß für Descartes das Intellektive, das Begriffliche entscheidend ist, zeigt sich auch daran, wie völlig selbstverständlich es ihm ist, Sprachfähigkeit als klarstes Kennzeichen des Geistes anzunehmen.[26] Von den drei Stufen des menschlichen Schmerzes fehlt den Tieren nur die letzte. Und auch dies Fehlen bleibt für Descartes, wie gesagt, eine empirische Hypothese; er glaubt zwar nicht daran, daß Tiere eine intellektive Seele haben wie wir, er hält es aber offenbar auch nicht für widersinnig.

Uhren oder Computern hingegen fehlt alles zum Schmerz. Sie haben keine Schmerzorgane (erste Stufe), und sie haben kein Schmerzzentrum (zweite Stufe). Der springende Punkt ist (dritte Stufe): Selbst wenn sie einen Geist hätten, hätten sie keinen Schmerz. Denn Schmerz ist eine

[26] Siehe dazu John Cottingham, ›A Brute to the Brutes‹: Descartes' Treatment of Animals, *Philosophy* 53 (1978), S. 551–559, und Dominik Perler, Descartes über Fremdpsychisches, *Archiv für Geschichte der Philosophie* 77 (1995), insb. S. 44–54.

Sinnesempfindung: Sie kann ohne Organe (und Übermittlungszentrum) nicht zustande kommen.

Wenn Descartes in der *Sechsten Meditation* rhetorisch fragt, was innerlicher sein könne als der Schmerz [*quid dolore intimius esse potest*?], dann spricht er nicht metaphorisch.[27] Er meint nicht den Geist, der bildlich gesprochen ganz tief drinnen im Körper wäre. Er spielt nicht auf das Geistige am Schmerz an. Er meint den körperlichen Schmerz, der in Wirklichkeit tief drinnen im Hirn stattfindet: und nicht draußen an den Stellen (Fuß, Knie usw.), auf die wir ihn mit unserer spezifischen Mischung von Instinkt und Intellekt beziehen. Auch die Schmerzen der Tiere würde Descartes gewiß in deren Hirn ansiedeln. Wenn er Schmerzen etwas sehr Innerliches nennt und Tieren den Geist abspricht, dann bestreitet er Tieren nicht die Schmerzfähigkeit. Er grenzt etwas anderes aus: all die Dinge in der Welt, die kein charakteristisches Benehmen, keine geeigneten Organe und kein erkennbares Zentrum des Schmerzes haben. Wie zum Beispiel Steine, Uhren und PCs. Nicht ausgegrenzt bleiben Menschen *und* Tiere.

4. Bewußtsein ist nicht dasselbe wie Reflexion, Introspektion und dergleichen.

Reflektierendes Denken ist bei Descartes höherstufiges Denken: Der Denker hat Gedanken, die wiederum von einem Gedanken handeln, den er hat. (Gedanken über die Gedanken eines anderen Geistes sind hier also ausgeschlos-

[27] Siehe AT VII 77. – Wenn Kant im Paralogismenkapitel der *Kritik der reinen Vernunft* (A378) sagt »... man kann doch außer sich nicht empfinden, sondern nur in sich selbst ...«, dann ist schon weniger klar, was er mit »in sich selbst« meint. Denkt er an die räumliche Beziehung, die zwischen einer Person und ihrem Körperinneren besteht, oder meint er, sanft metaphorisierend, die unräumliche Beziehung zwischen einer Person und ihrem immateriellen Geist?

sen.) Betrachten wir ein Beispiel. Der Denker habe zunächst einen gewöhnlichen Gedanken, der von Dingen in der Welt handelt, wie etwa:

(1) Harvey ist doof.

Weil dieser Gedanke nicht von Gedanken handelt, ist er – auf der Stufenleiter der Reflexion – ganz unten angesiedelt: ein Gedanke erster Stufe. Mit

(2) Ich denke, daß Harvey doof ist

denkt er an einen Gedanken erster Stufe,[28] hat also einen Gedanken zweiter Stufe. Mit

(3) Ich denke, daß ich denke, daß Harvey doof ist

wäre die dritte Stufe dieser unendlichen Reihe erreicht.

Descartes ist der Auffassung, daß echte Geistigkeit bereits mit Gedanken erster Stufe vorliegt. Pierre Bourdin hatte gegen Descartes' Konzeption eingewandt, echte Geistigkeit, echtes Bewußtsein liege erst da vor, wo das Denken in einem reflexiven Akt [*actu reflexo*] geschehe, durch den der Denker auch wisse und bedenke, daß er denkt.[29] Descartes weist dies mit aller Entschiedenheit zurück und bringt dabei folgenden Einwand gegen Bourdin:[30] »Wenn Denken auf

[28] Wollten wir genauer sein, müßten wir sagen: Er denkt an sich selbst als jemanden, der einen Gedanken erster Stufe hat. – Auf diese Nuance kommt es hier jedoch nicht an. Entscheidend ist, daß er mit (2) einen Gedanken hat, der insofern von (1) handelt, als (2) nur dann wahr ist, wenn er (1) denkt. – Descartes spricht über gewöhnliche bzw. höherstufige Gedanken als »direkte« bzw. »reflexive« Gedanken; dieser Unterschied spielt auch in seiner wenig einnehmenden Theorie der Erinnerung eine wichtige Rolle (siehe insbesondere den Brief für Arnauld vom 29. Juli 1648, AT V 221/222).

[29] Siehe dazu die *Sechsten Einwände* (AT VII 533 f.).

[30] *Sechste Erwiderungen* (AT VII 559 f.).

der ersten Stufe noch nicht geistig wäre, Denken auf der zweiten hingegen schon, dann könnte ein geistloses materielles Ding etwas vom Schlage (1) denken, aber nichts vom Schlage (2). Nun ist der Unterschied zwischen (1) und (2) nicht größer als der zwischen (2) und (3). Und deshalb hätten wir nicht den geringsten Grund, einem Ding, das (1) denken kann, die Fähigkeit abzusprechen, auch (2) zu denken.[31] Mithin führt uns die Annahme, ein geistloses Ding könne immerhin Gedanken erster Stufe haben, auch dazu, ihm echte Geistigkeit à la Bourdin zuzuschreiben.«

Reflexion ist nicht wesentlich für den Unterschied zwischen Materie und Geist. Geist, echte und vollständige Geistigkeit, ist mit Gedanken erster Stufe – auch bei Abwesenheit solcher zweiter Stufe – bereits gegeben. Da dem Geist aber, wie Descartes meint, alles, was in ihm ist, bewußt ist, sind ihm seine Gedanken erster Stufe auch ohne solche zweiter Stufe bewußt.

5. Bewußtsein der simplen und der reflektierenden Art.

Versuchen wir eine erste positive Charakterisierung des Bewußtseins à la Descartes zu geben. Zunächst einmal: Was

[31] Es ist eine reizvolle Frage, wie Descartes diesen Folgerungsschritt begründet hätte, denn jedenfalls ist es ja – zumindest prima facie – nicht begrifflich ausgeschlossen, daß es eine Kreatur geben könnte, die zwar (1) denken kann, aber dennoch die Fähigkeit nicht besitzt, (2) zu denken. Folgende Begründung wäre denkbar: Konzentrieren wir uns zunächst auf den Unterschied zwischen den Gedanken (2) und (3); dieser Unterschied ist so trivial, daß es in der Tat schwierig ist, sich kohärent auszumalen, wie jemandem, der (2) denkt, die *Fähigkeit* abgehen könnte, (3) zu denken; der Unterschied zwischen (1) und (2) ist logisch identisch mit dem zwischen (2) und (3); also ist auch er so trivial, daß es schwierig ist anzunehmen, daß jemandem, der (1) denkt, die Fähigkeit abgehen könnte, (2) zu denken.

ist dem Geist eigentlich bewußt? Nun, *unmittelbar* bewußt sind ihm nur seine Ideen bzw. Denkakte (der Einfachheit halber spreche ich jetzt nur von Ideen).[32] Mittelbar bewußt ist ihm letztlich alles, woran er mit seinen Ideen denkt. Der interessante Begriff des Bewußtseins ist natürlich der des unmittelbaren Bewußtseins, und nur davon wird die Rede sein. Was heißt es also, daß der Denker sich seiner Ideen (unmittelbar) bewußt ist? Was heißt es mehr als bloß: daß er sie hat?

Daß der Denker eine Idee hat, kann für Descartes zweierlei heißen. In der üblichen Lesart heißt es, daß der Denker zum betreffenden Zeitpunkt einen Gedanken hat, in dem diese Idee enthalten ist. In der selteneren, dispositionalen Lesart heißt es einfach nur, daß der Denker zum betreffenden Zeitpunkt die Fähigkeit besitzt, einen solchen Gedanken zu haben.[33] Das Ideen-Haben als Disposition lasse ich hier zunächst beiseite. Betrachten wir nun also den gewöhnlichen Fall: Der Denker hat jetzt einen Gedanken $\gamma(i)$, in

[32] Auf den feinen Unterschied zwischen Idee und Gedanke kommt es hier nicht an. Zum Verhältnis der beiden siehe oben, Kapitel 1, S. 84 f.

[33] Vgl. z. B. *Notae in Programma,* AT VIII-B 366. Schon in seiner früheren Replik auf die Einwände des Hyperaspistes (dieser Name ist das unbescheidene Pseudonym eines Kommentators der *Meditationen*, dem es nicht gelang, sein Manuskript rechtzeitig einzusenden – einer all jener ungezählten Beinahe-Champions in der Philosophie, die gewiß gesiegt hätten, wenn die im Stadion nur auf sie gewartet hätten), spricht Descartes von einer »impliziten« Idee und setzt sie gleich mit der Fähigkeit [*aptitudo*], diese Idee »explizit« zu perzipieren (AT III 430).

Das sollte man sich allerdings vor Augen führen: eine (mit dem Zusatz »implizit« versehene) Sache wird hier gleichgesetzt mit der Fähigkeit, sie (»explizit«) auszuführen. Dabei wird so getan, als handele es sich um ein und dieselbe Sache – einmal in ihrer impliziten, und dann in ihrer expliziten Erscheinungsform. Das ist ein drolliges Denkschema, das sich bis auf den heutigen Tag selbst bei hervorragenden Wissenschaftlern durchhält. (Z.B. bei Chomsky.) So als wären wir jetzt schon in gewisser Weise, (»implizit«), tot; weil wir ja jetzt schon die Fähigkeit besitzen, bei Gelegenheit (»explizit«) zu sterben.

dem die Idee *i* enthalten ist; kurz: er perzipiert jetzt *i*.[34] Daß seinem Geist *i* bewußt ist, kann dann zweierlei heißen:

(a) er hat γ(*i*), und er hat zugleich den weiteren Gedanken »Ich habe *i*« oder »Ich habe γ(*i*)«;

(b) er hat γ(*i*), aber außerdem keinen weiteren Gedanken, der *i* enthält; aber er ist in diesem Moment ohne weiteres in der Lage, auch den Gedanken »Ich habe *i*« oder »Ich habe γ(*i*)« zu denken.

Nennen wir ersteres *reflektierendes* und letzteres *simples* Bewußtsein.[35] Reflektierendes Bewußtsein hält Descartes für möglich, wie er Burman gegenüber ausdrücklich sagt. Der hatte eine Schwierigkeit darin vermutet, daß der Geist mehrere Gedanken zugleich haben könne.[36]

Simples Bewußtsein ist grundlegend. Denn wenn alles Bewußtsein reflektierendes wäre, könnte sich der Denker nicht aller Ideen, die er momentan hat, bewußt sein. Dazu bedürfte es unendlich vieler Gedanken; und obgleich Descartes es für unproblematisch hielt, daß der Denker zum selben Zeitpunkt mehr als einen Gedanken hat, hätte er es gewiß für ausgeschlossen gehalten, daß er unendlich viele Gedanken hat.

[34] Der Gedanke γ(*i*) kann natürlich auch einfach darin *bestehen*, daß der Intellekt *i* (und nichts weiter sonst) perzipiert. Siehe oben S. 85 f.

[35] Tobias Rosefeldt hat mich darauf aufmerksam gemacht, daß Descartes in seinem letzten Brief an Arnauld die ähnlich klingende, aber inhaltlich andere Unterscheidung zwischen »direktem« und »reflektierendem« Denken macht. Ich habe nicht verstanden, worauf Descartes damit eigentlich hinaus will. Es hat unverkennbar zu tun mit seiner Unterscheidung zwischen körperlicher und intellektueller Erinnerung. Es geht innerhalb weniger Zeilen dann aber auch um den Unterschied zwischen Hirnspuren und Gedanken des reinen Intellekts, und es geht auch um die Einordnung der »Eindrücke« im Geist daraufhin, ob sie erstmalig auftreten oder nicht. Vgl. AT V 210/221.

[36] AT V 149. Siehe dazu auch Kapitel 2.

6. Bewußtsein ist unabschließbar (»nach oben offen«).

Reflektierendes Bewußtsein umfaßt einen Gedanken zweiter Stufe. Auch dieser ist natürlich bewußt; wenn auf die simple Art, dann bricht die Reihe der vom Denker in diesem Moment tatsächlich gedachten Gedanken an diesem Punkt ab; Wenn auf die reflektierende Art, dann hat der Denker in diesem Moment auch noch einen Gedanken dritter Stufe (z. B. »Ich habe den Gedanken, daß ich $\gamma(t)$ habe«). Auch dieser Gedanke ist bewußt; wenn auf die simple Art, ..., wenn auf die reflektierende, ... – Es gibt für die Reihe dieser reflektierenden Gedanken keine obere Grenze. Insofern ist im Bewußtsein eine Unendlichkeit angelegt, die von einem endlichen Geist mit tatsächlich vollzogenen Denkakten natürlich nicht realisiert werden kann. Doch liegt hierin kein Paradox, ja nicht einmal eine Schwierigkeit. Das Denken ist schon auf der untersten, präreflexiven Stufe vollständig bewußt.

Dem simplen Bewußtsein fehlt nichts. Was diesen Punkt angeht, finden wir eingangs der *Sechsten Erwiderungen* sehr deutliche Worte.[37] Reflexion ist keine vollständigere oder anderweitig vollkommenere Variante des Bewußtseins, sondern einfach eine explizitere.

[37] Es geht an dieser Textstelle um die Gewißheit, daß man denkt bzw. existiert. Descartes weist darauf hin, daß reflektierendes Wissen [*scientia reflexa*] dazu nicht erforderlich sei und erst recht nicht Wissen vom reflektierenden Wissen [*scientia scientiae reflexae*]. Es reiche völlig aus, daß man über »jene innere Kenntnis [*cognitio*]« verfügt, »die dem reflexiven Wissen immer vorausgeht und allen Menschen über das Denken und die Existenz angeboren ist« (AT VII 422).

7. Simples Bewußtsein ist Denken. Und wer denkt, dem entgeht das nicht.

Eine Idee ist dem Geist also im einfachen Falle bewußt, ohne daß er daran denkt, daß er sie hat. Doch wiederum stellt sich die Frage: Was heißt »sich einer Idee bewußt sein« mehr als: die Idee (im nicht-dispositionalen Sinne) haben? Was ist Bewußtsein anderes als die Perzeption eines Gedankens mit dieser Idee ? Nun, es ist nichts anderes; Bewußtsein von Ideen ist simples Gedanken-Perzipieren. Dennoch markiert der Begriff des Bewußtseins einen besonderen Aspekt der Perzeption: eine Art Aufmerksamkeit,[38] die sich dadurch charakterisieren läßt, daß der Geist jederzeit in der Lage wäre, vom Gedanken, den er gerade perzipiert, zu dem »Ich perzipiere...«-Gedanken der nächsthöheren Stufe überzugehen. Dieser Gedanke höherer Stufe versteht sich für ihn von selbst – so sehr, daß er in seinem Denken beinahe schon mitklingt.[39]

Daß Descartes, wenn er von Bewußtsein spricht, diesen Aufmerksamkeitsaspekt im Sinne hat, wird durch einen Brief vom Oktober 1637 belegt, in dem er visuelle Wahrnehmung von Tieren gegen das menschliche Sehen abgrenzt. Er gesteht Tieren zu, daß sie sehen, aber bei ihnen sei das Sehen in einer wichtigen Hinsicht anders als bei uns Menschen: Sie sehen nicht so, wie wir sehen, wenn wir uns dessen bewußt sind, daß wir sehen, sondern nur so, wie wir sehen, wenn wir in Gedanken woanders [*mente alio avocata*] sind.[40] Beim echten Denken sind wir eben nicht »mit den

[38] Diese Behauptung kann sich auf solche Stellen im Cartesischen Text berufen, wo er selbst statt von Bewußtsein von Aufmerksamkeit spricht. Siehe z. B. die Definition der klaren Perzeption in den *Principia Philosophiae* I, § 45 (AT VIII 21/22).

[39] Nein, an dieser Stelle keine Fußnote zu Kant.

[40] AT I 413/414. Bernard Williams (*Descartes – The Project of Pure Enquiry*, Harmondsworth 1978, S. 226 und 286) bezieht sich auf diese Stelle, wenn er Descartes vorwirft, er verwechsele bewußte Seherlebnisse mit

Gedanken woanders«. Eine innere Aktivität, die wir (wie manchmal z. B. stilles Rezitieren) vollziehen, obwohl wir mit unsern Gedanken woanders sind, ist kein Fall von Denken; das Denken findet dann dort statt, wo wir mit unsern Gedanken sind. Stellen wir solch einen Fall vor: Ich sage mir gerade innerlich den *Jabberwocky* auf, denke aber währenddessen an Harvey. Da könnte es geschehen, daß jemand mich fragt: »Was machst du gerade?«. Ich könnte nun selbst davon überrascht sein, daß ich ja immer noch das Gedicht rezitiere. In *dieser* Weise könnte es mir aber nie entgehen, meint Descartes, daß ich gerade den Gedanken denke, den ich denke.

Gedanklicher Aufstieg (und auch die Fähigkeit dazu) ist für Descartes immer trivial. Es geht ja nur um einen billigen Schritt – wie den von dem Denken des Gedankens »Es regnet« zum Denken des Gedankens »Ich denke, daß es regnet«. Wer wirklich einen Gedanken hat, der hat ipso facto das Zeug dazu, in diesem Moment auch zu denken, daß er diesen Gedanken hat. Dies Zeug zu haben, *das* macht das Bewußtsein aus. (Denn wie wäre es, wenn jemand dächte »Es regnet«, aber das Zeug nicht hätte zu denken, daß er dies denkt? Er wäre für Descartes wohl wie ein Tier, das im Regen steht oder davon träumt.) Doch wie trivial auch immer der Aufstieg zu höheren Stufen des Denkens Descartes erschienen sein mag – darin, oder zumindest in der Befähigung zu solcherlei Aufstieg, besteht für ihn, so mutmaße ich, letztlich Bewußtsein. *Dies* Zeug zu haben, darin liegt für ihn »das« Bewußtsein. Das Zeug zu etwas zu haben, ist eine

reflexivem Bewußtsein davon, daß man sieht. Dieser Vorwurf ist im Lichte dessen, was wir in Abschnitt 4 gesehen haben, nicht haltbar. Vermutlich liest Williams in eine Formulierung – und zwar »*sentimus nos videre*« (wir fühlen, daß wir sehen) –, die Descartes an dieser Stelle des Briefs verwendet, die Forderung hinein, bei solch einem Fühlen müsse ein Gedanke höherer Stufe über das eigene Sehen involviert sein. Doch das ist, insbesondere im Lichte von AT VII 559 f., eine Überinterpretation; vgl. dazu Abschnitt 4 dieses Kapitels.

Disposition. Bewußtsein à la Descartes ist allerdings eine ganz besondere Disposition: Sie ist beständig aktiviert. Sie ist keine von den fluktuierenden *Just another*-Eigenschaften des Denkens. Das Bewußtsein kommt nicht und geht nicht. Es ist im Denken immer da. Gäbe es einen Fall von Denken ohne Bewußtsein, dann müßte es dem Denker, wenn er einen Gedanken hat, entgehen können, daß er ihn hat. Genau das läßt Descartes fürs echte Denken nicht zu.

Bewußtsein dient Descartes, so vermute ich, als ein Begriff, mit dem sich akzentuieren läßt, was reines Denken (im Gegensatz zu den Körper/Geist-Mischzuständen wie Erinnerungen und Empfindungen) ist. Im Denken geschieht nur eines: Der Geist perzipiert seine Ideen. Das Perzipieren ist, logisch gesehen, eine denkbar innige Beziehung: Nichts könnte zwischen den Geist und seine Idee treten, das ihre Perzeption verhindert. Beim reinen Denken à la Descartes ist die Beziehung zwischen dem Denker und dem, was er denkt, logisch inniger als zwischen einem, der sieht, und dem, was er sieht. Denn zwischen den, der sieht, und das, was er sieht, könnte ja immer etwas treten, das (a) die Sicht versperrt oder (b) falsche Eindrücke darüber erweckt, was gesehen wird. Echtes Denken, so verstehe ich Descartes, ist für derartige Fehler nicht anfällig. Und gerade dadurch ist Denken – der Denkvorgang – Bewußtsein: Zwischen den Geist und seinen momentanen Denkvorgang kann nichts treten, was (a) die Sicht versperrt, oder (b) falsche Eindrükke darüber erweckt, was gedacht wird. Denken, wie Descartes es sich denkt, ist in diesem Sinne logisch transparent: Es läßt keinen Spielraum für einen Unterschied zwischen

Der Geist denkt an …

und

Der Geist vermeint, an … zu denken.

Wenn der Geist etwas denkt, dann entgeht ihm das nicht (weder daß er, noch was er denkt); und wenn er vermeint, dies-und-das zu denken, dann denkt er es auch.

Beim sinnlichen Wahrnehmen hingegen gibt es, wegen der Möglichkeiten (a) und (b), keine *con-scientia,* keine mitgelieferte Wahrheitsgarantie in beiden Richtungen. Es gibt Spielraum für den Unterschied zwischen

Harvey sieht …

und

Harvey vermeint, … zu sehen.

Es könnte geschehen, daß Harvey mich sieht, aber glaubt, jemand anderen zu sehen, und auch, daß er vermeint, mich zu sehen, obwohl es ein anderer ist, den er sieht.

Beim echten Denken sind, für Descartes, die beiden Möglichkeiten der versperrten Sicht und des falschen Eindrucks im Hinblick darauf, was gedacht wird, per definitionem ausgeschaltet. Der Begriff des Bewußtseins (des »Zugleich-mit-Wissens«) hat bei Descartes nichts weiter zum Inhalt. Nicht mehr als diesen Wink auf das, was in seinen Augen echtes Denken – oder: was Denken wirklich – ist.

Man fragt sich dann allerdings: Wie konnte er annehmen, der Geist denke unentwegt – und zwar in diesem anspruchsvollen »Kann dem Denker nicht entgehen«-Sinn? Denn es ist uns doch einfach nicht unbedingt zu jedem einzelnen Zeitpunkt unserer Existenz so, als dächten wir gerade. (Zum Beispiel dann nicht – nach allem, was wir wissen – wenn wir traumlos schlafen oder ohnmächtig sind.) Und wer würde sich schon darauf einlassen, daß er nicht mehr da ist, sobald es ihm einmal auch nur entgehen möchte, daß er denkt? – In genau diesem Punkt wird Locke dann Descartes bald widersprechen.[41]

[41] John Locke, *An Essay Concerning Human Understanding,* Buch II, Kap.I, §§ 10–19 (1689). (Zitiert nach der von Peter H. Nidditch besorgten Ausgabe: Oxford 1975.)

Descartes' Thesen

(a) Zum Denken gehört, daß es dem Denker nicht entgeht, daß und was er denkt.
(b) Denken ist das Wesen (das definierende Merkmal) des Geistes.

bergen, zusammengenommen, reichlich Anlaß zu Widerspruch. Locke z. B. akzeptiert (a) und gibt (b) preis; Leibniz tut, terminologische Finessen beiseite, das Umgekehrte. Wer außer Descartes hat je zugleich (a) und (b) behauptet? Vielleicht ist sein Begriff vom Geist eben wirklich ein ganz besonderer – und zwar ganz unabhängig von allen Lehren über die immaterielle Substanz.

8. Bewußtsein der aktuellen und der potentiellen Art.

Im Geiste sind nicht nur Gedanken und Ideen, sondern auch Fähigkeiten. Auch ihrer müssen wir uns bewußt sein, wenn dem Geist, wie Descartes behauptet, alles bewußt ist, was in ihm ist.[42] Unserer geistigen Fähigkeiten sind wir uns nicht in der Weise bewußt, in der wir uns der Gedanken bewußt sind, die wir gerade perzipieren. Das Bewußtsein, das wir von unseren momentanen Gedanken haben, nennt Descartes »aktuell«. Unserer geistigen Fähigkeiten sind wir uns zumeist nur dann aktuell bewußt, wenn wir sie ausüben; andernfalls sind wir uns ihrer oft nur »potentiell« bewußt – und das heißt einfach: wir wären uns ihrer aktuell bewußt, wenn wir sie ausübten.[43]

Diese Aktuell/potentiell-Unterscheidung hat nichts zu tun mit der obigen Unterscheidung zwischen reflektierendem und simplem Bewußtsein. Letztere betrifft ausschließ-

[42] Siehe AT VII 246 und die Bemerkungen eingangs dieses Kapitels.
[43] Vgl. *Vierte Erwiderungen*, AT VII 246 f.

lich Denkakte, erstere hingegen thematisiert gerade den Unterschied zwischen Denkvorgängen und geistigen Fähigkeiten (insbesondere solchen, die momentan nicht ausgeübt werden). Um den Unterschied zwischen beiden Unterscheidungen einzusehen, muß man sich nur vor Augen führen, daß das aktuelle Bewußtsein um den Besitz einer geistigen Fähigkeit sowohl simpel als auch reflektierend ausfallen kann. Der Denker kann sich seiner Fähigkeit, Erinnerungen zu haben, einfach dadurch bewußt werden, daß er sich an etwas erinnert; statt dessen kann er aber auch eine Erinnerung mit dem reflektierenden Gedanken begleiten, daß er sich erinnert.

Wie steht es aber um den besonderen Fall, in dem der Denker sich die geistige Fähigkeit *F* – mit einem Gedanken der Art »Ich habe *F*« – zuschreibt, wobei diese Selbstzuschreibung allerdings nicht von einem Akt der Ausübung dieser Fähigkeit begleitet wird? Ist dies bereits ein Fall, in dem der Geist des Denkers sich *F*s bewußt ist? – Bei genauerem Bedenken ist das eine schwierige Frage. Eine Antwort traue ich mir heute nicht zu.

Ich mag es mir nicht verkneifen, auf eine Schwierigkeit mit – oder: im Umkreis – dieser Frage hinzuweisen. Sei unser *F* eine akzidentelle geistige Fähigkeit, die der Denker zwar hat, de facto aber niemals ausübt (bisher jedenfalls noch nicht ausgeübt hat). Sein Gedanke, »Ich habe *F*«, war demnach durch keine Ausübung von *F* verursacht. Wenn dieser Gedanke dennoch Bewußtsein von *F* konstituiert, dann muß er, wie wir weiter unten sehen werden, gewiß sein. Wenn er gewiß ist, muß er entweder klar&deutlich (also undenkbar falsch) sein, oder er muß durch *F* selbst verursacht worden sein. Nun ist *F* aber akzidentell;[44] mithin

[44] Zur Veranschaulichung denke man an eine geistige Fähigkeit wie die, zwei so-und-sovielstellige Ziffern ohne Stift und Papier zuverlässig miteinander zu multiplizieren. Die Stellenzahl muß natürlich für den betreffenden Denker geeignet gewählt werden: für mich selbst beispielsweise wäre einstellig zu niedrig und hundertstellig zu hoch gegriffen.

ist der Gedanke »Ich habe *F*« nicht klar&deutlich: weder in diesem Gedanken noch in seiner Negation steckt für den Denker eine offenkundige Widersinnigkeit. Bleibt also nur: Wenn *F* dem Denker dank des Umstands bewußt ist, daß er *F* hat und »Ich habe *F*« denkt, dann muß jene Fähigkeit diesen Gedanken verursacht haben. Doch *F* wurde nie ausgeübt.

Die Frage stellt sich dann: Kann, laut Descartes, eine unausgeübte geistige Fähigkeit dennoch – sozusagen in der stillen Wirksamkeit ihrer schieren Präsenz – Gedanken hervorgerufen haben, also kausal aktiv gewesen sein? Wenn ja, so würde den Rätseln der geistigen Kausalität ein weiteres hinzugefügt.[45] Wenn nein, dann ist schwer zu sehen, wie einem Geist alles, was in ihm ist, bewußt sein sollte. Aber es ist eben zunächst einmal nicht mehr als dies: schwer zu sehen. Der große Erwiderer Descartes sieht gewöhnlich nicht schwer, wenn er seine Lehre vor dem Vorwurf eines Widerspruchs zu schützen hat.

Halten wir vorläufig fest: Descartes hat, was akzidentelle geistige Fähigkeiten und seine These von der Bewußtheit alles Geistigen angeht, wenigstens *ein* Problem mit seiner Konzeption von Bewußtsein.

Siebzehnstellig könnte passen. Es könnte sein, daß ich die geistige Fähigkeit habe, zwei siebzehnstellige Ziffern zuverlässig im Kopf zu multiplizieren. Ich habe das nie versucht, werde es nie versuchen, halte es aber auch nicht für völlig ausgeschlossen, daß derlei Kalenderidiotie in mir angelegt ist.

[45] Den tiefsten und genauesten Einblick in die Rätsel, Wunder und Abgründe Cartesischer Kausalvorstellungen im Hinblick auf den Geist liefert immer noch der einschlägige Klassiker von Rainer Specht (*Commercium mentis et corporis – Über Kausalvorstellungen im Cartesianismus*, Stuttgart 1966).

9. Bewußtsein ist kein eigentliches Wissen.

Conscientia ist keine *scientia sensu stricto.* Zum eigentlichen Wissen gehört die Aktivität des Geistes, der – von der Klarheit&Deutlichkeit einer gegebenen Idee überwältigt – gar nicht anders kann als ihr zustimmen. Für den geistigen Wissensprozeß bietet Descartes grob gesagt folgendes Modell an: der Intellekt perzipiert eine Idee (und ist, indem er dies tut, passiv);[46] der Wille trifft anschließend seine Entscheidung; wenn diese Entscheidung durch die kognitive Unwiderstehlichkeit der Idee unausweichlich ist, dann (und nur dann) handelt es sich um einen Fall von eigentlichem Wissen.

Wenn der Geist sich einer Idee oder sonstigen Eigenschaft seiner selbst bewußt ist, dann heißt dies aber nur, daß er die weitere Idee vom Besitz jener ersteren hat (bzw. ohne weiteres haben könnte). Ein Urteil ist dabei nicht im Spiel; dazu kommt es erst gar nicht. Es handelt sich vielmehr um einen intellektiven Automatismus, in dem der Wille keine Rolle spielt.

So weit ich sehe, achtet Descartes (im Gegensatz zu seinen Übersetzern) darauf, den Unterschied zwischen Bewußtsein und eigentlichem Wissen terminologisch nicht verschwimmen zu lassen. Daß er denkt, ist nichts, was der Denker sich als Wissen zuschreibt; es ist etwas, dessen er sich bewußt ist. Im *Cogito*-Argument gelangt er von etwas,

[46] Hinter dieser sog. Passivität steckt, so weit ich (dank einem Gespräch mit H.-P. Schütt zu diesem Punkt) sehe, nichts weiter als das schlichte Faktum, daß der Intellekt für Descartes nicht die Instanz ist, die vor eine Entscheidung bezüglich Zustimmung oder Ablehnung gestellt ist. Der Intellekt betrachtet, zerlegt, abstrahiert Ideen und ist auf alle möglichen anderen Arten und Weisen »aktiv« in seinem Umgang mit ihnen; was er nicht tut, das ist, ein Urteil über sie fällen. – Für Descartes kommt es bei dieser Passiv/aktiv-Unterscheidung nur auf den Unterschied zwischen Betrachtung und Entscheidung an; daraus, daß an der Betrachtung selbst Momente von Aktivität anzutreffen sind, entstehen für ihn mithin keine inhaltlichen Schwierigkeiten.

dessen er sich *bewußt* ist, zu etwas, das er (mit Gottes Beistand auch über den Moment hinaus)[47] *weiß.* Er argumentiert ja nicht etwa so: »Ich denke, also bin ich mir bewußt, daß ich denke«. Vielmehr ist ihm der Zusammenhang zwischen Denken und Bewußtsein des Denkens unmittelbarer, schlußlos, gestiftet. Er argumentiert aber auch nicht so: »Ich denke, also weiß ich, daß ich denke«. Die erste (Wissens-) Gewißheit ist nicht »Ich denke« oder »Ich bin mir bewußt, daß ich denke«,[48] sondern »Ich existiere«. Und das ist ja eine der erkenntnistheoretischen Pointen dieser Argumentation. Im *Cogito*-Argument wird aus einer, wie man vielleicht sagen könnte,[49] Bewußtseinsgewißheit auf eine Wissensgewißheit geschlossen.

10. Bewußtsein ist ein intellektives Analogon zum Wissen.

Bewußtsein ist kein Wissen im eigentlichen Sinn, aber es hat Gemeinsamkeiten mit ihm, insbesondere natürlich den Gewißheitscharakter. Was dem Geist bewußt ist, vermag er nicht zu bezweifeln. Doch daß der Geist nicht bezweifeln kann, was ihm bewußt ist, hat einen andern Grund als den, daß ihm das, was er weiß, unbezweifelbar ist. Der Unterschied liegt, unvorsichtig gesprochen, in Folgendem: Wessen der Geist sich bewußt ist, das ist von vorneherein jedem Zweifel entzogen, es befindet sich in einem zweifelsunzugänglichen Bereich; was hingegen im eigentlichen Sinne

[47] Zu diesem Klammerzusatz vgl. Kapitel 4, Abschnitt 8.

[48] Und erst recht nicht: »Ich weiß, daß ich denke«. Nähme man es mit Descartes' Terminologie, wie ich sie hier rekonstruiere, ganz bitter ernst, müßte man den Satz »Ich weiß, daß ich denke« als falsch oder sogar sinnwidrig bezeichnen. (Noch eine begrifflich tiefe Berührung Descartes' mit seinem angeblichen Antipoden Wittgenstein.)

[49] Wenn es einem gelänge, davon abzusehen, wie schrecklich das klingt.

Foerlest

gewußt wird, liegt in einem kognitiven Bereich, in dem Zweifel zwar erst einmal prinzipiell möglich, bei genauerem Betrachten (und der daraus resultierenden Klarheit&Deutlichkeit) aber nicht durchhaltbar ist.

11. Bewußtsein läßt keinen Zweifel zu.

»Wir sind uns unserer Freiheit aufs innigste bewußt [*intime conscii sumus*]«, sagt Descartes zu Burman.[50] Er meint, denke ich: Wir können ihr Vorhandensein gar nicht in Zweifel ziehen. Denn die Idee, daß ich frei bin, ist unweigerlich in mir, weil ich tatsächlich frei bin. Die geistige Eigenschaft des Freiseins bewirkt im Intellekt ihre eigene Idee.

Und das wäre nur ein Beispiel für den allgemeinsten Mechanismus des Bewußtseins: Jede beliebige geistige Eigenschaft *E* ruft unweigerlich im Intellekt die Idee »Ich habe *E*« hervor, wobei »ich« sich auf den Intellekt beziehen und »haben« unproblematisch prädikativ sein soll.

Vielleicht stellt Descartes es sich einfach so vor: Da bin ich, diese geistige Substanz, und da sind all diese Eigenschaften flüchtigerer oder bleibenderer Art, die dieser Substanz zukommen. Wenn der Geist zu einem beliebigen Zeitpunkt die Eigenschaft *E* hat, so gibt es im Intellekt dann auch die Idee »Ich habe *E*«. Dieser Automatismus ist rein intra-intellektiv und mithin immun gegen die Macht des Willens. Angenommen, mein Wille wollte sich darüber hinwegsetzen und entschiede gegenteilig: »Urteil: Ich habe *E* nicht«. Dieses Urteil müßte ohne geistige Wirkung bleiben; denn wenn es an den Intellekt übermittelt wird, kann der nichts damit anfangen, weil er ja die ursprüngliche Idee, »Ich habe *E*«, einfach nicht aufgeben kann, solange mein Geist tatsächlich *E* hat.

[50] AT V 159.

Leicht abgewandelt läßt sich die Unbezweifelbarkeit, die aus dem Bewußtsein kommt, in Kürze (bzw. Verkürzung) so beschreiben:

(a) die Idee »Ich habe *E*« ist von selbst und unbeseitigbar im Intellekt, solange *E* eine Eigenschaft des Geistes ist;
(b) was »Ich habe *E* & ich habe *E* nicht« besagt, ist offenkundig widersprüchlich und kann vom Intellekt nicht begriffen werden;[51]
(c) der Wille kann sich – trotz seiner großen Freiheit – über die Grenzen des Intellekts nicht hinwegsetzen und ein Urteil fällen, das angesichts der Gegebenheiten im Intellekt – d. h. (a) – zu einem Widerspruch führte.

Kurz gesagt: keine Macht der Welt bekommt die Idee, daß ich *E* habe, aus meinem Intellekt, solange mein Geist die Eigenschaft *E* hat. Und keine Macht der Welt bekommt währenddessen die Idee, daß ich *E* nicht habe, in den Intellekt hinein. Dies ist das Muster jener besonderen Gewißheit, die vom Bewußtsein kommt; Klarheit&Deutlichkeit spielt darin keine Rolle.[52] Die Unbezweifelbarkeit, die aus dem

[51] Descartes' Wort dafür ist »*intelligere*«; vgl z. B. die Stelle in der *Fünften Meditation* (AT VII 68), wo er davon spricht, daß er eine Mehrzahl von Göttern nicht begreifen kann. Und das begründet er gegenüber Burman (AT V 161) mit Hinweis darauf, daß in der Annahme mehrerer Götter, die alle Vollkommenheiten haben, ein Widerspruch liege. Mithin war Descartes der Auffassung, daß Ideen, die einen Widerspruch enthalten, vom Intellekt nicht begriffen werden können.

[52] Jedenfalls nicht an der Oberfläche; und wenn Klarheit&Deutlichkeit untergründig doch eine Rolle spielt (wie ich meine), so ist es eine andere als beim eigentlichen Wissen, wo der Wille von der Klarheit&Deutlichkeit überwältigt wird. Irgendwelcher Auswirkungen des Intellekts auf den Willen bedarf es im Falle des Gewißseins, das für Bewußtsein charakteristisch ist, eben nicht. Zur Veranschaulichung ein Vergleich: der Intellekt als vom Willen (zum Zweifel) belagerte Festung. Ideen, mit denen ein erfolgreicher Ausfall aus der Festung unternommen werden kann, sind Wissen; solche, die von keinem Einfall in die Festung betroffen werden können, machen das aus, dessen der Geist sich bewußt ist.

Wissen im eigentlichen Sinn des Wortes kommt, beruht auf einem ganz andern kognitiven Mechanismus, wie wir in Kapitel 4 gesehen haben.

12. Warum wohl das Bewußtsein Descartes nicht sonderlich interessierte.

Fassen wir vereinfachend zusammen. Bewußtsein ist im wesentlichen so etwas Ähnliches wie Wissen. Es mag für formal interessant gehalten werden, insofern es rein intellektiv und unabschließbar ist. Inhaltlich hingegen ist es eher langweilig und trivial: Es zieht seine Spiralen nur innerhalb des Geistes, es reicht nicht bis in die Welt der wirklich interessanten Dinge hinein (Magnetismus, Vakuum, Nervensystem, Bewegung, Blutkreislauf, visuelle Wahrnehmung und dergleichen); und auch seine Unabschließbarkeit ist inhaltlich öde. Sie besteht ja in nichts weiter als in der unweigerlichen Wahrheit eines vorangesetzten »Ich denke …« vor jedwedes Gedachte – wie weit auch immer solcher Schwachsinn getrieben werden mag. In dieser Unabschließbarkeit liegt ja nichts Tiefes; das geistige Durchlaufen der Schritte, wie weit man es auch triebe, wäre nur ein zunehmend besinnungsloseres Weitertreiben des Immergleichen. Daraus erwächst schwerlich etwas, das den menschlichen Geist oder sein Nachdenken über sich selbst befruchten könnte.

Bewußtsein macht für Descartes im Bereich des Geistigen keinen Unterschied. Er wollte den Geist eigentlich nie unterteilen; selbst die Aufteilung in Intellekt und Wille hätte er lieber vermieden. Bewußtsein ist für ihn kein weiterer Unterteilungsbegriff, mit dem er den Intellekt und den Willen noch einmal aufspalten wollte: in das bewußt Gedachte und Gewollte im Gegensatz zum unbewußt Gedachten und Gewollten. Nein, diesen Unterschied gab es für ihn einfach nicht. Es gab für ihn nicht einmal einen »Bewußtseins«-Unterschied zwischen Traum und Wachsein. Für ihn ist das Träumen eine Weise des Gedankenhabens; und Gedanken zu haben heißt für ihn: sie bewußt zu haben. Selbst beim Träumen sind wir uns unserer Gedanken *bewußt*; leider vergessen wir sie zumeist unmittelbar darauf.[53]

Etwas philosophisch besonders Tiefes war es für ihn wohl nicht. Viel Worte verlor er beim Philosophieren jedenfalls nicht darüber. Und auch sonst nicht. Diese Kargheit sollte man ihm nicht als Versuch des Besonderstiefseins auslegen. Gewiß nicht als Hinweis auf eine ungeschriebene Lehre über etwas Unaussprechliches. Dergleichen wäre ihm widerwärtig gewesen. Und gerade in diesem Ekel war er modern. Er war kein Rauner, der ein Geheimnis (oder gar *das Geheimnis*) beschwören würde. Klarheit&Deutlichkeit war ihm ernst. Diesen Terminus hat er in seinen Schriften zwar selbst schon bis zur Sättigung abgenutzt, wie das Logo einer philosophischen Marketingkampagne. Es steckt aber mehr dahinter. Klar zu denken und deutlich zu sprechen war ihm eine selbstverständliche Ehrensache – auch wenn sie ihm nicht in allem vollends glücken wollte.

Descartes mag den neuzeitlichen Begriff des Bewußtseins begründet haben. Aber er war ziemlich genau das Gegenteil eines Bewußtseinsphilosophen. Er wußte Besseres, als über das Bewußtsein zu philosophieren.

Die maßlose Verwendung des Bewußtseinsbegriffs setzt bald darauf ein. John Locke war vielleicht der erste bedeutende Philosoph, der hier kein Halten mehr kannte. Er schwelgt im Reden von »*consciousness*« – und weiß doch nichts philosophisch Erhellendes über das Bewußtsein zu sagen. Ein Bewußtseinsphilosoph par excellence. Viele werden sich im Laufe der darauffolgenden Jahrhunderte hinsetzen und desgleichen tun.

[53] AT V 221.

Locke sagt zum Beispiel, das Denken *bestehe* darin, sich dessen bewußt zu sein, daß man denkt.[54] (Eine der vielen absurden Konsequenzen daraus wäre, daß es simples Bewußtsein gar nicht geben könnte.) Schlimmer noch, er redet über das Bewußtsein wie über eine Sache, die ihre eigenen Identitätskriterien hat. Ja, er will sogar irgendeinen Unterschied machen zwischen der »immateriellen Substanz«[55] einer Person und ihrem Bewußtsein. (Im Lichte der Cartesischen Lehre gesehen: er mißdeutet einen Vernunftsunterschied als einen realen Unterschied.) Und schließlich gebührt ihm wohl auch der Ruhm: der erste zu sein, der »*con-sciousness*« in den Plural verbracht hat[56] – als sei dieser vermeintlichen Sache mit einem exzessiv verwendeten Singular nicht schon reichlich genug getan.

Erst mit Locke, nicht schon bei Descartes, setzt die Verselbständigung des Bewußtseins ein. Die Tradition des gedankenarmen Tiradisierens zum Stichwort Bewußtsein wird, erst ein halbes Jahrhundert nach Descartes, mit Lockes *Essay* begründet. Dort ist das Bewußtsein dann schon unversehens zu etwas ganz anderem geraten als bei Descartes. Bei Locke ist es – wie gesagt: unversehens – eine besondere Sache (oder absonderliche Quasisache), die von der einen Einheit-aus-Körper-und-geistiger-Substanz zu einer andern Einheit derselben Art hüpfen könnte. Manche Science-fiction-Romane, Hollywoodproduktionen, MTV-Clips und auch einige heutige Philosophen verfolgen diese drollige Hüpf-Idee weiter.[57] Manchmal ist das unterhaltsam, und es gibt offenbar Menschen, auf die es intellektuell anregend

[54] *An Essay concerning Human Understanding*, a.a.O., Buch II, Kap. 1, § 19, S. 115.

[55] A.a.O., Buch II, Kap. 27, §§ 9 ff., S. 335 ff. – Zu Lockes Idee eines Ichs, das sich von seinem Bewußtsein trennen läßt, siehe auch Sydney Shoemaker, *Self-Knowledge and Self-Identity*, Ithaca 1963, S. 45 ff.

[56] A.a.O., Buch II, Kap. 27, § 23, S. 344.

[57] Einen Eindruck vom diesbezüglichen *state of the art* gibt Derek Parfit, *Reasons and Persons,* Oxford 1984.

wirkt. Zumeist ist es einfach bloß zum Achselzucken geeignet, wie jedes unzureichend beschriebene Gedankenexperiment.

Im Lichte der Cartesischen Philosophie ist all dergleichen – ist allein schon die schiere Idee eines hüpfenden Bewußtseins – nur eine unbegreifliche intellektuelle Roheit.

Nichts weiter.

Auswahlbibliographie einiger seit 1996 erschienener Arbeiten

Lilli Alanen, *Descartes's Concept of Mind*, Cambridge, Mass. 2003

Michael Ayers, Ideas and Objective Being, in: M. Ayers/D. Garber (eds.), *The Cambridge History of Seventeenth-Century Philosophy*, Vol. II, Cambridge 1998, 1062–1107

Gordon Baker/Katherine J. Morris, *Descartes' Dualism*, London/New York 1996

Jonathan Bennett, *Learning from Six Philosophers: Descartes, Spinoza, Leibniz, Locke, Berkeley, Hume*, 2 vols., Oxford 2001

Tyler Burge, Descartes and Anti-Individualism: Reply to Normore, in: M. Hahn/B. Ramberg (eds.), *Reflections and Replies: Essays on the Philosophy of Tyler Burge*, Cambridge, Mass. 2003, 291–334

Desmond M. Clarke, *Descartes's Theory of Mind*, Oxford 2003

John Cottingham, Intentionality or Phenomenology? Descartes and the Objects of Thought, in: T. Crane/S. Patterson (eds.), *History of the Mind-Body Problem*, London 2000

Anthony Dardis, Is More Objective Reality Really Something More?, *Philosophiegeschichte und logische Analyse* 5 (2002), 55–75

André Gallois, The Indubitability of the Cogito, in: *Pacific Philosophical Quarterly* 81 (2000), 363–384

Claudia Lorena Garcia, Descartes: Ideas and the Mark of the Mental, in: *Philosophiegeschichte und logische Analyse* 5 (2002), 21–53

Geoffrey Gorham, Descartes on the Innateness of All Ideas, in: *Canadian Journal of Philosophy* 32 (2002), 355–388

Marjorie Grene, Ideas, in and before Descartes, in: Roger Ariew (ed.), *Descartes and the Last Scholastics*, Ithaca/London 1999, 58–76

Gary Hatfield, *Descartes and the Meditations*, London/New York 2003

Paul Hoffman, Descartes's Theory of Distinction, in: *Philosophy and Phenomenological Research* 64, 1 (2002), 57–78

Andreas Hüttemann, Descartes' Kritik an den realen Qualitäten: das Beispiel der Schwere, in: *Archiv für Geschichte der Philosophie* 83, 1 (2001), S. 24–44

Dan Kaufman, Descartes on the Objective Reality of Materially False Ideas, in: *Pacific Philosophical Quarterly* 81, 4 (2000), S. 385–408

Andreas Kemmerling, Das Bild als Bild der Idee, in: J. Steinbrenner/U. Winko (Hrsg.), *Bilder in der Philosophie und in andern Künsten und Wissenschaften*, Paderborn 1997, 153–173

—, Die erste moderne Konzeption mentaler Repräsentation, in: U. Meixner/A. Newen (Hrsg.), *Seele, Denken und Bewußtsein – Zur Philosophie des Geistes von Platon bis Husserl*, Berlin/New York 2003, 153–196

—, »As it were pictures« – On the Two-Faced Nature of Cartesian Ideas, in: R. Schumacher (ed.), *Mental Representation and Reality – Philosophical Theories of Perception from Descartes to Today*, Berlin/New York 2004, 43–68

Anton F. Koch, *Subjekt und Natur – Zur Rolle des »Ich denke« bei Descartes und Kant*, Paderborn 2004

Calvin Normore, Burge, Descartes, and Us, in: M. Hahn/B. Ramberg (eds.), *Reflections and Replies: Essays on the Philosophy of Tyler Burge*, Cambridge, Mass. 2003, 1–14

Dominik Perler, *Repräsentation bei Descartes*, Frankfurt a.M. 1996

—, Abkehr vom Mythos. Descartes in der gegenwärtigen Diskussion, *Zeitschrift für philosophische Forschung* 51 (1997), 285–308

—, Sind die Gegenstände farbig? Zum Problem der Sinneseigenschaften bei Descartes, *Archiv für Geschichte der Philosophie* 80 (1998), 182–210

—, Descartes' Transformation des Personenbegriffs, in: K.-P. Köpping/M. Welker/R. Wiehl (Hrsg.), *Die autonome Person – eine europäische Erfindung?*, München 2002, 141–161

—, Inside and Outside the Mind. Cartesian Representations Reconsidered, in: R. Schumacher (ed.), *Mental Representation and Reality – Philosophical Theories of Perception from Descartes to Today*, Berlin/New York 2004, 69–87

Louise Röska-Hardy, »Cogito« – ›Ich‹-Gebrauch und Solipsismus, in: W. F. Niebel/A. Horn/H. Schnädelbach (Hrsg.), *Descartes im Diskurs der Neuzeit*, Frankfurt a.M. 2000, 259–285

Hans-Peter Schütt, *Die Adoption des »Vaters der modernen Philosophie«*, Frankfurt a.M. 1998

Lisa Shapiro, What Do the Expressions of the Passions Tell Us?, in: D. Garber/S. Nadler (eds.), *Oxford Studies in Early Modern Philosophy* I, Oxford 2004, 45–66

Thomas C. Vinci, *Cartesian Truth*, Oxford 1998

Margaret Dauler Wilson, *Ideas and Mechanism – Essays on Early Modern Philosophy*, Princeton 1999

Stellenregister

Namenregister